공자가 들려주는
관계의 미학

공자가 들려주는
관계의 미학

새롭게 배우는 오륜삼강의 지혜

김지수

너울북

헌사

공자님과 뭇 성현들께,
인연 있는 모든 분들께 이 책을 바치며,
아름다운 관계의 정신을 모든 존재들과
함께 나누고 싶습니다.

김지수 저, 공자가 들려주는 관계의 미학

국제형사재판소장 송상현

평소에 사랑하는 제자의 한 사람인 김지수 교수가 책을 낸다는 반가운 소식과 함께 신년 인사를 해왔다. 객지에서 커다란 국제기구를 맡아 씨름하느라고 바쁜 사람이 고국에서, 그것도 특히 제자로부터 자상한 안부를 듣는 것은 참으로 즐겁고 감사한 일이다. 더군다나 요즘에 접하기 어려운 귀한 주제를 다루어 저서를 모처럼 출간한다니, 비유를 하자면 7년 가뭄에 한줄기 소낙비를 맞는 기분이랄까.

우선 서양을 맹목적으로 모방하면서 표피적으로만 따라가는 듯한 경박한 현 세태에서, 나의 제자가 동양의 근본으로 돌아와 공자를 연구하여 이를 알기 쉽게 책으로 펴낸다 하니, 너무나도 기쁘기 때문이다.

또 한 가지 기쁜 이유는, 우리 70억 인구 모두가 더불어 평화롭게 살아가야 하는 절대적 명제 앞에서, 인간의 근본으로 돌아가 人本과 平和를 근저로 삼아 공자의 오륜삼강의 지혜를 현대에 맞게 다시 해석하고 있다는 점이다. 저자의 이러한 접근 방법은, 본인이 국제형사재판소장으로서 모든 사람의 인권을 보호하고 형사정의를 통한 인류의 평화를 추구하고자 노력하는 바와 어쩌면 일맥상통하기도 하다.

"하늘과 땅 사이 우주만물 가운데 사람이 가장 존귀하며, 그래서

사람의 평화가 으뜸인 것이다"라는 구절에 접했을 때, 나는 무릎을
쳤다. 어쩌면 오늘날 국제사회가 추구하는 최첨단의 보편적 가치와
전적으로 동일한 외침이기 때문이다.

 불교의 오계를 지키는 저자가, 기본적으로 우리의 전통규범으로
오래 자리 잡은 유교의 고전을 진지한 태도로 재발견하고, 일방적인
훈계가 아니라 지성의 눈으로 통찰한 계몽적 연구결과이니, 한번
읽으면 혼탁해진 마음이 맑은 물에 씻겨 내려가듯 정리가 될 것이다.

2014. 1. 13.

Sang-Hyun Song

President/Président

International Criminal Court/

Cour Pénale internationale

사람의 평화가 으뜸이다!

하늘과 땅 사이에 우주 만물 가운데 사람이 가장 존귀하다. 그래서 사람의 평화가 으뜸이다. 사람과 사람 사이의 평화로운 관계인 인화人和는 물론, 사람과 사물 사이의 평화 공존도 무척 중요하다. 그 평화의 한가운데는 사람마다 각자 몸의 구성요소인 지수화풍 사대의 조화와 마음의 평정平靜이 자리한다. 심성과 기질상의 음(여성)과 양(남성)이 조화를 이루어야 한다. 마치 엄청난 회오리 태풍의 눈이 고요히 적막하듯, 잘 도는 팽이가 돌지 않고 멈춘 것처럼 보이듯이!

이 책은 주로 유교의 오륜을 중심으로 세간의 인간관계에 대해 듣는다. 1999년에 "공자가 죽어야 나라가 산다"는 다소 선동적(?)인 제목의 책이 세간의 관심을 끈 적이 있었다. 나는 당시 즉각 그에 대한 반론을 일필휘지로 썼는데, 시절인연이 닿지 않아 이제야 당초 원고의 일부를 바탕으로 새로 보충해 이 책을 내게 되었다. 그간 섭렵한 고전공부를 바탕으로, 공자와 유교가 2,500년이 지난 지금도 우리 인류에게 얼마나 유효하고 중요한 가르침을 들려주는지 일깨우고 싶었다. 『논어』를 일곱 번(그중 세 번은 절반에 그침) 강의한 경험으로, 공자가 왜 그리 존경받는지 몸과 맘으로 절실하게 감득하였다. 이 글을 포기할 수 없어 15년이나 묵힌 뒤에도 기어이 펴내는 이유다.

사실 나는 유교·도가·불교의 경전을 차례로 공부하면서 각기 다른 층위의 철학사상을 체험해 왔기에, 개인의 수행차원에서는 아직까지 공자와 유교에 붙잡혀 끄달리고 싶지는 않다. 솔직히 불교의 심오한 지혜와 자비에 깊숙이 침잠해 수행과 포교에 전념하고 싶은 간절한 마음이다. 허나 유불선 삼교합일의 차원에서 나만의 독특한 사상체험과 화법이 있기에, 세상에 필요한지는 모르지만 도움이 될 만한 이야기를 혼자만의 침묵 속에 묻어둘 수 없는 어떤 인연을 느꼈다. 세상에는 여전히 내 이야기를 듣고 싶은 인연이 있다고 할까?

15년 전 초고는 영감 떠오르는 대로 격정과 열성에 넘쳐 휘갈겼다. 그간 시대상황도 많이 변해 현재에 맞지 않거나 어색한 내용이 많아졌고, 젊은 혈기도 쉰을 넘기며 제법 차분한 지혜를 얻었나 보다. 글의 주제와 내용도 일목요연하게 정돈하고, 화법이나 문체도 좀 더 객관화해 깔끔하게 다듬을 필요를 느꼈다. 초고를 읽어본 몇몇 동학의 조언과 지적에 따라 궁리하고 고민한 끝에, 초고의 절반을 바탕으로 '오류'을 주제로 내세워 대폭 보충하고 손질하기로 마음먹었다.

기진맥진한 건강 탓에 그때 바로 내지 못해 아쉬웠고, 쉰이 훌쩍 넘어버린 노쇠해진 몸에 빌빌대며 버거운 체력도 끝내 안타까움을 더했다. 우주의 심연에서 영혼의 두레박으로 생명의 물을 가까스로 힘겹게 한 바가지씩 길어 올리기가 쉽지만은 않았다. 게다가 가까운 친지 여럿이 갑자기 겪는 중병의 고통과, 지난여름 일흔아홉 고개를 넘느라 노환이 악화되어 병고에 시달리시는 자모의 건강도 막바지에 조그만 마장이 되었다. 대만 유학 시절 아우한테 서신으로 당부했듯이, 험난한 인생고해를 건너는 우리는 거친 물결을 타고 출렁거리면서 헤엄쳐 나아갈 수밖에 없다. 아무리 큰 선박을 타더라도, 태풍이나 폭풍우의 격랑 앞에선 나뭇잎처럼 표유漂游하기 마련이다.

초고의 전반을 살려 조화로운 인간관계의 필요와 원리에 초점을 맞췄다. 공자와 유교의 가르침을 듣고 나름대로 인정과 사리에 비추어 새로 풀어썼다. 사실 어쩌면 너무도 당연한 이야기라 공감은 하면서도, 그러면 어떻게 인류를 잘 지켜 평화로운 인간관계를 실현할 것인지, 구체적 실천 방법이 없어 공허하게 느껴질지도 모르겠다. 말하자면 추상적 수행 원리와 중요성만 강조해놓고, 정작 필요한 구체적 수행 방법이 빠진 듯한 허전함이 감돈다.

이 책의 본문에서도 더러 간접 실마리를 살짝 풀어놓은 것처럼, 유교의 수행방법은 기본상 호연정기 함양이고, 그 밑바탕에는 유교 나름의 정신세계관이 깔려 있다. 초고의 후반은 바로 이 주제였다. 본디 단숨에 써내려간 글인데, 요즘 일반 독자의 기질과 성향을 염두에 두고 객관화한 책의 형식으로 글을 다듬다 보니, 내용과 분량 면에서 모두 부득이 둘로 나눌 수밖에 없었다. 독자들의 호응과 요청이 뒤따른 다면, 남겨둔 후반의 주제와 내용도 보충하고 손질해 속편을 펴내고, 나아가 불교의 수행도 들어볼 인연이 닿으리라 기대한다.

나는 세간의 인간관계에선 아직도 아장아장 걸음마 단계다. 하지만 '어린애는 어른의 스승'이라는 격언도 있듯이, 여든 노인도 삼척동자한 테서 배울 게 있단다. 공자도 일정한 스승이 없이 만나는 사람마다, 닥치는 사물경계마다 가르침을 얻었다고 한다. 그래서 아랫사람에게 묻는 것도 부끄럽게 여기지 않는다는 불치하문不恥下問의 성어까지 전해온다. 독자들도 부디 현명하고 지혜로운 안목으로 관용과 아량을 베풀어 너그러이 들어주시기 바란다.

이 소식을 전하는 인연공덕이 있다면, 부디 이 글이 험난한 사바고해에 작은 불빛이 되어 어둠을 밝히고, 인연 있는 분들이 원만하고 조화로운 인간관계 속에 인격도야에 용맹정진 하길 바란다. 우리 개개인이 몸과 마음의 조화를 이루고, 가정의 화목과 겨레의 화합을 이루어, 하루 빨리 남북한 자주평화통일을 이루길 염원한다. 나아가 한겨레가 태극의 중심처럼 세계평화와 우주평화의 한가운데에 우뚝 서서 흔들리지 않고 움직이지 않는 축이 되길 간절히 기원한다.

끝으로, 지금까지 나를 있게 해준 모든 인연에 머리 숙여 감사한다. 나를 낳아 길러주신 자모慈母와 선친先親, 가족의 울타리를 이루어 고락과 애환을 함께 나눈 아우와 누나와 친척들, 나를 가르치고 일깨우신 모든 스승님과 선지식들, 온갖 순역順逆의 인연으로 만나 서로 심성을 절차탁마한 모든 벗과 인생도반들께 진심으로 감사한다. 출판을 맡아 전문가 고견으로 도움주신 김시열 대표와 임헌상 과장, 제목을 골라준 정선경 님, 초고 읽고 자상한 교정과 중요한 주제의식 일깨워준 손민균, 원고 읽고 성원 보태준 홍춘경·이시정 등 여러 동학, 차웅환·송진한 교수께도 고마움을 전한다. 특히 인류평화를 위해 매우 분망한 중에도, 영광스럽게 특별히 추천사를 써서 격려해주신 송상현 국제형사재판소장님께 깊은 존경과 감사를 올린다.

빛고을 운암골에서
연정淵靜 김지수金池洙 삼가 공경합장

•••

|하나| 하늘과 땅 사이에

예전에 들은 재치 있는 수수께끼가 하나 있다.

"하늘과 땅 사이에 무엇이 있게?"

"글쎄, 나무도 있고, 동물도 있고, 사람을 비롯한 만물이 있는 거 아냐?"

"뭐, 틀린 말은 아닌데, 바라는 답은 아니야!"

"그럼, 뭐야?"

"이 바보야, 그것도 몰라? '하늘'과 '땅' 사이에는 '과'자가 있잖아? ㅋㅋㅋ……"

초등학교 초년생 정도의 어린애들에게 재치와 웃음을 듬뿍 선사할 법한 유머 있는 해학거리다. 하늘과 땅 사이에 만물의 영장인 사람이 있다는 건, 고대부터 천지인天地人 삼재三才로 대표하는 동양의 심오한 철학사상이다. 헌데 순전히 가볍게 웃을 수 있는 농담으로 희화한 재밌는 문답이다.

근데 이 농담은 필자가 20대 후반 대만대학에 유학 가서 노닐 때도 즐거움을 선사하곤 했다. 조금 가까워진 중국인들한테 곧잘 이 수수께끼를 중국어로 바꿔 던지곤 했는데, 그러면 어김없이 경쾌한 웃음을 터뜨리며 고개를 끄덕이게 만드는 미묘한 마법이 펼쳐졌던 것이다.

"티엔허띠즈지앤, 요우섬머똥시?('天'和'地'之間, 有甚麽東西?)"

"요런아, 섬머똥시또우요우아!(有人呵, 甚麽東西都有呵……)"

"뿌, 요우이거허쯔.(不, 有一個'和'字!)"

그리고 이어서 이 '화和'자의 심오한 철학을 서툰 중국어로 일장연설하면 더욱 감탄하곤 하였다. 우리말의 '와(과)'나 영어의 'and'에 해당하는 중국어에는, 고문풍의 '더불 여(與: 위)'자와 백화체의 '발뒤꿈치 근(跟: 껀)'자, 그리고 이 '화(和: 허)'자가 있다. 그 가운데 가장 흔히 쓰이는 글자가 '화和'자이긴 하지만, 나는 일부러 유의미하게 '화和'자를 골라 썼다. '관계'의 철학 내지 미학을 한 글자로 절묘하게도 가장 잘 함축하는 글자기 때문이다.

우선 하늘과 땅 사이에는 정말로 천체운행의 조화'로운 규율이 존재한다. 바로 '유니버설 하모니universal harmony'다. 아주 미묘하고 정교한 이 조화가 없으면, 천체는 평온하게 운행할 수 없다. 하느님의 섭리라고 부르건 천지자연의 도라고 부르건, 이 자연법칙의 조화가 있기에 우리는 하늘이 무너지고 땅이 꺼질까 '기우杞憂'를 염려하지 않고서, 평정하고 안온하게 일상생활을 누릴 수 있다. 상상도 할 수 없는 광대무변한 우주의 소용돌이 속에서, 엄청난 속도로 자전과 공전을 동시에 하는 지구 위에서, 조금도 현기증을 느끼지 않고 고요한 삶을 누리고 있는 것이다.

나아가 지구상의 모든 생명체 하나하나가 지수화풍地水火風 사대四大 원소의 균형 잡힌 조화 속에서 나름대로 건강한 일상 삶을 영위한다. 또 우리가 매일 먹는 음식도 단맛·짠맛·신맛·쓴맛·매운맛의 오미를 잘 조화시켜야 맛있게 먹을 수 있다. 예컨대 국을 끓일 때 간장·된장·고추장·식초 등 온갖 조미료를 넣어 푹 고아지도록 끓이면, 각 조미료는 고유의 맛을 잃고 국물 속에 완전히 녹아들어 하나의 조화로운 국 맛을 내게 된다. 각 조미료가 제 맛을 잃지 않으려고 개성을 고집하면, 국 맛은 짜고 맵고 시고 떫고 쓰고 달고 하여 먹기 어려울 것이다. 음식의 간을 맞추고 맛을 조절하는 걸 우리는 '조미調味'라고 하지만, 한문(중국어)에서는 본디 '화미和味'라고 부른다. 다섯 맛의 조화를 이룬다는 뜻이다.

자연계의 천체 운행법칙이나 생명체의 육신과 물질계의 조화뿐만 아니라, 더욱 중요한 조화는 바로 인간관계의 조화, 바로 심리적·정서적 평화다! 바로 공자가 말한 군자의 '화이부동和而不同'이다. 맹자가 말한 대로, 하늘의 때(적절한 시절인연)가 지형 지리상의 이로움만 못하고, 또 지형 지리상의 이로움도 사람 관계의 평화인 인화人和 단결만 훨씬 못한 것이다.

각기 서로 다른 사람들이 함께 어울려 조화를 이루는 사회! 각자 개인의 자유와 존엄을 지키고 존중하면서도, 다른 사람과의 관계에서 서로 어우러져 하나로 녹아들어 조화를 이룰 때, 참된 평화가 이루어진다. 그래서 공자도 일찍이 자기 의지나 기필하겠다는 고집이나 에고를 완전히 끊고 '무아無我'의 경지에 들었던 것이다. 각자 다양한 소아小我 간에 서로 개성을 존중하면서 자연스런 조화를 이룰 때, 하나의 대아大我

에 녹아들어 궁극의 '대동大同'에 이른다.

어느 특정 권력자의 고집스런 야만과 에고에 구성원 전체가 맹목으로 복종하는 한통속은, 겉보기엔 평화로운 듯이 보여도 속마음은 불평불만으로 온통 들끓어, 언제 폭발할지 모르는 화산처럼 불안천만의 폭풍전야인 것이다. 공자는 전체주의의 획일적 한통속을 거부하고, 개성과 자유를 존중하는 가운데 서로 배려하여 평화 공존하는 민주주의 원리를 주창한 것이다! 그러한 상호 존중과 배려에서 타협과 조화를 이루어 크게 하나가 될 때, 그게 바로 유교의 궁극 이상인 '대동大同' 사회가 된다.

우리 속담에 '가화만사성家和萬事成'이란 명언도 있지 않은가? 될성부른 집안은 가족이 화목한 법이다. 늘 불화로 티격태격하는 콩가루 집안은 싹수가 노랗다. 속된 말로 이미 떡 쪄 먹고 시루 엎은 셈이다. 헌데 자라면서 지켜보니, 남녀가 만나 부부가 되어 아들딸 낳고 사는 가정생활에선, 음양의 전기 불꽃이 곧잘 일기 마련이다. 애들도 티격태격 싸우면서 크는 게 자연계 동물왕국의 진리인가 보다.

필자가 '화목한 가정'을 인생화두로 삼은 것은 어린 시절의 경험 덕분이기도 하다. 어려서부터 유난히 유약하고 섬세하며 겁 많았던 성격 탓인지, 나는 아버지와 어머니의 그 흔한 부부싸움을 지켜보고 겪으면서, 나도 모르게 어린 마음에 '싸움 없는 화목한 가정'을 내 인생의 최고으뜸 목표로 삼게 되었다. 나중에 보니 그건 바로 노자가 곧잘 강조한 성인의 '다투지 않는 덕(不爭之德)'이었다. 중고등학교 때는 둥그런 나무 절편 한쪽에 한문으로 '家和萬事成'을 써서 안방 정면에 가훈처럼 걸었던 기억이 난다. (다른 한쪽엔 유명한 '금란지교金蘭

之交'의 출전인 『주역』 '괘사전'의 대구對句, "두 사람이 같은 마음이면 그 날카로움이 쇠도 끊고, 같은 마음에서 나오는 말은 그 향기가 난꽃 같다.(二人同心, 其利斷金; 同心之言, 其臭如蘭.)"는 말씀을 적었다.]

어머니와 아우는 무슨 글자인지도 모르셨을 테고, 아버지는 보고 아셨을 테지만 어떠한 반응도 느낀 기억은 없다. 순진한 마음에 그저 혼자 마음속 소원을 스스로 적어 잊지 말자고 다짐한 것이다. 어쩌면 그 흔한 가정의 화목을 중심으로, 작게는 내 몸의 조화와 맘의 평화를 이루고, 크게는 나라의 평화와 남북의 평화통일, 그리고 세계태평과 우주의 조화까지 염원하는 수행의 화두로 삼았나 보다. 바로 '대학'에서 말하는 '수신·제가·치국·평천하'의 궁극 이상과도 상통하리라! 고금의 수많은 성현군자들이 수기치인修己治人의 목표로 삼아 수행 정진한 그 화두!

하늘과 땅 사이에 사람이 가장 존귀하다!

아무리 못나고 보잘것없는 사람도, 그 생명의 존엄은 우주 전체와도 바꿀 수 없다. 설령 천하와 우주 전체를 준다고 한들, 누가 하나밖에 없는 자기 목숨을 기꺼이 내버리려 하겠는가? 모든 사람은 각자 전체 우주의 중심이 되어, 자신만의 우주 속에서 자유자재로 행복하게 살 존엄한 권리가 있다. 이걸 근대 서양에선 개인의 자유와 생명의 존엄으로 이론화했는데, 고대 동양도 예외는 아니다.

"하늘과 땅 사이에 존재하는 만물 가운데, 오직 사람이 가장 존귀하나니!" 그래서 천지인天地人을 삼재三才라고 일컫는다. 노자도 말한다.

"도가 위대하고 하늘이 위대하며, 땅이 위대하고 왕 또한 위대하다. 우주 안에 네 가지 위대한 존재가 있는데, 왕이 그 한 자리를 차지한다." 사람의 대표로서 왕을 일컬어, 천지와 자연의 도에 나란히 올려놓는다.

도교와 한의학에선 개개인의 몸을 소우주로 여기고, 자연계의 대우주와 조화를 이루어 하나가 되는 경지를 수행의 궁극으로 삼았다. 불교에선 모든 중생이 죄다 부처님 성품을 타고난다는 이론을 전제로, '천상천하유아독존天上天下唯我獨尊'과 '일체유심조一切唯心造'로 모든 생명의 궁극적 존엄성을 일깨우고, 수행을 통해 불성의 철저한 발현과 깨달음의 완성으로 이끌었다. 이걸 유교에선 하늘과 사람의 조화로운 하나라고 불러, '천인합일天人合一'을 가르쳤다.

전체적인 큰 틀로서 우주론적 밑그림은 천지인天地人의 삼위일체를 궁극의 이상으로 삼더라도, 첫 출발은 각자 개인의 인격과 심성 수양에서 비롯하기 마련이다. 서양에선 개개인의 독립성과 절대자유에 초점을 맞추었다. 반면, 동양에선 고대부터 개개인의 수양을 통한 내면의 해탈과 자유를 바탕으로, 대인 관계나 국가사회에 대한 관계 및 대자연 관계의 조화로운 상생의 도에 더 큰 비중을 두었다. 그 결과 서양에선 개인주의와 사물 자체의 속성과 본질을 탐구하는 자연과학이 크게 발달하였고, 동양에선 사람과 자연의 조화로운 관계나 사람 사이의 평화로운 인간관계에 심취하여 자연철학이나 윤리학 같은 인문학이 심오해졌다.

개인의 생명 자체가 우주보다 존엄하더라도, 그 생명은 아버지와 어머니의 사랑(혼인) 관계에서 비롯한다. 여기서 벌써 부부 관계가 개인 생명의 존재 기반으로 밑바탕에 깔리고, '나'라는 생명이 탄생함과

동시에 '나와 어머니의 관계' 및 '나와 아버지의 관계'가 함께 나란히
이루어진다. 그러니 '나'라는 개인 생명의 존엄은 홀로 독립해 존재할
수 없다. 밑바탕에는 남녀의 결합인 '부부 관계'가 전제 조건으로 깔리고,
위로는 '어머니'와 '아버지'의 인연 줄이 쳐진다. 여기다가 형이나 언니가
이미 태어나 있다면, 내가 태어남과 동시에 '형제자매'의 장유 관계가
함께 줄 쳐진다. 자라며 벗을 사귀고 스승을 만나 배우면서, 그밖에
사회관계의 인연 줄이 거미줄처럼 하나씩 늘어갈 것이다.

그러한 개개인의 인연 줄이 서로 이어지고 얽히고설키면서, 마침내
는 하나의 완전한 유기생명체 같은 통일된 사회조직이 국가라는 이름으
로 등장한다. 그렇게 하여, 우주 전체보다도 존엄한 개개인의 생명체는
서로 관계를 맺으면서 국가 사회의 한 구성원과 우주 전체의 한 세포로
서 이중성을 띠면서 존재하게 된다. 이것이 개체와 전체의 변증법적
통일이자, 하나와 모두가 평화 공존하는 우주 평화적 상생의 도일
것이다. 불교에서 '하나가 전체고 전체가 하나'라는 화엄의 가르침(緣起
說)과 상통하는 이치다.

왜 다시 전통인가?

이러한 자연스런 우주적 생명의 상호 관계가 조직사회의 틀 속에서
인간의 권력 및 금전 욕망에 물들고 얼룩지면서, 통치 이데올로기의
억압 아래 상명하복의 부자연스런 권력 관계로 왜곡·변질을 계속해온
것이 인류역사의 솔직한 경험사실이다. 특히 농경 정착 사회를 바탕으
로 중앙집권적 절대 왕권국가의 통치체제가 확고부동한 오랜 전통으로

이어져 내려온 동아시아 유교 문명권에서, 이른바 가부장제의 권력구조는 사회 곳곳에 아직도 강하게 두드러지는 편이다.

그러나 한편으론, 근대화 이래 서양의 개인주의 물질문명이 급속히 침습해옴에 따라, 전통의 질곡에서 벗어나고자 몸부림친 광범위한 각종 사회운동의 결과, 이제는 상전벽해桑田碧海처럼 상황이 완전히 뒤바뀐 느낌마저 들 정도로 딴판이 되었다. 전근대의 전통은 봉건유물이란 낙인이 찍혀 철저히 까부셔졌다. 공산혁명을 겪은 중공이나 북한에서만 그런 게 아니다. 자유민주주의 자본주의를 택한 우리 남한서도, 전통은 원한과 질시·타도의 대상이 되었다. 의식주는 물론, 사상과 의식까지 뇌세포 구석구석 철저히 깨끗이 씻어내 버렸다.

허지만 도도한 집단 무의식의 흐름까지는 근절하기 어려운 법! 표면과 심층의 괴상한 부조화와 온갖 아노미 현상이 도처에서 수시로 발작함은 어쩔 수 없는 과도기의 부작용일지 모른다. 신구의 갈등은 어느 시대 어느 사회나 변화의 과정에서 나타나는 피할 수 없는 필연의 운동역학 현상이다. 그게 '정-반-합'으로 변화발전을 계속해간다는 변증법의 기본원리이리라.

일찍부터 메이지 유신을 통해 꾸준히 근대화를 추진해온 일본은 말할 것도 없거니와, 우리처럼 일본 식민지배와 서양 열강의 침탈을 당해온 대만과 중국조차도, 벌써 동도서기東道西器와 중체서용中體西用의 주체성을 바탕으로 온고지신의 중용조화를 이루려고 엄청난 노력을 기울여왔다. 그에 비하면 우리는 남북한의 이념대치 아래 너무도 미국 일변도로 치우쳐, 주체성을 잃어버리고 전통을 깡그리 내팽개친 느낌이다. 그렇다면 늦었지만 이제 우리도 전통과 현대, 동양과 서양,

도덕정신문화와 과학물질문명의 변증법적 통합 발전을 과감하게 결단
할 때가 되지 않았을까? 그게 역사 발전이 요청하는 시대 사명이고,
지성인을 비롯한 사회 지도층의 책임이 아니겠는가?

이러한 기본 인식을 지니고, 한문을 좋아하여 중문학을 부전공하고
동아시아 고전을 섭렵하기 시작한 인연으로 전통법의 역사철학을 전공
하게 된 필자는 학자로서 역사적 사명과 지식인의 책임을 통감하게
되었다. 그리고 그간 이만큼 필자를 가르치고 키워준 국가 사회와
겨레공동체의 은혜를 조금이나마 갚고, 필자를 낳아 길러주신 어머니
와 선친先親의 크신 은덕에도 보답하기 위하여, 사회와 시대가 요청하
는 역사적 과업 수행에 미력이나마 동참하고 싶었다. 어쩌면 그냥
좋아서 쓰는 건지도 모른다.

그래서 전통적인 삼강오륜의 사회규범 가르침을, 인간의 존엄과
평등을 기초로 한 근대 자유민주주의의 관점에서 새롭게 풀이하기로
마음먹었다. 시각은 다분히 근대 서양의 안목을 통한 것처럼 느껴질
라도, 본질상 실질 내용은 본디부터 전통 고전에 내재한 고갱이를
있는 그대로 풀이한 것뿐이다. 『성경』의 「전도서」 첫머리에 나오듯이,
"태양 아래 새로운 것은 아무것도 없다." 그래서 일찍이 공자도 『논어』
'술이'편에서 밝혔듯이, 옛것을 새롭게 풀어 "저술할 뿐" 전연 새로운
"창작은 하지 못한다." 본질상 동일한 실질 내용을 시대와 지역, 주체와
환경에 따라 각각 사회적 요청에 맞추어 새롭게 풀이하는 재해석만
이루어질 뿐이다.

관계의 새로운 발현!

다시, 왜 인간관계가 중요한지 생각해본다. 최근 전국의 모든 시군구를 하나도 빠짐없이 순회하며 '즉문즉설'이라는 소통의 장을 마련해, 남녀노소 민초들을 총망라하여 우리나라 각계각층의 백성들과 허심탄회한 대화를 나눠온 법륜 스님의 술회는 자못 의미심장하다. 모든 질문은 한결같이 '관계'에서 말미암는 크고 작은 온갖 갈등과 대립의 고민들이며, 주제별로 분류하면 역시 가장 가까운 부부 관계와 부모 자녀 관계의 문제가 가장 많다는 것이다. 역설적인 말이지만, 너무 허물없는 사이라서 허물이 많이 생긴다. 가까우니까 정情이 많아 미움과 서운함도 많고, 다툼과 싸움도 잦은 법이다. 그 밖에도 친구간이나 직장 상사와의 관계도 있고, 민족공동체인 나라와의 관계로 집약되는 정치·경제·사회·교육 문제도 적지 않게 끼어 있다. 물론 좀 더 트인 사람은 인간과 자연환경의 관계까지 관심 갖고 고민하기도 한다. 극단으로 말하면, "관계 없이 개체 없다!"

특히 최근 들어 열풍이 부는 '치유'의 담론도, 알고 보면 모두 인간관계의 크고 작은 갈등과 대립에서 말미암는 스트레스와 마음의 질병 때문에 등장한 것이다. 사실 나도 주 전공인 전통법문화의 역사철학 분야에서 '사회적 질병을 치료하는 의약으로서 법의 비유'를 주제로 오랫동안 궁리해오다가, 2007년경부터 본격적인 연구에 착수해 논문을 발표하였다. 범죄니 소송 같은 법의 주 대상도 인간관계의 파탄과 일탈에서 발생하는 '질병' 아닌가? 유가나 묵가는 일찍부터 요순 성왕 이래 전해오는 성현의 도덕으로 이러한 온갖 관계의 질병을 치유하고 예방하고자 역설하였다. 붓다는 인간의 본질적인 고뇌와 질병까지 치유하는 법 (dharma)을 가르쳤다. 어쨌든 동시성의 원리가 작동했는지, 나의 연구에 때맞춰 '치유'의 열풍이 들불처럼 번진 것이다.

미국 미시간대학의 석좌교수인 저명한 심리학자 리처드 니스벳의 유명한 실험은 이제 널리 알려진 고전이 된 듯하다. 수조를 2분간 보고 기억나는 것을 쓰는 실험에서, 서양인은 헤엄치는 물고기를 주로 기억한 반면, 동양인은 수초나 기포·달팽이 같은 배경을 더 잘 기억했단 다. 또 소·닭·풀을 한 폭의 그림에 섞어 놓고 관련지어 연결하는 실험에 서, 대부분의 서양인은 동물의 '속성'에 따라 소와 닭을 연결한 반면, 동양인은 주로 소가 풀을 먹는 '관계'로 묶었다고 한다. 바로 동서양인의 의식 차이를 단적으로 보여주는 실험 사례라고 할 수 있다. 니스벳 교수는 오륜 같은 '관계'를 중시하는 유교의 가르침이 '관계'와 '배경'을 중시하는 심리구조 형성에 영향을 미쳤을 것으로 해석한다.(KBS '유교 2,500년의 여행' 제3편 '예禮' 참조) 철학과 사유방식의 차이에서 비롯하는 인식의 차이는 일상생활 전반에 그대로 투영하여 나타나는 것이다.

그런 서양인들도 바로 이러한 '관계의 미학'에 눈뜨기 시작한 것이다. 물론 인간 상호 간의 관계뿐만 아니라, 인간과 자연의 관계도 중요하다. 그런데 우리는 정작 자신의 전통 윤리와 관계의 미학을 케케묵은 봉건유 물이라고 내팽개치고, 서유럽과 미국의 개인지상주의 과학물질문명을 신봉하느라 전통문화와 미풍양속을 깡그리 말살해 왔다. 서양인의 뒤꽁무니만 쫓아다니면서, 그들이 쓰다가 못쓰게 되어 거의 용도 폐기 한 '합리성'과 '합법성'의 '근대화'에만 아직도 매달리고 있는 것이다. 허긴 고물과 쓰레기도 잘 손질하면 재활용할 수 있겠지만. 허나 이는 남들이 호시탐탐 노리는 자기 호주머니의 진주보석을 내버리고, 남이 버린 자갈이나 돌멩이를 주워 애지중지하는 꼴이랄까?

함께 굴리는 다섯 바퀴의 수레

흔히 말하듯이, 사람은 다른 사람과의 관계를 떠나서는 살 수 없는 사회적 동물이고, 사회 있는 곳에는 법이 있기 마련이다. 그 법은 요즘 말하는 국가실정법만을 뜻하지는 않는다. 형벌이라는 합법적 폭력으로 강제하는 좁은 의미의 국법뿐만 아니라, 법 이전의 윤리도덕이나 관습 같은 사회규범을 포괄하는 넓은 의미의 법이다. 이러한 사회규범의 시초로서, 유교에서는 순임금 때부터 고안해 시행했다는 '오륜五倫'을 내세워 사회질서 유지의 근본기초로 강조한 것이다.

하늘과 땅 사이에 만물 가운데 사람이 가장 존귀하지만, 배불리 먹고 따뜻하게 옷 입고 뜨끈한 아랫목에서 뒹굴뒹굴 놀기만 하다 보면, 자칫 애비 어미도 몰라보고 짐승처럼 혼잡하게 어지러워지기 십상임을 경험으로 알아차린 것이다. 그래서 사람이 다른 짐승과 다른 종차種差로서 지켜야할 다섯 가지 기본 인간관계의 윤리를 정한 것이다. 그것이 오륜이다. 부자유친父子有親, 군신유의君臣有義, 부부유별夫婦有別, 장유유서長幼有序, 붕우유신朋友有信이다.

요즘 제아무리 복잡해진 다원화 사회라고 하더라도, 모든 인간관계는 이 다섯 범주 안에 들어간다. 그래서 조선시대 최고의 성군으로 칭송받는 세종대왕도 백성을 잘 교화하기 위해 '오륜행실도五倫行實圖'와 '삼강행실도三綱行實圖'를 발행해 널리 보급하였다. 자연발생적 관계의 순서는 부부 → 부자 → 장유 → 붕우 → 군신의 차례지만, 이미 국가 통치조직과 가부장제가 확립된 정치사회적 배경 아래서 그 순서가 다소 뒤바뀐 것은 분명하다.

순자는, 백성이 말이고 국가가 수레라면, 임금은 그 말을 몰아 수레를 운행하는 마부라고, 아주 멋진 마차의 비유를 든다. 말이 없는 마차란 도대체 말이 안 된다. 수레를 몰아 천 리 먼 길을 갈 수 있는 건 말이 온순하게 힘을 다할 때다. 말이 거칠게 굴어 수레가 거세게 흔들리면 마차에 탄 사람이 편안할 수 없다. 그런데 공자의 말을 인용한 『예기禮記』의 기록은, 백성이 몸이라면 임금은 마음이라는 군심민체君心民體의 비유를 든다. 마음이 중용의 도道를 지켜야만 몸의 모든 기관이 잘 움직여 평안하고 조화로운 삶을 누릴 수 있다.

마차와 마음의 비유를 잘 어우러지게 합친다면, 우리 인간 사회는 삼강三綱을 세 축으로 삼고 오륜五倫을 다섯 바퀴로 삼아 굴러가는 마차로 비유할 수 있겠다. 백성은 마차를 이끄는 말이 될 수도 있고, 나라라는 마차를 타고 함께 여행하는 운명 공동체가 될 수도 있겠다. 임금은 마부가 되어도 좋고, 몸의 주재자인 마음으로 보아도 좋겠다. 맨 앞에 군위신강君爲臣綱의 축에는 군신유의의 바퀴가 하나 달려 방향타 역할을 하고, 맨 뒤에 부위자강父爲子綱의 축에는 부자유친과 장유유서의 바퀴가 달린다. 한가운데 부위부강夫爲婦綱의 축에는 부부유별과 붕우유신의 바퀴가 달린다.

공자는 55세에 조국 노魯나라에서 내쫓기다시피 고향을 떠나 청운의 뜻을 펼치고자 수레를 타고 햇수로 15년간 천하를 주유하였고, 69세에 귀향해 73세에 서거할 때까지 유가의 경전들을 편찬했다고 한다. 그런

데 내가 이 글을 기초한 지 15년 만에 55세를 맞이하면서 오륜五倫을
주제로 공자의 인본주의 관계윤리를 새로 풀어 펴내게 되었다. 참
미묘한 인연으로 느껴진다. 공자의 정신생명이 다시 이 다섯 바퀴의
수레에 올라타, 한반도를 비롯해 지구촌 인간세계를 두루 누비시며,
인연 있는 사람들을 다함께 이 대승大乘의 수레에 태워 천인합일天人合
一의 경지에 오르도록 이끌어주시길 간청(請轉法輪)하는 염원으로 이
글을 펴낸다.

   참고로, 오륜五倫의 다섯 바퀴는 오륜五輪이 되어 올림픽 상징
(Olympic Symbol) 깃발과 상통하기도 한다. (중국에서는 올림픽을 오륜五
輪이라고 옮기지 않고 '오운[奧運: 아오원]'으로 부른다.) 대한올림픽위원
회의 공식 홈페이지에서 올림픽 헌장 제12조를 인용해 소개하는 오륜기
의 의미는 단순하다. 오대주의 결속과 전 세계 선수들의 만남을 의미하
는 다섯 개의 올림픽 고리는, 반드시 위에 푸른색·검정색·빨간색
고리를, 아래에 노란색과 초록색 고리를 서로 교차시켜 이등변 사각형
의 형태로 배치한다. 다만 다섯 색은 각각 어떠한 특정 대륙을 상징하는
것이 아니라, 전 세계 국기에 들어가 있는 색들 중 최소한 한 가지
색은 포함하도록 배려한 것이라고 한다. 동아시아 음양 '오행五行'의
색 중 흰색이 빠지고, 대신 초록색이 들어간 정도다. 흰색은 바탕색이기
때문에 고리에 쓸 수 없으니 충분히 이해가 간다. 미술의 색감을 바탕으
로 오륜五輪기의 다섯 색을 오륜五倫에 연결해 배치해보는 것도 재미있
는 놀이가 될 것 같다.

관계도 못하는 게 관계를 말한다?

그렇다면 과연 내가 이 주제를 다룰 수 있을까? 도대체 인간관계에
잼병인 내가 오류를 말할 자격이 있는가? 사실 나는 사교성도 거의
없고 사회성도 낮은 편이다. 초등학교 들어가서부터 나는 쉬는 시간에
도 애들과 어울려 뛰어다니기보다는, 혼자 양지바른 곳에 쪼그리고
앉아서 애들 노는 모습을 지켜본 기억이 뚜렷하다. 자라면서 벗들과
조금 어울리기 시작했지만, 대학 1학년 때 아버지가 돌아가시면서
혼자 침잠하는 때가 많아졌다. 대학원에 들어가 연구하며 조교하느라
만성간염을 앓고, 재검으로 군대까지 면제받으면서 고립은 갈수록
심해졌다. 대만 유학시절에는 혼자 침잠하며 책 읽고 명상하는 시간이
더욱 많아졌다.

　마침내 건강 악화로 죽을 것 같은 위기감이 절박해지면서, 유학
막바지에 도량에 들어가 수행에 전념하는 인연이 닿았다. 6개월간
단 한 번 시내 나온 걸 빼면 온전히 폐관하다시피 수행에 푹 잠긴
나는 완전 채식까지 선택하였다. 3년 유학을 마치고 귀국해 박사과정에
복학하면서, 나의 인간관계는 혹독한 시련의 연속이었다. 어머니와
아우나 누나는 물론, 지도교수와 학우를 포함한 모든 사람들이, 완전히
탈바꿈한 나의 생활방식에 공감은커녕 이해조차 못하니, 나는 완전히
외딴 '문화의 섬'으로 철저히 고립되었다. 안경환 전 국가인권위원장도
말했듯이, 진리를 찾아 '독립'한 대가는 '고립'이었다.

　본디 사람들과 어울리기를 별로 좋아하지 않는 나의 성품기질에다가,
약해진 체력건강으로 학문 연구에 몰두하면서, 이제 완전 채식의 수행

자가 된 것이다. 그것도 아예 출가해 수행자의 길로 들어섰다면 그나마 이해하기 쉽겠지만, 몸은 세속에 그대로 둔 채 마음과 정신만 출가한 셈이니, 겉모습만 보는 일반 대중이 당시에 내 개성을 인정하고 존중하기는 불가능한 듯했다. 자연히 쑥덕거림과 따돌림의 대상이 되어갔고, 천신만고 끝에 박사논문이 심사를 통과한 뒤로, 나는 아예 세간과 단절하고 홀로 자연과 고전을 벗하며 수행에 전념했다.

아예 모든 걸 놓아버리고 출가수행의 길로 접어들지 못한 연유는 여럿 있지만, 가장 큰 이유는 학문과 도덕을 함께 아울러 통일하자는 원력이었다. '학문 따로 수행 따로'가 아니라, 학문과 수행이 하나로 어우러지는 지행합일의 궁극 경지에 이르고 싶었다. 도를 닦아 학문을 통달하고, 학문으로 도덕을 훤히 밝혀 떨치고 싶었다. 허나 가시밭길은 예상보다 엄청 험난하였고, 아주 길고도 멀었다.

나는 세간의 인간관계에서 완전히 유리되었고, 그 결과 교수사회로 들어가는 다리조차 건너가기가 무척이나 어려웠다. 지도교수는 나에게 "신선이 되고 부처가 되어도 먼저 사람이 되어야 한다."는 글을 한문으로 적어주셨다. 어쨌든 다시 천신만고 끝에 박사학위 받은 뒤로 7년 동안 교수공채에 19회 응모해 42세에 가까스로 전임강사가 되었다. 군이 교수가 되려고 애쓴 까닭은, 내 학문 연구가 세속의 학계에서 공인받으면 내가 닦는 도덕이 간접으로 인정받는 셈이고, 교수 직함이라도 있어야 '도'와 '덕'을 말하더라도 조금은 더 반향이 있을 것이라고 여겼기 때문이었다.

허나 교수가 되고나서도 나는 수행을 놓지 않았고, 연구·강의와 더불어 수행하다 보니, 체력과 정신상의 여유가 별로 없었다. 우선 기본 연구와 더불어 최소한 '교수'직의 존립 기반인 '학생'과 '강의'에 충실하기 위해서, 무엇보다도 꾸준히 체력과 정신력을 다져야 했다. 하여 참선명상과 독경기도 이외에도, 1주일에 세 번쯤 무등산을 노닐며 꾸준히 호연정기를 함양하여 연구하면서, 강의 시간마다 상쾌하고 새로운 정신기운으로 학생들과 만나려고 노력했다. 또 수강 동학 중에 원하는 이들과 지리산이나 변산 같은 명산순례로 교외학습을 다니기도 했다. 깜냥에 최선을 다해 왔다.

그러나 역시 학교서도 인간관계가 가장 힘들고 피곤한 일이었다. 특히 진리와 지혜의 향연이 아닌 술과 고기의 향연, 담배냄새 자욱한 회식은 더욱 힘든 고역이었다. 처음에는 충실하게 자리를 지키며 인사를 다했는데, 어느 정도 지나자 지치기도 하고 의무방어전도 대충 치른 느낌이 들면서, 저녁회식에 나가는 횟수가 현저히 줄었다. 법학전문대학원(로스쿨) 준비 및 개원으로 꽤나 오랫동안 홍역을 치르면서 긴장과 스트레스가 급증했는데, 부임 10년이 지나면서 최근에는 아예 개별 만남이나 식사도 그만두기에 이르렀다.

제아무리 천하장사라도 체력과 정신은 유한한 법이다. 누구나 할 일과 정해진 책임 및 사명을 충실히 다하려면, 효율적인 자기관리와 절제가 필요하다. 선천부족先天不足과 후천실조後天失調로 고전하는 나는, 스무 살 때도 일흔 노인의 맥박을 보였다. 더구나 쉰이 넘으면서 체력과 정신력도 점차 쉬는지라, 나의 독특한 전공과 관심분야에 비추어, 내가 아니면 남이 하기 어려운 시대적 임무를 수행하기 위해서도 소모적 관계는 자제해야 한다. 그러나 한편 내 임무와 과업 달성을 위해 필요한 보조 연분과, 지금까지 은혜를 베풀어준 수많은 가족·친지

·스승 등의 인간관계마저 저버릴 수는 없다. 그로 인한 인정人情으로 적지 않은 대가와 비용을 치르고 있다.

글을 쓰고 책을 낼 때도, 정작 내 자신에 침잠하여 하늘의 도(진리)를 듣고 글로 쓰는 일보다도, 오히려 출판하는 과정의 인간관계가 훨씬 더 힘들고 어렵게 느껴졌다. 모든 게 인연 따라 만나고 헤어지면서, 서로 배우고 도우면서 함께 어울려 하나의 과업을 이루어가는 과정이련만, 너무 매정하거나 무정하면 일이 틀어지거나 이루어지지 않고, 때론 '다정이 병'이 되고 만다. 우리 한겨레가 인간미 넉넉한 건 좋다. 헌데 인정에 끌려 지나치게 끈끈하고 점착성 높게 달라붙는 집착으로, 합리적 객관성과 공평정의를 잃는 폐해도 적지 않은 것이다. 사람과 사람 사이에 '감정'이 끼어 윤활유처럼 흐른다. 너무 모자라 빡빡하지도 않으면서, 너무 넘쳐 질펀하지도 않게, 중용조화를 이루는 '관계'의 묘기 자체도, 또 하나의 인도人道인 것이다. 지도교수가 나에게 일깨워 강조한 '사람됨(成人)'도 이거였으리라!

관계에 서툴러도 관계를 들을 수는 있다!

적지 않은 학자교수가 너무 단순하고 세상물정 모르며, 고지식하게 글공부만 하는 '관계의 문외한'인 듯하다. 나는 특히 관계에 서툰 편이다. 하여 나는 관계를 들을 자격이 없고, 전할 수 없는 걸까? 그렇지만은 않을 것이다. 관계의 달인이 몸소 관계의 모범을 보이며 현신설법現身說法하는 경우가 최고 이상임은 분명하다. 허나 거꾸로 관계에 완전히 실패한 잼병도 반면교사로서 전할 수 있다. 어쩌면 달인은 말하거나 글 쓸 필요 없이, 존재 자체로 솔선수범만 보여도 충분하다. 오히려 패자가 실패 원인을 궁리해 밝히고, 남들이 전철을 밟지 않도록 일깨우기 위해 적극 나서야, 건전한 관계 형성과 사회 발전에 도움이 크지 않을까?

일찍이 공자는 "세 사람이 함께 길을 가면 반드시 내 스승이 있으니, 착한 이는 따르고 착하지 않은 이는 나를 비춰 고치는 귀감이 된다"고 말했다. 또 노자는 "착한 자는 착하지 못한 자의 스승이 되고, 착하지 못한 자는 착한 자의 인생밑천(반면교사)이 된다"고 일깨웠다. 수천 년 인류 역사상 수많은 선현들의 경험과 통찰로 꽃핀 지혜의 결정인 속담이나 격언을 살펴보아도, 이러한 가르침은 충분히 공감할 수 있는 보편 진리인 듯하다.

예컨대 중이 제 머리 못 깎지만, 서로 남의 머리는 깎아줄 수 있다. 내 눈으로 내 눈을 볼 수 없지만, 거울에 비추면 볼 수 있다. 무당이 제 죽을 날은 모르지만, 남의 사주나 운명을 보고 일러줄 수는 있다. 의사가 제 병을 고치지는 못하지만, 남의 병은 잘 고칠 수도 있다. 패전한 장수가 후배한테 승전의 비결과 묘책을 훈수할 수 있다. 바둑이나 장기도 직접 두는 사람보다 옆에서 구경하는 사람이 잘 보고 훈수하지 않던가? 홀로 독신 수행하는 스님이나 신부님도 더러 혼례를 집전하며 멋진 주례사로 훌륭한 부부 생활을 당부하기도 한다.

거꾸로, 관계에 능하다고 해서 반드시 남한테 관계의 묘책이나 비법을 잘 가르쳐주는 것도 아니다. 영어 속담처럼, 아는 것과 가르치는 것은 별개기 때문이다. 또 관계에 삔질삔질 길이 났다고 반드시 올바른 길이란 보장은 없다. 온갖 부정과 비리로 얽힌 유착이 판치는 세상이니까! 문제는 나와 상대방, 그리고 남들 모두 좋은, 건전하고 올바른 친환경적인 관계의 정립이다.

훌륭한 운동선수가 반드시 훌륭한 명감독이 되는 것은 아니고, 선수로서는 별로라도 훌륭한 감독이 되는 경우가 많다. 또 시나 소설을 잘 쓰는 문인이라고 해서 반드시 문학평론이나 창작수업을 잘하는 것은 아니고, 훌륭한 평론가가 반드시 위대한 시인이나 소설가인 것도 아니다. 마찬가지로, 관계에 완전 문외한이고 잼병이라도 자신의 실패경험을 반추하고, 앞선 성현의 고전 가르침을 듣고서 '관계의 원리와 미학'을 전달할 수는 있다! 담배를 많이 피워 폐암으로 죽어가던 코미디언 이주일이 흡연의 위험을 경고하는 금연홍보대사로 인생을 아름답게 마무리했듯이!

하물며 훌륭한 명의도 일찍이 수많은 오진의 시행착오 경험을 통해 탄생하고, 훌륭한 법관도 알게 모르게 적잖은 오판을 겪으며 성숙한다고 하지 않던가? 그래서 명의 집 위에는 오진으로 죽은 원혼이 많이 떠돌고, 명판관 집에도 오판으로 엉긴 원기寃氣가 서린다는, 농담 아닌 농담이 우스개로 전해진다. 아직 뛰어난 명망가에 이르지는 못했을지라도, 학자와 수행자가 자신의 시행착오를 겸허하게 반성하고, 거기서 귀감이 될 만한 경험지혜를 여실히 밝혀 정직하게 일깨운다면, 그의 진심어린 충고는 귀담아 들을 가치가 충분하다.

일찍이 공자가 말했듯이, 청산유수처럼 말을 잘한다고 사람을 쉽게 천거할 것은 아니로되, 또한 사람됨이 변변찮다고 말까지 무시해서는 아니 된다. 사람이 신처럼 완벽하진 못한지라, 상대적 현상세계에 태어난 우리 중생의 천부적 자질과 기품은 어느 한쪽으로 쏠리거나 치우치기 십상이다. 그래서 수많은 단점과 결점에도 불구하고, 어느 누구나 자신의 장점과 소질을 최대한 계발하여, 서로 나누면서 상호보완의 협력관계를 이루어 나간다면, 인간 사회와 인류 문화의 발전에 큰 도움이 될 것이다.

좀 군색한 변명이나 궤변같이 들릴지 모르지만, 이러한 배경과 연유에서 관계의 미학을 듣고 전하게 되었다. 인간관계에서 멀리 동떨어져 스스로 독립한 내가, 자연을 벗 삼아 노닐면서 진리와 도덕을 찾는 여정에서, 유불선 동양의 고전에 침잠하여 듣고 스스로 반성 관조하며 얻은 느낌과 사유의 조각들을 주워 모은 것이다. 예로부터 지금까지 아주 오래된 인류 보편의 공통 화두인 '관계와 협력'이라는 주제로, 공자와 유교의 오륜삼강을 오늘날 자유민주주의의 평등한 시선으로 공정하게 듣고 새로 전하고 싶었다. 온고지신의 귀감으로 앞날의 스승을 삼고자!

|둘| 공자 말씀 못 들어서 망할 뻔했다

"한 처음(太初), 천지가 창조되기 전부터 말씀이 계셨다. 말씀은 하느님과 함께 계셨고, 하느님과 똑같은 분이셨다. …… 모든 것은 말씀을 통하여 생겨났고, …… 그에게서 생명을 얻었으며, 그 생명은 사람들의 빛이었다."

『신약성서』 요한복음 맨 첫 부분에 나오는 말씀인데, '말씀'이 모든 생명의 원천이고 빛임을 선언하고 있다. 그런데 동방의 거룩한 책(聖書) 『도덕경道德經』의 첫머리는 또 이렇게 시작한다.

"도道가 도라고 할 수 있을진대 항상 불변의 도가 아니며, 이름(名: 개념)이 이름이라고 할 수 있을진대 항상 불변의 이름이 아니다. 이름이 없음은 천지의 시작이며, 이름이 있음은 만물의 어머니다."

이 말씀을 조금 현대(서양)식으로 바꿔 보면 이렇게 된다.

"진리가 진리라고 일컬어진다면 절대적 진리가 아니며, 말씀이 말씀으로 일컬어지면 절대적 말씀이 아니다. 말씀이 없는 데서 하늘과 땅이 비롯하고, 말씀이 있는 데서 모든 생명이 생겨난다."

이는 노자가 뒤(제25장)에서 표현한 내용과 밀접히 이어진다.

"어떤 물건이 뒤죽박죽 섞여 이루어져 천지보다 먼저 생겨났다. 고요하고 쓸쓸하니 홀로 서서 바뀌지 않으면서, 아무리 두루 운행하여도 위태롭지 않으니, 가히 천하의 어머니가 됨직하다. 내 그의 이름(말씀)을 알지 못하노니, 짐짓 '도(道: 진리)'라고 글자(이름) 붙여본다."

바로 도(진리)와 이름(말씀)이 사실상 하나이고, 거기서부터 비로소 천지만물이 나온다는 생각은 요한복음의 내용과 일맥상통한다. 사실 요한복음의 '말씀'도 영어로는 '워드Word'로 표현하지만, 원래 그리스어로는 '로고스Logos'이며, 중국어로는 보통 '도道'라고 번역한다. '진리의 말씀'이 바로 '도' 아니고 무엇이겠는가?

그러면 중국에서 '만세萬世의 사표師表'로 일컬어지는 공자는 무슨 말씀을 남겼는가? 『논어論語』'헌문憲問'편에 이런 구절이 나온다.

"덕이 있는 자는 반드시 훌륭한 말씀이 있지만, (그럴듯한) 말씀이 있다고 반드시 덕이 있는 것은 아니다."

덕德이란 본디 도에서 얻은(得) 것을 뜻하기 때문에, 도를 체득한 성현이 훌륭한 말씀을 남기는 것은 당연하다. 허나 인간이 경험과 지식을 모아 전하면서, 말과 글자로 남의 '덕 있는 말씀'을 모방하고 흉내 내는 능력을 갖추게 된 덕분에, 덕 없는 가짜 선지자들도 앵무새처럼 '말씀'을 지껄이기 쉽다. 그래서 듣기에 그럴듯한 말씀을 한다고, 모두 진짜 덕 있고 도통한 성현은 아니라는 뜻이다.

요컨대, 공자도 비록 '덕'이라는 한 다리를 걸치기는 했지만, '도道'와 '말씀'의 상관성을 인정한 셈이다. 다만 사이비 속임수도 있을 수 있으니, 조심하고 잘 살피라는 경고를 곁들인 것이다. 공자가 평소 제자들에게 일러주고 답변한 도덕 있는 말씀들을 모아 '논어論語'라고 이름 붙인 것도 결코 우연은 아닐 것이다.

또 공자는 "아침에 도를 들으면 저녁에 죽어도 좋다(里仁편)"고 말한다. 도를 말씀처럼 '듣는다'고 청각으로 표현한 것도 이러한 상징 의미를 함축한다. '성聖'자에 '귀 이耳'가 들어 있는 것도 그렇다. 불경佛經의 첫 머리는 '이와 같이 나는 들었다(如是我聞)'고 시작한다. 붓다의 제자는 '성문聲聞'이라고 부른다. 그래서 이 책의 저술도 공자·노자 말씀을 '들음'으로 적는다.

왜 이렇게 『성경』·『노자』·『논어』를 번갈아 들먹이며, 조금은 따분하고 골치 아플 수 있는 철학적인 말을 지껄이겠는가? 필자는 평소 공자를 비롯한 유불선儒佛仙 고전에 조금 관심을 갖고 공부하며, 더러 강의해보는 과정에서, 나름대로 느낀 점들이 조금 있었다. 다른 사람들과 조금 다를 수 있는 독특한 시각에서, 우리 사회에 봇물처럼 끝없이 터져 나오는 독재와 부정부패, 불의와 비리, IMF 외환위기 이래 누적한 신자유주의의 폐해와, 그로 인한 온갖 경제 현안의 원인을 대강 살펴보고 싶었다. 공자와 유가儒家 사상이 새로운 문화시대의 주역 내지 대안이 될 수 있는지 함께 생각해보고 싶다.*(필자는 공자·맹자·순자로 이어지는 선진先秦 유가와 그 경전을 주로 대상으로 삼는다. 한漢나라 때 국교로 삼은 유교는 관련 범위 안에서 조금만 언급하겠다.)

결론부터 말하자면, 우리 사회의 부정부패와 그로 인한 총체적 위기 는, 한마디로 우리가 '공자님 말씀을 제대로 못 들어서' 빚어졌다! 따라서 앞으로라도 정신 바짝 차리고 공자 말씀을 새롭게 듣고 잘 따른다면, 앞으로 새 시대는 충분히 희망이 있다. 이 소식을 전하고 싶었다.

첫머리에 성경과 노자 말씀을 먼저 함께 인용한 것은, 필자가 전하는 공자 말씀이라는 게 유가에만 고유한 배타적 교리가 아니라, 유불선과 서양 기독교(천주교와 개신교 포함. 이슬람교도 구약성서는 기독교와 동일

---

* 이 책의 원고를 쓴 인연은 이러하다. 김영삼 말년 갑자기 닥친 IMF 구제금융으로 국가 부도의 위기에 처하자, 사람에 따라서는 6·25이후, 또는 단군 이래 최대의 국난이라고 요란스럽게 떠들어대면서, 각각 다양한 원인 규명을 시도하였다. 그런 가운데 1999년 어느 교수가 '공자가 죽어야 나라가 산다'는 제목의 책을 펴내 세간이 자못 떠들썩했다. 1970년대 중국 문화대혁명 시기나, 아니면 더 거슬러 올라가 5·4운동 시기에나 터졌을 '타도 공자!' 비슷한 선동구호였다.
이에 질세라, 제법 열을 받은 유교 측 대표가, 이제는 '공자가 살아야 나라가 산다'는 제목의 책을 반론으로 내놓았다. 반론이 나오기 전부터 달궈지기 시작한 공자와 유교 논쟁, 특히 아시아 각국의 경제 발전과 위기를 이른바 아시아적 가치에 연관시켜 현재를 진단하고 미래를 전망하려는 학설 논쟁이 일었다.
사실 이 글은 애시당초 앞 책이 나온 직후, 그에 대한 반론으로 집필하기 시작한 것이다. 얼마 안 되어 교수가 되면서, 허약한 체력에 여력이 없어 출판하지 못하다가, 15년 만에 그 원고의 절반가량을 뽑아 '오륜'의 주제로 좁혀 보충 집필하고 손질해 펴내는 것이다.

하다고 하니 大同小異할 걸로 짐작함)에 일반보편으로 타당하고 동서고
금에 두루 통용할 수 있는 '진리의 말씀'이나 '도(덕)의 이름'임을 밝히기
위함이다.

사실 3·15 부정선거와 사사오입 개헌으로 장기집권을 꾀한 이승만
과, '인사가 만사'를 내세운 편협한 인사와 무능으로 외환위기를 직접
초래한 김영삼이나, 노무현·김대중 두 선임先任 대통령을 직간접으로
죽음에 몰아넣고 광우병소고기 수입 파동과 4대강 사업 강행으로 온
나라를 들끓게 한 이명박도, 만약 그들이 자부하는 기독교 신자로서
참된 믿음을 지녔고, 그래서 모든 지혜의 원천인 하느님(上帝)께서
모세를 비롯한 여러 선지자와 예수를 통해 전하신 진리와 생명의 말씀을
제대로 알아듣고 충실히 따랐다면, 결코 한민족의 현대사에 그토록
엄청난 나라의 치욕과 개인의 수모를 남기지 않았을 거라고 확신한다.
물론 이는 민족 전체가 초래한 공동 운명(불교 말로 '공업〔共業, 공동
업장〕')이기 때문에, 대권을 휘두른 이승만이나 김영삼·이명박 개인만
탓하기는 어렵다. 그러나 '한국호'라는 운명 공동체를 잠시 총책임진
선장이므로, 아쉬움과 비판의 여지는 남을 수밖에 없다.

『서경書經』(尙書)에 "한 사람에게 경사가 있으면, 억조창생이 그
복덕에 의지한다"는 말이 있다. 만약 한 나라를 책임졌던 이승만이나
김영삼·이명박에게 정말로 성경(하느님)의 진리 말씀을 잘 듣는 '경사'
가 있었다면, 설령 우리 국민 모두가 공자의 (도)덕 있는 말씀을 못
들었다고 할지라도, 대통령 한 사람의 복덕에 의지하여 적어도 망할
위기까지 내몰리지는 않았을 거라는 아쉬움이 남는다.

물론 총체적 위기의 근본 원인은, 국민 모두가 공자의 (도)덕 있는

말씀이나 성경(예수)의 진리 말씀이나 붓다(불경)의 정법正法 말씀을 제대로 듣지 못한 데 있다. 여기서 '못 들었다'고 표현하는 것은, 일반 국민들이야 그 평범하면서도 깊은 뜻을 잘 알아듣지 못하고, 특히 해방 이후 전통과 끊어진 지 한 세기가 다 되면서 한문으로 된 공자와 유교의 경전들은 더욱 난해해졌기 때문이다. 사회 지도층이 솔선수범으로 실행궁행하고 지식인들이 쉽게 풀어 전해주었어야 했는데, 그렇지 않아서 국민들은 '안 들은' 게 아니라 '못 들었다'고, 스스로 관용을 베풀고 위로받자는 마음에서다.

그러니 앞으로라도 잘 알아듣고 따라야 한다는 당위성을 좀 강조하는 것이다. 그렇다고 필자가 공자의 도덕 있는 말씀을 잘 '알아듣고' 독자들에게 제대로 전하겠다고 장담하는 것은 아니다. 공부도 깊지 못하고 세상 물정과 인심도 제대로 모르는데, 감히 성현의 도덕 말씀을 통달한 양 행세할 수야 있겠는가? 다만 경전을 보고 '들은' 공자님 말씀과 명상을 통해 '들은' 영감들을 바탕으로, 나름대로 우리 현실상황에 맞춰 함께 음미해보자는 뜻이다.

"벽돌을 내던져 옥돌을 이끈다"는 속담처럼, 필자가 들은 어설픈 말씀들이 공자 앞에서 문자 쓰는 격이 되어, 진짜 공자 말씀을 전해줄 현인들을 인도하는 불쏘시개나 마중물이 될까 기대해본다. 물론 이미 적지 않은 분들이 쓴 글만으로도 훌륭한 촉매가 되리라 믿지만, 조금 색다른 관점과 빛깔의 식견도 함께 맛보면 어떨까 하는 바람이다.

유불선儒佛仙 전통문화의 자아반성

그러면 어찌하여 우리 전통문화의 주류를 이루어온 공자와 유학이
근대화 이후 사양길로 접어들었으며, 또 불교도 별로 맥을 못 추고
시들거리는가? 유불선으로 대표되는 전통문화가 왜 근대 서양의 기독
교 문화에 주도권을 넘겨주고 있는가? 세계적으로 냉전이 종식하고
이데올로기(정치이념)가 거의 퇴색한 지금까지, 우리 한반도만 여태껏
이념대립과 냉전의 십자가를 혼자 짊어지고 있다. 그런데 이데올로기
못지않게 한반도가 동서 '문명 충돌'의 시범장이 되고 있는 건 아닌지
걱정이다.

똑같은 유불선 전통문화권에 속하는 동아시아 각국은, 중국은 물론,
자본주의 서구화가 우리보다 훨씬 앞서 진척한 일본이나 대만(싱가포르
도 참고)도, 천주교와 개신교의 기독교 세력이 정말 눈에 잘 띄지 않을
정도로 미미하다. 서양의 선교가 우리보다 훨씬 먼저 시작된 나라들인
데, 전파 속도와 보급 범위는 상상을 초월할 만큼 천양지차가 난다.
왜 그럴까? 지금까지 많은 석학들이 다양한 시각과 관점에서 연구
분석해왔는데, 대부분 서양 과학문명의 우수성과 합리주의, 힘의 우위
등에 초점을 맞춘 듯하다. 그래서 우리도 합리주의를 따르고 과학기술을
배운다고 설치고 있지 않은가? 따라 잡으려고! 밖으로 남을 쳐다보고
부러워, 시샘 끝에 받아들이고 배우기로 작정한 것이리라. 기독교 문화
도 그래서 더 잘 퍼지고, 유불선 전통문화를 밀어붙이는지 모른다.

그러나 나는 기존의 관점은 제쳐 놓고, 나름대로 마음에 짚이는
원인 몇 가지를 함께 느껴보고 싶다. 물론 시대가 바뀌면서 새것을

찾는 인지상정이 어쩌면 가장 큰 근본 요인일 것이다. 설령 그렇다고 해도, 문명의 진정한 대동화합을 위해서도, 천주교·개신교의 장점을 알고, 그것이 왜 유불선 문화에는 모자라는지, 자아반성이 필요하다. 허지만 천주교와 개신교를 다시 밀어내고 유불선을 되찾자는 복고주의를 주창하는 것은 아니다.

공자도 군자는 모든 책임과 원인을 자기에게서 찾고, 소인은 거꾸로 남에게서 찾는다(『논어』 '衛靈公'편)고 하지 않았던가? 그래서 그 제자 증자는 하루에 세 번 (또는 세 가지로) 자신을 반성했다고 한다. 남의 장점을 연구하는 것도, 결국 자기 수양의 본보기로 삼자는 목적에서 한다. 물론 나의 단점과 잘못을 사실 그대로 살펴보고 반성 참회하는 작업이 앞서야 한다. 이러한 뜻에서 우리나라에서 유불선의 교세가 크게 약해진 내적 원인을 찾아보고자 한다.

첫째, 믿고 의지할 귀의처歸依處가 별로 없거나, 약하거나, 절대적이지 못하다는 인상이 짙다. 인간이 얼마나 힘없고 나약한가? 특히 일반 대중이야 서럽고 분하고 억울한 감정이 늘 보글보글 들끓을 텐데, 이들이 절대로 믿고 자신을 완전히 내맡겨 스트레스를 풀고 세속에서 오염 당한 감정을 순화할 마땅한 곳이 보이지 않는 것이다. 이건 물론 공자나 붓다·노자의 문제가 아니라, 유림과 불교계의 책임이 크다.

불교에 절대적 귀의처가 있고, 유교도 공자 말씀과 경전 내용을 음미하면 '하늘(天)'·'상제上帝'라는 절대 의지처가 분명히 존재한다. 이걸 근래 스님들이나 유생들이 충분히 발휘하지 못한 것이다. 불교의 경우, 부처님의 자비 가피(加被: 부처님이 자비심으로 중생을 보호해주심)를 받는 타력他力 신앙과 염불수행을 도외시하고, 말끝마다 '불교는

어떤 절대자에게 나약하게 의지하지 않고 자기 힘으로 수행하는 자력自
力의 지혜 종교'임을 자랑삼아 내세운다.

물론 참선은 최고 수승殊勝한 수행이다. 허나 부처님께 매달리는
염불은 시골 할머니나 아낙네 같은 중생이나 하는 거라고 내쳐서야
되겠는가? 부처님이 몸소 "이 불법은 절대 평등하여 위아래 차별이
전혀 없다"고 말씀하신 『금강경』의 구절조차도 집착하지 말아야 할
법이니, 수행법의 우열은 당연할 걸까? 하여 (근기가) 되나 못 되나,
훌륭한 참선한다고 매달려, 부처님의 자비광명 가피 받기가 쉽지 않다.
가까이하기 어렵고 별 감응이나 영험이 없는데, 누가 선뜻 따르겠는가?
사실 참선과 염불도 궁극에는 하나로 통한다는데.

현대 유림과 성균관의 사정은, 내가 잘 모르기 때문에 섣불리 언급할
것은 아니다. 공자와 유가의 신에 대한 견해(神論)는 현실 타협의
중용적 성향이 강한데, 다른 기회에 따로 이야기하겠다. 참고로, 개신
교나 천주교가 거의 기세를 펴지 못하는 대만의 경우, 불교는 염불로
부처님 가피를 입는 정토종이 단연 우세하다. (일본도 대개 그렇다고
들었다.) 한국 선불교가 깊이 참고할 대목이다.

둘째, 내용상 앞과 이어지는 문제다. 유교는 내세관來世觀이 별로
뚜렷하지 않고, 인과응보 법칙도 별로 두드러지지 않는 듯하다. 그러나
이점도 공자의 본래 의도를 깊이 헤아리지 못했기 때문이며, 유교의
현세 지향성이 지나치게 강한 탓도 크다. 주역에는 선악에 대한 과보가
명명백백히 나와 있다.

한편, 불교는 훌륭한 윤회관輪廻觀과 인과응보의 법칙이 경전 구석구
석에 치밀하게 널려있는데도, 근래 불교계에서 이 교리를 불자의 기초

교육과 대중교화에 별로 강조하지 않는 느낌이다. 죄악을 지으면 설령 현세에 국법의 처벌을 모면하더라도 내세에 반드시 죄를 갚아야하고, 선행을 쌓으면 결코 헛되지 않고 미래에 틀림없이 복덕福德의 과보果報를 받는다. 이러한 인과응보 법칙이 가정과 학교와 사회 종교단체에서도 거의 이루어지지 않았다.

"죽으면 그만이지, 영혼이 어디 있고 내세가 어디 있어? 지옥과 천당 극락도 모두 사람들 겁주고 달래려는 권선징악의 교화 방편이지."

그러니 누가 힘들여 착한 일 하려 하겠는가? 또 언제 어디서든지 달콤하게 내뻗는 유혹의 손길을, 누가 굳이 완강하게 뿌리치겠는가? '윤리도덕이 타락했다'는 탄식은 바로 인과응보 법칙의 실종을 가리킨다. 그 결과, 우리 사회는 정경유착으로부터 학원·법조 비리까지, 정치·경제·사회·교육·문화 등 모든 분야가 총체적 부정부패와 사치낭비의 시궁창에 처박혀, 끝내 국가부도 위기까지 맞았던 것이다!

그런데도 망하지 않고 버텨내는 것은, 인과응보를 믿고 착하게 살려는 이름 없는 백성들 덕택이다. 해마다 수재 때나 연말이면 줄을 잇는 이웃돕기 성금 행렬을 보라! 이런 민족적 선행과 미담은 지구상에서 드문 일일 것이다. 절이나 교회·성당에 보시 헌금을 거창하게 내는 것까지 못마땅하게 여길 필요는 없다. 착한 씨앗을 심는 일이니 장려할 일이다. 다만 정치·경제적 의도 없이 순수한 자선의 마음에서 이루어져야 한다는 뜻이다. 오해 없기 바란다.

여하튼 '콩 심은 데 콩 나고, 팥 심은 데 팥 난다'는 자연의 인과법칙이, 인간의 언행과 생각에도 똑같이 타당함을, 유교나 불교도 유효적절한 방법으로 적극 알리고 가르쳐야 한다. 사람도 결국 자연의 일부가 아닌가? 개신교나 천주교에 대중이 끌리고 모이는 이유 가운데 하나는, 솔직히 말해서 지금 좀 잘못하더라도 회개하고 착한 일 하면 (물론 하느님과 예수님을 믿고) 죽어서 지옥 대신 천당 갈 수 있다는 믿음 때문이 아니겠는가? 그게 현세에서 부정부패를 척결하고 좀 더 깨끗한 사회를 만드는 구국救國의 지름길이기도 하다.

셋째, 어디까지나 견문이 비좁은 필자의 대강 느낌인데, 유생들과 스님들·불자들이 지금까지 경전 공부를 좀 등한시한 점이다. 잘 알려진 것처럼, 기독교는 오직 성경에 매달리다시피 매일같이 성경을 읽고 공부하고 설교하고 강론하고 토론하기를 일삼는다. 거기에 길이 있고 진리가 있고 생명이 있기 때문에, 그걸 찾아 말하고 듣고 생각하고 실천하는 것이다.

그런데 지금 유교의 기본 경전인 사서삼경四書三經, 아니 사서四書만 이라도 제대로 읽고 이해하는 사람이 얼마나 될까? 하물며 매일같이 읽고 쓰고 외우는 사람이 얼마나 되고, 또 춘추삼전(春秋三傳:『좌전』·『공양전』·『곡량전』)과 삼례(三禮:『주례』·『의례』·『예기』)까지 읽어본 사람은 몇이나 될까? 그런데 최근 중국 대륙에서는 불교의 대대적 부흥과 함께, 초등학생들이 『논어』 등 고전을 암송하는 독경讀經이나 송경誦經이 대유행이라고 한다. 앞으로 중국의 정신문화 저력을 발휘할 엄청난 일이다! 경제발전보다 더 무서운 경종이다!

또 불교는 팔만대장경이 너무 방대하여 다 섭렵하기가 거의 불가능하지만, 그렇다고 기본 경전조차 별로 읽지도 않고 설법하지 않는 것은 무슨 까닭인가? 문자를 세우지 않는다는 불립문자不立文字나 이심전심 以心傳心의 참선에 매혹 당하여, 모든 경전과 불법까지 내팽개치는 게 자연스럽고 당연하며, 나아가 그 길을 최상근기의 수행 방법으로 은근히 과시하고 있지 않은가? 몇몇 고승대덕은 참선으로 도통하고 성불한다 치더라도, 보통스님들은 어떻게 수행하고, 또 일반 불자와 대중들은 무엇으로 가르치고 공부한단 말인가? 그나마 최근 들어 불교대학 등을 통해 경전 강의나 사경寫經 등의 수행이 늘어나고 있다니 다행이다.

물론 한문 위주의 전통문화와 끊기면서, 유교나 불교나 경전의 한글 번역은 가장 중요한 기초 작업이다. 나름대로 많이들 애써 왔지만, 성경의 번역 보급에 필적할 만한 모범적인 쉬운 번역본이 별로 없는 게 사실이다. 한문이 워낙 어려워 번역 자체에도 한계가 있고, 의미 해석도 여러 갈래로 나뉘어 역대 주석도 이견이 많다. 이걸 표준 정본으로 옮기는 일은 더 많은 노력과 시행착오가 따라야 할 것이다. 공부를 많이 한 큰스님이나 선비들의 말과 글 자체도 자연히 한문 투가 많고 이해하기 어려워 커다란 세대 차이로 작용한다. (한편, 최근 여러 사찰에서 예불문과 『천수경』, 『반야심경』을 한글 번역본으로 사용하는데, 한문본 독송에 익숙하던 많은 불자들의 경우 예전보다 수행기도로서 감동이 떨어진다고 한다. 이 또한 해결해야 할 새로운 난제다.)

이 문제는 우리 교육당국의 한문 교육 철폐와 일부 국어학자 등의 지나친 한글 사랑에도 큰 책임이 있다. 유교와 불교 경전이 다소 난해한 한문으로 적혀 있지만, 한문을 혼용하는 일본의 경우, 번역도 한결 수월하고 읽기도 훨씬 쉬울 수밖에 없다. 중화민국(대만)의 경우, 스님들도 출가하기 전까지 유교 경전을 상당 부분 학교교육을 통해 배우고, 이른바 신유가新儒家라 일컫는 학자들도 불교 경전을 자연스럽게 접한다. 물론 도교道敎도 보편적이고, 노장老莊을 비롯한 여러 도교 경전도 함께 공부한다. 송명宋明 이래 두드러진 유불선儒佛仙 삼교합일의 융화 현상이 지금도 계속 이어지고 있다.

우리나라도 예전까지는 중국과 상황이 비슷하였다. 민족 종교로 자부하는 동학(천도교)도, 기본 원리는 유불선 삼교합일을 내세우지 않았던가? 예전 스님들은 유교 경전을 통해 한문 공부를 시작해 자연스럽게 흡수하는데, 유생들은 불교와 도교 공부가 다소 어렵기도 하고 새로 시작해야 하는 부담 때문에 보통 등한시해 온 인상이 짙다. 게다가 당송팔대가의 선봉인 한유韓愈와 성리학의 집대성자 주희(朱熹: 朱子)가 불교를 극력 배척했으니 오죽하랴!

조선도 바로 그 전통을 그대로 계승하였다. 우리나라의 불행과 유교의 비운은 여기서 비롯한다. 공자의 원시 유학이 아니라, 주자가 공자를 해석한 성리학을 국교로 삼은 것이다. (마치 우리 불교계가 붓다의 육성설법에 가까운 원시 불교 대신, 중국에서 발흥한 선불교를 최고 정통으로 치듯이!) 그래서 고려 5백년의 국교였던 불교를 억압했고, 그 영향력과 폐해는 실로 엄청났다. 서로 다른 사상의 평화 공존과 다양한 문화의 공생을 허용하지 못한 것이다. 운명의 장난인지 하늘의 섭리인지, 역사의 수레바퀴는 돌고 돌아 다시 5백년이 지나면서, 유교는 불교처럼 옥좌에서 끌어내려지고, 억압에 가까운 무시와 비난을 한 몸에 받고 있는 듯하다.

영정조英正祖의 탕평책蕩平策과 때를 같이하여, 다산 정약용을 비롯한 실학자들이, 주자학이 아닌 공자의 원시 유학, 즉 수사학(洙泗學: 洙와 泗는 공자 고향 부근에 흐르는 강물 이름)으로 돌아가 국운의 중흥을 꾀했지만 역부족이었다. 사실 다산의 학문업적을 보면, 사서삼경을 비롯한 유교 기본 경전에 대한 해박한 연구주석이 대종을 이룬다. 그런데도 다산과 실학을 연구한다는 학자들조차 대부분 이 '경학經學'은 제대로 손대지도 못하다가, 최근에야 집단으로 공동 연구한다고 한다.

경세치용經世致用과 이용후생利用厚生을 내세운 실학을 연구하면서, 정작 그 철학사상의 토대가 되는 경학과 유교의 기본 경전 공부는 그리 깊이 하지 않은 듯하다. 그저 적당히 한문을 해석해 인용하고 짜깁기해서 그럴듯한 연구논문 쓰기에 바쁜 것이다. 오로지 연구업적이라는 현실적 이해타산에서! 이래 가지고 공자의 사상과 유교의 진면목이 제대로 드러나 널리 떨치기를 바랄 수 있을까?

넷째, 앞의 문제와 이어지는데, 자기 수양방법이나 수행 원리에 관한 것이다. 유교는 수기치인(修己治人: 자기를 닦아 남을 다스림)을 말하고, 불교는 '위로 깨달음의 도를 구하고, 아래로 중생을 교화한다'고 내세운다. 따라서 유교와 불교가 남을 다스리고 중생을 교화해 세력을 떨치려면, 먼저 그 전제가 되는 자기 수양과 수행(求道)을 엄격하고 꾸준히 해야 한다.

물론 유교나 불교나 철저하고 꾸준히 자기 수행을 지속하시는 훌륭한 분들이 많은 줄 안다. 문제는 대중들이 다함께 따라 할 수 있고, 또 그로부터 뭔가 실질 도움을 받을 수 있는 일반보편의 방법과 원리를 합리적으로 체계화해 널리 보급하는 일이다. 요즘 우리 국민은 교육수준이 세계서도 손꼽히고, 첨단 과학기술과 정보지식은 매일같이 봇물 터진다. 허나 나약한 인간인지라, 어딘가 믿고 기댈 곳을 마음 한구석에 찾기 마련이다. 이런 현대인의 입맛을 맞추면서 그 수요를 채워주기 위해서는, 수양 방법이 합리적이면서 조금이나마 현실적 감응(효과)을 느낄 수 있어야 한다.

예컨대 천주교나 개신교에서 예수님의 이름으로 기도하고 찬송가를 부르며 성경을 읽는 걸 보자. 그렇게 따라 했더니, 왠지 마음도 환해지고 기분도 상쾌해지며, 만사가 전보다 나아지는 것 같더라! 이런 걸 몸소 느껴야 제 발로 성당이나 교회를 계속 다니지 않을까? 물론 '우선 먹기는 곶감이 달다'는 식으로, 눈앞의 성급한 효과를 보여주어야 한다는 뜻은 결코 아니다. 허나 적어도 믿음의 실마리를 찾을 수 있도록 이끌어주는 지혜와 능력은 동시에 필요하다.

불교의 철학이 제아무리 심오하고 유교의 이념이 제아무리 고상하더라도, 이를 생기 있게 활용·전파할 능력이 없으면, 그 철학과 이념은 지혜로 살아나지 못하고 텅 빈 관념에 그치고 만다. 비유컨대, 큰 공장과 최신 설비·첨단 기술·풍부한 원자재를 갖추고, 게다가 내수와 수출 주문이 쏟아져 들어온다고 하자. 그런데 공장을 움직일 에너지(전기)와 제품을 생산할 노동력이 없거나 모자라면, 어쩔 수 없이 속 타게 쳐다보고만 있어야 한다. 얼마 전 개성공단 사태에서 보았듯이, 개점휴업이다!

천주교와 개신교는 기도 찬송의 '능력'을 통해 『성경』에 적힌 '지혜'를 '사랑'으로 실천한다. 전도하는 사람이나 받는 사람 모두 나름대로 기쁨과 감응을 느낀다. 하느님을 '전지전능全知全能'이라고 부르는 것도 이 때문이다. 물론 불교도 본래 부처님의 '지혜' 광명과 신통 '능력'이 무한히 갖추어져, '자비'로이 중생을 구제한다. 유교도 『예기禮記』 '중용'편에 나오는 '지인용智仁勇' 삼달덕(三達德: 세 가지 통달한 덕)을 중시한다. 지혜롭게 인애를 실행하는 용기는 군자의 능력이다.

모든 종교철학은 기본상 지혜·능력·사랑의 세 솥발 위에 세워져 있다. 문제는 이 세 박자가 리듬 있게 균형조화를 이루느냐에 달려 있다. 지금 기독교는 비교적 균형 있게 운용하여 짭짤한 성과를 올리는데, 불교(특히 선불교)와 유교는 좀 그렇지 못한 것 같다. 불교는 오직 확철대오廓徹大悟라는 깨달음의 지혜에 치중하여, 그것도 주로 화두선에 쏠려 있는 느낌이다. 신통능력의 수행은 아예 외도나 이단으로 취급하는 인상이다.

사실 신통능력을 올바로 수행하지 못하는 게 불교 쇠퇴의 가장 큰 원인인지도 모른다. 부처님과 그 제자, 역대 조사·고승대덕들이 얼마만큼 믿지 못할 엄청난 신통력과 위신력을 발휘했는지 잘 알려지지도 않고 있다. 부자가 돈이 바닥나면, 그를 따르던 식객과 부하들이 썰물처럼 빠져 나가기 마련이다. 스님들이 부처님의 혜명(慧命: 지혜의 생명)만 잇고 신통력은 물려받아 전하지 못한다면, 부처님의 가피를 느끼지 못하는 중생들이 불교에서 멀어질 수밖에 없다.

일반 대중이 누구나 쉽게 동참해 신통 기적의 영험을 맛볼 수 있는 염불이나 독경기도의 수행 방법을 얕보기 때문이기도 하다. 보통사람이 참선으로 삼매에 들어, 황홀한 체험을 하고 신비한 기적을 맛보기란 하늘서 별 따기다. 헌데도 만약 무조건 '이 뭣고'나 '무無'자 화두를 잡으라고 한다면, 이건 모든 환자에게 아스피린이나 마이신을 먹으라고 처방하는 것과 같다.

유교도 마찬가지다. 공자는 "어진 자는 반드시 용기가 있다"고 했다. 또 넘어지고 자빠질 때도 반드시 어짊(仁)에서 떠나지 않는다고 했다.

능력(용기)의 수양 방법을 구체로 설명하지는 않았지만, 그 필요성과
기본 원칙은 천명해 놓았다. 올바르고 의로운 정신으로 용기를 함양하
는 방법은, 맹자에 이르러 '호연지기浩然之氣'의 함양 원리와 방법으로
제법 상세히 나타난다. 이 맥이 끊기면, 유교의 목숨도 더 이상 이어지기
어렵다.

생명은 육신과 정신의 신비로운 조화 결합으로 이루어진다. 정신이
떠난 육신은 시체가 되고, 곧바로 썩어 사대(四大: 地·水·火·風)로
흩어진다. 반면 육신을 빠져나온 정신은 귀신이라고 부른다. 따라서
생명을 유지하려면 육신과 정신의 건강을 함께 돌보아야 한다. 육신의
질병에만 매달리고 몸보신에만 정신 쓰는 속물은 그리 고상해 보이지
않는다. 그렇다고 정신의 고상함만 추구하여 육신을 거들떠보지 않는
성현도 여간 안타깝고 답답한 게 아니다.

지혜와 (신통)능력도 마찬가지다. 지혜의 등불을 밝혀 빛을 전하려면
능력이 뒷받침되어야 한다. 신통능력을 경계하는 참된 이유는, 밝은
지혜의 눈이 없이 맹목적인 수련으로 막강한 힘을 얻는 경우, 자칫
남과 자신을 함께 해치는 파멸의 위험에 빠질까 염려해서다. 그래서
먼저 지혜의 눈을 뜨라고 강조한다. 예컨대 멋모르고 오로지 육신의
건강에 좋다니까, 단전호흡이나 기공수련을 억지로 하다가는, 자칫
주화입마走火入魔하기 쉽다는 얘기다.

허나 불교의 염불 독경이나 유교의 '공자왈 맹자왈' 경전 독송 방법은,
지혜도 밝혀 주면서 자연스럽게 단전호흡이나 기공수련의 효과도 곁들
인다. 이들 방법은 사실 그 자체 음악이기도 하다. 공자가 특히 '예의와
음악(禮樂)'을 함께 일컬은 것은, 음악이 심성수양과 정기함양을 병행

하는 훌륭한 방편이기 때문이다. 기독교에서 대중의 마음을 사로잡는 매력 가운데 하나가 바로 찬송가의 합창이다.

유감스럽게도 불교와 유교는 이 음악의 전통을 제대로 계승 발전하지 못했다. 그게 중생 이탈의 큰 요인이기도 하다. 유교의 음악과 춤(율동)은 이제 무형문화재로 지정해서, 특별 연출이나 감상용으로 화석화(박제화)하였다. 대중이 함께 동참하고 합창해서 생명의 원기를 공감하기 어렵게 되었다. 판소리네 사물놀이네 하며 요즘 국악이 다시 인기를 얻어 가는 것도 바로 생기발랄함 때문인데, 역시 대중이 주인으로 동참하기에는 한계가 있다.

불교에서는 법회 때 더러 『반야심경』도 함께 봉송하고, 또 끝나고 염불 정근을 하기도 한다. 그런데 이 합송合誦이 중구난방이다. 한결같은 음악선율이 정해지지 않았기 때문이다. 물론 어지러운 듯 시끄러움 속에서도, 전체적인 큰 흐름의 선율이 미묘한 아름다움을 뿜어내긴 한다. 요즘은 찬불가가 제법 널리 퍼져서, 노래 부를 때는 공명동조共鳴同調의 시너지 효과가 확연히 느껴진다. 내가 몇 군데 절의 법회에 참관해본 작은 경험에 비추어 보면, '나무아미타불'이나 '나무관세음보살' 또는 '마하반야바라밀'을 합창으로 염송하는 도량에서는 확실히 생기와 도력道力을 강렬히 공감할 수 있었다. 박자와 리듬까지 완전히 일치하는 조화로운 합창일 때 더욱 그러하였다.

불교는 늦게나마 대중을 위한 불교음악을 개척하고 있다. 그런데 유교는 아직 음악을 대중화·현대화한다는 소식이 잘 들리지 않는다. 본래 없던 것이라도, 남이 가진 좋은 점은 타산지석으로 빌려 쓸 수 있지 않은가? 동도서기東道西器나 중체서용中體西用의 안목 말이다.

하물며 불교나 유교가 본래 가지고 있던 음악을 근대 서양문명에 익숙해
진 대중을 위해 효과적으로 혁신 발전시키는 일이 뭐가 어렵겠는가?
특히 유교는 음악이 예의와 함께 두 핵심 축이었는데, 안타깝게도
언제부턴가 음악은 깡그리 잊히고 사라졌다.

지금까지 유교와 불교의 쇠퇴 원인을 내 나름대로 크게 네 가지로
느껴보았다.(우리나라에서 도교의 전통은 따로 어떻게 전승하는지 잘 모르
겠고, 천도교나 국선도·증산도·기타 기공 수련에 직접·간접 이어지는 듯하
지만, 섣부른 언급은 삼가겠다.) 천주교나 개신교를 염두에 두면서 대비
하였지만, 대립경쟁을 조장할 의도는 전혀 아니다. 오히려 서로 배우고
본받으며 영향을 주고받고 선의의 교류를 하길 바란다. 실제로 천주교
에서는 참선명상이나 108배 절운동이나 다도茶道 같은 불교의 좋은
점들을 많이 벤치마킹한다고 들었다.

지금까지 우리 조상들이 유불선 삼교합일을 지향했듯이, 이제 우리
가 동서 문명화합을 주도적으로 이루어가자는 것이 나의 간절한 염원이
다. 중국이나 대만·일본은 개신교나 천주교가 별로 맥을 추지 못할
정도로 종교적 주체성이 강하다. 반면 우리는 동서양이 세력상 균형조
화를 이룰 수 있을 만큼 대등한 편이다. 마치 태극기의 음양(파랑과
빨강)이 이상적으로 균형조화를 이루듯이, 우리 한반도 한겨레가 동서
양의 문명화합을 이루는 모범적 핵심축이 되길 진심으로 기원한다.
지금까지 대륙과 해양, 미국과 소련(러시아), 자본주의와 공산(사회)주
의의 대리전을 치러온 역사적·지리적 십자가를 바탕으로, 새 시대
새 생명을 부활하여 인류 운명의 회전축으로 승화하고, 세계의 중심에
우뚝 서서 미래를 밝히는 빛이 되자!

|셋| 유교 윤리의 왜곡 역사

- 오륜삼강五倫三綱에서 화랑오계花郞五戒까지

흔히 삼강오륜으로 일컬어지는 유교의 윤리도덕은 전통시대의 기본 사회규범인데, 오랜 역사를 거치면서 정치사회적으로 크게 바뀌어 왔다. 좀 나쁘게 말하면, 도덕적으로 변질하고 정치적으로 악용 당해 왔다. 발생 순서상 오륜이 삼강보다 훨씬 앞서는데도, 우리는 삼강이 우선하는 것처럼 알아왔다. 그러나 내용의 왜곡은 더욱 가관이다. 오륜은 본디 상하 위계질서가 결코 아닌데, 상명하복의 일방적 수직윤 리로 탈바꿈한 것이다.

오륜삼강의 역사적 변화와 정치적 이념화가 우리에게 잘 알려지지 않아서 오해와 선입관념이 지나치게 커지고 굳어졌다. 따라서 공자와 유교의 본래 진면목을 알기 위해서도, 또 새로운 문화시대의 사회규범 을 재정립하기 위해서도, 오륜삼강의 변화 과정을 유효적절한 참고자 료로 살펴볼 필요가 있다. 이는 필자가 박사학위 논문에서 밝혀낸 주요 연구주제이기도 하다.

오륜의 효시嚆矢

오륜은 문헌상으로 『맹자』('滕文公'上)에서 처음으로 직접 나온다. 요堯임금 때 홍수가 범람하고 수풀이 무성하여 사나운 짐승이 들끓자, 사람들의 고생이 이만저만 아니었다. 이때 순舜을 등용하였다. 순임금은 익益에게 불로 산림을 불 질러 짐승을 쫓고, 우禹에게 강물 줄기를 8년에 걸쳐 다스리도록 시켰다. 그 결과 화전(火田: 밭)과 수전(水田: 논)의 터전이 마련되자, 이번에는 후직后稷을 시켜 백성들에게 오곡을 심어 농사짓는 법을 가르쳤다. 아마도 원시 수렵생활에서 정착 농경문화로 옮겨가는 과정이리라.

그렇게 농사가 잘되어 오곡을 풍성히 수확하자, 사람들이 먹고사는 게 넉넉해져 한시름 놓게 되었다. 만날 먹을 것 찾아 숲과 들을 헤매며 맹수와 싸우고 굶주림을 겪던 시절에 비하면 얼마나 안정된 생활인가? 그런데 사람의 성품과 기질도 짐승을 닮은 데가 있었던지라, 배불리 먹고 따뜻한 옷을 입으며 편안히 쉴 수 있는 시간이 많아지자, 이내 게을러지고 뜻밖의 짓들이 점차 늘어갔다. 지나친 궁핍과 고난도 사람 심성을 거칠고 사납게 만들지만, 지나친 여유와 편안함도 사람의 몸과 마음을 게으르고 병들게 만들었다. 이래 보나 저래 보나, 사람이 먹고살며 자식이나 낳아 기르기만 한다면 짐승과 크게 다르지 않다는 사실을 깨달은 것이다.

그래서 성인(聖人: 舜)이 근심 걱정한 끝에, 설契을 교육부장관(司徒)에 임명하여, 백성들을 인륜人倫으로 잘 가르치도록 당부하였다. 그 인륜이 바로 부자유친父子有親·군신유의君臣有義·부부유별夫婦有別·

장유유서長幼有序·붕우유신朋友有信이라는 것이다.

인륜이 다섯이라고 해서, 후대에 이를 오륜이라고 부르는데, 맹자에
는 '오륜'이라는 명칭이 직접 나오지는 않는다. 또 똑같은 역사 사실에
대해 『상서(서경)』에서는 '다섯 가르침(五敎)을 펼쳤다'고만 기록하
고 구체 내용은 언급하지 않았다.(舜典) 이것만 봐서는 오륜의 특성이
잘 두드러지지 않는다.

한편, 『춘추좌전春秋左傳』 문공文公 18년(B.C. 609)에도 순이 요임금
을 받들어 천하를 다스리며 여덟 현인을 천거하여 '다섯 가르침(五敎)을
사방에 펼치게 했다'고 전한다. 그런데 여기서는 아버지의 의로움(父
義)·어머니의 자애로움(母慈)·형의 우애(兄友)·아우의 공경(弟共)·
자식의 효도(子孝)라고 적어, 순전히 집안 가족 사이의 도리에만 국한하
고 있다. 아울러 부모의 도리가 자식의 효도보다 앞서고, 형의 우애가
아우의 공경보다 앞서며, 강하고 엄격한 아버지(남편)와 부드럽고
따뜻한 어머니(아내)의 역할이 나뉘어 있다. 그래서 무언중에 부부간의
역할 차이('불평등'이란 뜻의 '차별'이 결코 아니라, 객관 사실로서 차이)가
자연스럽게 드러나고 있다.

순임금이 설을 시켜 펼친 다섯 가르침이 맹자가 말한 '오륜'이었는지,
아니면 그 가운데 부자·부부·형제(장유)에 관한 가족 내 규범이었는지
확정하기는 어렵다. 적어도 확실한 점은, 가족 사이의 도리가 임금과
신하나 친구 사이의 사회규범보다 우선한 사실이다. 오륜에서도 부자
유친이 군신유의보다 앞선 사실은 상당히 중요하다. 이게 나중에 통치
자들의 권력 의지에 따라 슬그머니 뒤바뀌게 되었다. 그리고 무엇보다
도, 부모와 자식 사이에 친함이 있고, 임금과 신하 사이에 의리가

있어야 한다는 식으로, 쌍방 간의 대등한 수평적 도리를 강조했다는
점을 눈여겨볼 필요가 있다.

오륜의 상대성과 수평성

'윗물이 맑아야 아랫물이 맑다'는 속담이 있다. 또 중국에는 '위 들보가
바르지 않으면 아래 들보도 삐뚤어진다'는 속담도 있다. 이러한 속담만
보아도 인지상정과 사리事理상, 아랫사람이 윗사람에 대해 무조건
일방적으로 절대 복종하라는 윤리규범은 결코 정상으로 존재할 수
없음이 분명해진다.

그래서 공자도 제경공齊景公이 정치를 묻자, "임금은 임금답고 신하
는 신하다우며, 부모는 부모답고 자식은 자식다운 것이다"고 대답했다.
이것이 유명한 정명론正名論인데, 여기서 군신 관계가 부자 관계보다
앞선 것은, 질문자가 한 나라의 군주이기 때문에 예의상 먼저 거론하면
서, 또 그만큼 임금의 도리를 강조한다는 상황 맥락 때문이다.

또 춘추 초기에는 여섯 가지 순리順理로 임금의 의로움·신하의 복종·
부모의 자애·자식의 효성·형의 사랑·아우의 공경을 거론하였다.(『좌
전』隱公 3년, B.C. 720) 그리고 유가의 주요 경전인 『예기』에는 열
가지 인의仁義로 부모의 자애·자식의 효성·형의 선량함·아우의 공경·
남편의 의로움·아내의 유순함·윗사람의 은혜·아랫사람의 순종·임금
의 어짊·신하의 충성을 들고 있다.

모두 한결같이 윗사람의 도리를 아랫사람의 의무보다 앞세우는 게
공통이다. 『예기』에서는 군신 관계를 맨 끝에 둔 점이 특히 눈에

띤다. 이밖에 선진시대 유가의 주요 경전과 묵자, 그리고『안자춘추』와『여씨춘추』에 이르기까지, 거의 모두가 인륜 관계의 쌍방성과 수평성을 강조하는 사상언론을 수록하고 있다. (좀 더 자세한 내용은 필자의 박사학위 논문의 제3장 제3절(김지수,『전통 중국법의 정신』, 전남대학교출판부, 2011년 재판, 235~255쪽)을 참조.)

사실 작용과 반작용의 상대성 법칙은 꼭 자연현상에만 타당한 물리법칙이 아니다. 사람과 사람 사이의 감정과 의리 관계에도 똑같이 작용한다. 중문학을 부전공할 때, 사람 사이의 윤리를 나타내는 '倫(륜)'자의 '侖(륜)'에 쌍방 관계성(상대성)이 내재한다는 말을 들은 적이 있다. 바퀴 '輪(륜)'자는 좌우 두 바퀴가 한 축에 끼여 균형을 이루어야 제대로 굴러간다. 어느 한쪽이 크고 다른 한쪽이 작다면 제자리에 원을 그리고 만다.

사람과 사람이 말을 주고받으며 옳고 그름을 가리는 토론('論')도, 서로 인격을 존중하고 대등한 입장에서 공격과 방어, 비판과 수용을 주고받을 때, 말장난으로 그치지 않고 생산성 있는 대화가 된다. 일방적 명령과 복종 사이에는 토론과 발전의 여지가 없다. 두세 가닥의 실을 꼬아 만드는 '꼰 실 綸(륜)'자도, 같은 굵기의 실로 가지런히 꼬아야 아름다운 새끼줄이 된다. 글자 형성의 역사에 들어맞는 진실인지는 불명확하지만, 매우 설득력 있는 비유다.

법가 통치이념의 왜곡 역사

이처럼 윗사람이 솔선수범해야 할 것으로 여겨지는 수평적 쌍방 인륜

(오륜)이, 충효忠孝로 손꼽히는 수직적 일방 의무로 바뀌는 것은 전국 말엽 법가法家에 의해서다. 법가는 당시 천하통일을 향해 치닫던 중원의 역사발전 과정에서 중앙집권적 절대군주론을 내세워 진시황에게 결정적 통치이념을 제공한다. 물론 그 철학사상이 독창적인 건 아니다.

법가의 집대성자인 한비자韓非子와 이사李斯가 정통 유가에서 조금 빗나간 순자荀子의 제자였다는 사실이 증명하듯, 법가는 유가사상의 알맹이만 취해 도가의 도론道論과 교묘히 결합시켜 절대군주론을 창출한다. 즉 균형조화를 중시하는 유가의 수평적 인륜 관계를 도의 절대성으로 감쪽같이 재포장하여, 전혀 다른 통치 이데올로기로 개조한 것이다. 마치 배를 강탈한 해적들이 선원들을 처치하고 자기네 해적선으로 둔갑시키듯이!

이는 『순자』와 『한비자』의 한 단락만 대비해보면 금방 뚜렷이 드러난다. 먼저 『순자』는 '군도君道'편에서, 비록 임금의 도리를 필두로 내세우기 때문에 부자와 군신의 순서를 뒤바꾸지만, 여덟 신분의 네 인륜은 윗사람의 솔선수범을 앞세우며 매우 공평하게 강조한다.

"임금은 예로써 베풀어주되 치우침 없이 균등해야 하고, 신하는 예로써 임금을 모시되 게으름 없이 충성해야 한다. 부모는 너그럽게 은혜를 베풀며 법도가 있고, 자식은 공경과 사랑으로 섬기며 예절 바라야 한다. 형은 자애로이 우의를 베풀고, 아우는 공경을 다하며 거스름이 없어야 한다. 남편은 방탕함이 없이 생업에 힘쓰며 사리 분별이 바르고, 아내는 남편이 예의 바르면 부드럽게 순종하되, 남편이 무례하면 두려워하며 스스로 조심해야 한다."

가장 중요한 사실은, 이러한 인륜 도리가 일방통행으로 치우치면 인간관계가 혼란스러워지고, 쌍방 왕래로 균형 있게 이루어져야 사회가 평화롭게 다스려진다는 것이 순자의 결론이다.

그런데 『한비자』는 '충효忠孝'편에서 임금과 신하, 부모와 자식 사이의 인륜을 전문으로 다룬다. 명칭부터 노골적으로 일방적인 '충효의 의무'로 썼다. 또 자식의 부모에 대한 효도보다 신하의 임금에 대한 충성을 앞세워, 순자처럼 오륜의 순서를 뒤바꾼 것도 눈에 띈다.

『순자』도 임금과 신하를 부모와 자식보다 앞세웠지만, 이는 어디까지나 임금의 도리(君道)를 주로 다루는 편의 주제의식 때문이다. 이에 반해 『한비자』는 두 인륜을 함께 다루겠다고 공식으로 내세우면서, 둘의 자리를 고의로 맞바꾸어 버렸다. 게다가 유가의 효제충신孝悌忠信 탓에 천하가 어지럽다고 비난하는 내용은 정말로 확 뒤바뀐 판단이다.

"신하는 임금을 섬기고 자식은 부모를 섬기며 아내는 남편을 섬긴다. 이 세 가지 인륜이 순조로우면 천하가 다스려지고, 역행하면 천하가 어지러워진다. 이것은 천하의 변함없는 도리이며, 현명한 임금과 어진 신하는 이를 감히 침범할 수 없다. 만약 잘난 자식이 나와서 부모를 생각하지 않는다면, 부모가 집안에서 아주 괴로울 것이다. 또 똑똑한 신하가 나타나 임금을 생각하지 않는다면, 임금의 자리가 위태로워질 것이다. 그렇다면 부모에게 잘난 자식과 군주에게 똑똑한 신하는 단지 해가 될 뿐, 무슨 이익이 되겠는가? 그러니 충신이 임금을 위태롭게 하지 않으며, 효자가 부모를 비난하지 않는다고, 어떻게 보장할 수 있겠는가?"

여기서 충신과 효자는 세간에서 말하는 유가의 충신 효자를 꼬집어 헐뜯은 말이다. 오륜에서 맨 뒤 두 가지는 생략하고, 삼강의 기본 뼈대만 간추린 구조로 바꾸었다. 무엇보다 군신·부자·부부의 인륜을 신하와 자식과 아내의 일방적인 섬김으로 완전히 탈바꿈한 게 눈에 띈다. 게다가 한비자는 유가의 입을 빌려 군주의 절대성을 당위적으로 더욱 강화한다.

예컨대 유가가 바둑과 달리 장기(博)를 싫어하는 이유는, 병兵과 졸卒이 장군(왕)을 죽임으로써 승리하기 때문이라고 한비자는 해석한다. 마찬가지로 유가가 주살(弋: 익)을 쓰지 않는 까닭은, 아래에서 위로 쏘아 떨어뜨리기 때문이다. 또 가야금(瑟)을 타지 않는 까닭은, 가는 줄이 높은 소리를 내고 굵은 줄이 낮은 소리를 내기 때문이다. 즉 이들은 신하가 임금을 죽이거나, 대소와 귀천의 자리가 뒤바뀌는 상징성이 짙기 때문이라고 한다. 군주의 절대 권력을 확보하기 위하여, 유가의 언행을 '꿈보다 해몽'으로 풀이해 아전인수로 써먹은 셈이다.

또 갓(冠)은 비록 낡고 볼품없더라도 반드시 머리에 쓰며, 신발은 아무리 화려하고 비싸더라도 꼭 발에 신는다는 비유를 거듭 인용한다. 임금은 아무리 못나도 항상 최고 존귀한 왕위에 앉고, 신하는 날고 뛸 만큼 잘났더라도 늘 그 아래서 복종해야 한다. 이런 논조로 절대 군주권을 뒷받침하기 위한 통치이념으로 각색한 것이다.

이러한 법가의 절대군주론은 전국시대의 어지러운 천하를 통일하는 데 결정적으로 이바지했다. 그러나 산이 높으면 골도 깊고, 쉬 더운 방이 쉬 식는 법! 법가 사상의 위력이 천하를 통일할 만큼 막강하긴 했지만, 그에 비례해 후유증도 실로 엄청났다. 사상과 이념까지 완전히 통일하기 위해 분서갱유焚書坑儒를 자행하면서, 권력의 기반은 여지없이 폭삭 무너졌다.

삼강의 등장과 자리바꿈(逆位)

그래서 그 뒤를 이어 등장한 한고조 유방劉邦은, "천하를 말(馬) 위에서 얻을 수는 있지만, 말 위에서 다스릴 수 없다"는 소하蕭何의 충고를 받아들이게 된다. 한나라는 진나라의 몰락을 거울삼아 유가사상을 통치의 대의명분으로 점차 표방하는데, 특히 예禮와 효孝를 주 무기로 삼게 된다.

그렇지만 통치 권력의 속성과 현실의 요청 때문에, 법가의 절대군주론 자체를 완전히 내팽개칠 수는 없었다. 외유내강外柔內剛처럼, 겉으로 대對국민 통치이념은 유가의 예와 효로 잘 포장하면서, 속으로 실질 통치행위는 법가의 법(律令)과 술수와 권세에 뿌리박은 것이다. 현대 민주사회에서도 야당 시절엔 국가의 권력기관과 법제의 남용·횡포를 규탄하며 폐지를 주장하다가도, 여당이 되면 그것들을 당장 완전 철폐하지는 못하고 부드러운 이미지로 바꾸는 데 그치곤 한다. 그러한 권력의 속성과 필요는 사회가 존재하는 한 동서고금이 크게 다르지 않은 모양이다.

여하튼, 통치이념의 재정립 과정에서 나타나는 게 '삼강' 윤리의 확립이다. 삼강의 핵심 내용은 앞서 말한 것처럼 이미 한비자가 잘 간추려놓았다. 이걸 한무제漢武帝 때 동중서董仲舒가 천지음양의 이치와 결부하여 유교의 통치이념으로 제시한다. 그래서 유교는 명실상부하게 국교國敎로 등장하며, 삼강오륜은 그 핵심중추가 되었다.

즉 임금과 부모와 남편은 양으로 하늘에 속하고, 신하와 자식과 아내는 음으로 땅에 속한다. 왕도王道정치의 삼강은 바로 하늘에 속하는 임금과 부모와 남편이라고 한다. 여기서 삼'강綱'은 그물의 바깥 둘레에 꿰어 묶어, 그물(눈)을 펼치고 거둘 때 손대는 굵은 밧줄을 가리킨다. 이걸 '벼리'라고 부르는데, 사물의 주요 근간이나 모범이 되는 표준을 뜻한다. 즉 임금과 부모와 남편이 왕도정치의 주요 근간이자 모범이 되어야 한다는 의미다.

물론 음과 양이 서로 합쳐져 완전해지듯이, 아내와 남편, 자식과 부모, 신하와 군주도 각각 서로 짝지어 합쳐져야 하고, 결코 홀로 움직일 수는 없다. 그러나 하늘이 높고 땅이 낮듯이, 양이 높고 음이 낮다(陽尊陰卑)는 게 동중서의 기본 인식이다. 때문에 장부는 아무리 천해도 양이 되어 높고, 부인은 아무리 귀해도 음이 되어 낮다.

결국 음양의 상대적 보완성에도 불구하고, 천지의 높낮이 차이로 말미암아, 임금과 부모와 남편이 신하와 자식과 아내보다 훨씬 높고 우월한 신분으로 인식하게 된 것이다. 사실 동중서는 임금·부모·남편의 순서도 고정시키지 않고 번갈아가며 썼다.

그렇지만 지금 우리에게 익숙하게 알려진 삼강은 『예위』(經에 대응하는 책을 緯라고 부름)인 「함문가含文嘉」에 비로소 완전한 모습이 나타난다. 이 책은 지금 전해지지 않는데, 이 구절을 『예기』의 공영달孔穎達 소疏와 『백호통白虎通』의 '삼강육기三綱六記'편에서 인용함으로써 후세까지 널리 알려졌다.

"임금은 신하의 벼리이고(君爲臣綱), 부모는 자식의 벼리이며(父爲子綱), 남편은 아내의 벼리이다(夫爲婦綱)."

삼강은 이렇게 정립되었다. 그리고 한나라 이후 역대 봉건왕조는 삼강을 오륜보다 앞세워 통치윤리로 써먹었다. 오륜에서는 부모·자식 관계가 맨 처음이었는데, 삼강에서는 임금·신하 관계가 으뜸이 되었다. 또 오륜에서는 부모와 자식 사이를 나란한 쌍방 관계로 거론하던 것이, 삼강에서는 부모가 자식의 벼리가 된다는 일방적 수직 관계로 뒤바뀌었다. 관계의 순서도 성격도 모두 탈바꿈한 것이다. 알맹이는 유가의 오륜에서 취했는데, 가공과 포장 과정에서 실질 내용도 변질하고 양과 겉모습도 크게 바뀌어, 법가의 통치술 맛이 진하게 스며들었다.

신라 화랑오계의 타락 변질

그런데 오륜과 삼강이 어떤 경로를 통해 우리나라에 전해졌는지 정확히 고증하기는 어렵지만, 신라의 화랑오계花郎五戒로 탈바꿈한 모습은 더욱 가관이다. 화랑오계는 주지하듯이 신라가 삼국통일의 원동력으로 화랑을 양성할 때 내건 교육이념이자 군대기강이다.

그 내용은, 첫째가 임금을 충성으로 섬겨라(事君以忠), 둘째가 어버이를 효도로 섬겨라(事親以孝), 셋째가 벗을 믿음으로 사귀라(交友以信), 넷째가 전쟁에 임하여 물러나지 말라(臨戰無退), 다섯째가 산목숨은 잘 가려 죽이라(殺生有擇)는 '명령'이다.

화랑오계는 형식상 불교의 기본오계를 본떠 세속오계라고도 부른

다. 그러나 실질 내용은 살생유택만 불교의 살생금지 계율을 세속현실
(특히 군대전쟁)에 맞춰 변통했을 뿐, 나머지는 직접 관련이 없다.
한눈에 보면 알 수 있듯이, 유교의 오륜에서 세 가지를 따왔다. 달리
말한다면, 삼강에서 화랑과 관계없는 부부 관계를 빼고, 대신 교우(戰
友) 관계를 집어넣었다고도 볼 수 있다. 순서도 삼강에 준하여 군신·부
자·교우 관계로 놓여 있다. 그리고 전쟁을 일삼는 직업 군인의 사명에
맞추어 임전무퇴를 특별히 하나 넣었다.

그러나 무엇보다 중요한 대목은 군신·부자 관계의 표현 형식이다.
오륜에서는 "임금과 신하 사이에는 의리가 있어야 한다"고 쌍방의
수평 관계로 (그것도 둘째에) 설정했다. 헌데 삼강에서는 "임금이
신하의 벼리가 된다"고 임금의 주도적인 수직 관계로 바뀌었다. 여기서
는 그나마 아직 임금의 솔선수범을 은연중 강조하고 있다. 허나 화랑오
계에서는 "(화랑이 신하의 신분에서) 군주를 충성으로 섬겨라"고 '명령'
한다. 신하 주체의 일방적 복종의무로 탈바꿈하였다. 그것도 '충성'의
의무를 직접 명시하여! 부모 자식 관계도 마찬가지다.

말하자면 남편과 아내 관계가 하나 보태졌을 뿐, 규정 형식과 내용은
『한비자』의 '충효'편과 완전히 일치한다. 충효의 통치 이념을 노골적
으로 적나라하게 규정한 것이다. 화랑이 본질상 전쟁준비를 위한 군사
집단이기 때문에, 상명하복의 엄격한 기율이 필요할 수도 있겠다. 따라
서 굳이 화랑오계의 내용이나 성격을 따질 의향은 없다.

그러나 불교의 오계와 유교의 오륜을 적당히 얼버무려 만들어 낸
이른바 세속오계는, 비록 통일의 역사적 과업을 이루는 데 든든한
바탕이 되긴 하였지만, 본질 내용의 왜곡 변질로 말미암아 결정적인

한계를 드러내고 말았다. 마키아벨리즘 비슷한 법가의 법술세法術勢 사상이, 진나라의 중원 통일에 강력한 이론적 무기를 제공하고 중앙집 권적 절대왕권 확립에 통치 이데올로기가 되었지만, 정도를 벗어난 얄팍하고 각박한 술수로 말미암아 2대 30여 년 만에 스스로 붕괴하고 만 것처럼!

신라의 화랑오계도 당시 왕실과 귀족에 영합하여 호국불교를 내세우 며, 오계와 오륜의 정도를 크게 벗어나 스스로 왜곡과 변질을 꾀한 원죄와 업보業報로 말미암아, 외세를 끌어들인 통일전쟁은 반쪼가리 미완성의 습작으로 끝났다. 그리고 흥청망청 호화사치와 기강문란으로 빠져 들어간 통치 권력은, 인민의 삶을 도탄에 빠뜨리고 다시 분열에 빠져 들었다. 그 결과, 고려와 조선의 끊임없는 북진정책에도 불구하고, 부여와 고구려의 광대한 영역을 오랑캐에 넘겨준 채, 지금까지 중공의 동북공정 음모에 휩싸이는 원인遠因의 발판을 마련한 셈이다.

그런데도 그 신라를 기반으로 한 현대의 역대 정권들도 한결같이 외세에 의존하며, 남북한 민족분단을 슬기롭게 해결해 진정한 자주평 화통일을 이룰 의지를 별로 보이지 않는 듯하다. 조개와 도요새가 서로 다투는 방휼지쟁蚌鷸之爭으로 어부지리漁父之利만 초래한다는 고사를 잊었는가? 남북한이 서로 으르렁거리며 군비 경쟁과 긴장만 고조시키는 사이, 한반도를 둘러싼 미국과 일본은 제 잇속을 톡톡히 챙기고, 중공은 동북공정의 음모로 고구려를 중국 역사에 편입시키고, 이를 발판으로 유사시 아예 북한을 통째로 삼킬 음흉한 흉계를 세우는데 도 말이다. 우리 집권자들은 이를 전혀 알아차리지도 못하는지, 전혀 아랑곳하지도 않는다. 어찌 안타깝고 슬프지 아니하랴?!

게다가 더 큰 문제는, 이렇게 왜곡 변질된 화랑오계가 무슨 전가보검 傳家寶劍이나 되는 듯이 신주단지처럼 받들어지면서, 알게 모르게 역대 정치이념에 큰 영향력을 끼친 점이다. 고려와 조선시대는 어떠했는지 잘 모르겠지만, 현대에 들어와 5·16 쿠데타로 집권한 군사독재정권이 다시 화랑정신을 크게 부활시킨 것이다.

물론 남북통일을 준비하는 군대 장교 양성이나 사병 정훈精訓 자료로 쓰는 거야 그런대로 무방하다. 그런데 정치사회 일반까지 널리 확산시켜, 군사독재에 대한 비판 없는 충성과 효도를 강요한 것이 문제였다. 게다가 가미가제(神風) 특공대로 악명 높은 일제의 '교육칙어'를 고스란히 본뜬 '국민교육헌장'을 선포하여, 초등학교부터 교과서 맨 앞에 실어 구구단과 함께 외우도록 강요하였다. 필자도 초등학교 3학년 때 외운 기억이 난다. 일제의 군관학교 출신인 박정희의 군사독재 사고방식이었다. 막판에는 '10월 유신'으로 종신독재를 꾀하다가 결국은 자업자득의 비운을 맞이하였다. '유신維新'은 "주周가 비록 오래된 나라지만, 그 운명이 바야흐로 새로워졌다(周雖舊邦, 其命維新)"는 『시경』의 시구다. 일본의 메이지(明治) 유신이 표방한 대의명분을, 박정희는 종신독재의 미명으로 써먹었다.

그러지 않아도 근대화에 뒤떨어져 일제 식민지배를 받고, 남북 분단과 미군정 및 6·25 등을 겪은 원인이, 모두 유교 중심의 봉건 유물 탓이라고 매도당하는 판이다. 그런데 박정희 군사독재까지 '충효'와 '유신'을 악용하고, 전두환 신군부는 사회정화를 명분으로 '정의사회 구현'을 제멋대로 내걸었다. 그래서 전통문화와 윤리도덕은 이미지만 이래저래 구겨지고, 결국 일반인에게 메스꺼움을 주어 더욱 따돌림

당하는 신세가 된 것이다.

　오륜의 처음 유래를 바로 알고, 삼강과 화랑오계를 거치면서 정치군사적 목적으로 변질되어온 역사를 제대로 살펴본다면, 그동안 무지에서 비롯한 오해와 편견이 풀리지 않겠는가? 나아가 오륜의 본래 참뜻을 공자와 유가의 경전 내용을 통해 자세히 듣고 음미해보면, 그게 얼마나 합리合理적이고 합정合情적이며 합당合當한지 새삼 놀랄 것이다. 자, 그러면 이제 오륜삼강의 핵심정신을 원시 발생 순서에 따라 하나씩 차례로 들어 보자!

|넷| 새로 듣는 부부유별과 남녀평등

부부별곡?

본론에 들어가기 전에 먼저 허두에 심심풀이 좀 해볼까 한다.

부부별곡夫婦別曲이라! 도대체 무슨 뜻일까?

'곡曲'이란 본디 음악의 가락으로 곡조를 일컫는데, 그 노래 가사로서 운문까지 함께 포함한다. 진한秦漢 이래 노래로 불린 악곡을 널리 가리키는데, 특히 송宋나라 이후에는 문인들의 사詞와 함께 민간에서 크게 유행한 희곡(南曲·北曲)과 산곡散曲을 합쳐서 일컫는다. 우리나라에서는 고려 중엽 이후 송사宋詞에 상응하는 시조가 단가로, 희곡이나 산곡에 상당하는 별곡이 장가長歌로 틀을 갖추어 불렸다고 한다.

유가의 전통은 본디 예악禮樂을 함께 배우고 닦는다. 『시경』도 본래 민요 및 종묘 제례악의 노래 가사로서, 곡조는 사라지고 문자만 모아놓은 것이다. 중국어는 본디 4성聲 내지 9성까지 성조聲調가 다채로워,

낭랑히 읽으면 그 자체만도 노래처럼 들린다. 이걸 좀 길게 늘여 읊으면 바로 노래가 된다. 그래서 "시는 뜻을 말한 것이고, 노래는 말을 길게 늘인 것이다." 따라서 사서삼경도 복식 단전호흡으로 노래처럼 길게 늘여 낭송하면, 바로 심신을 함께 수련하는 방편이 되었다. 송경誦經은 선비나 문인들이 경전 내용으로 정신을 수양하고, 노랫가락의 운율과 호흡으로 몸을 수련하는 성명雙수性命雙修의 수행법이기도 했다.

우리나라 선비들도 한글이 창제되기 전까지는, 한문 경전을 독송하는 방법이 중국에 제법 가까웠을 것으로 여겨진다. 『춘향전』에도 실마리가 엿보이듯이, 조선시대에도 선비의 아랫배에서 깊숙이 울려나오는 낭랑한 독경소리는, 아름다운 운율에 실려 동네 규수의 가슴을 두근두근 두드리는 연가戀歌로 울려 퍼졌을 것이다. 어쨌든 한글 창제와 함께 우리의 시가詩歌는 독특한 방향으로 발전한 것으로 보인다.

'별곡別曲'이란 국문학사에서 시조와 함께 고려 중엽 이후에 이루어진 시가다. 문인들이 지어 부른 한문체의 경기체가와 민요체로 된 자유시 두 종류가 있는데, 유명한 작품으로 「관동별곡」·「상사별곡」·「청산별곡」·「한림별곡」 등이 전해온다. 짧은 노래인 시조는 내가 어렸을 때도 선비나 점잖은 어른들이 창으로 부르는 걸 익히 들었지만, 긴 노래인 별곡도 실제 노래로 자주 즐겨 불렸는지는 잘 모르겠다. 특정 문인이 창작한 가사를 다른 사람도 다 외워 노래로 부르기는 여간 어려운 일이 아니었으리라.

조선 중기까지 맥을 이어 발전한 문인 중심의 '별곡' 전통은, 중기 이후 조선의 1인 오페라로 일컬어지는 판소리로 극적인 탈바꿈을 하며 획기적인 발전을 이룬 것으로 여겨진다. 귀양 와서 정착한 귀족과 몰락 양반 및 서민의 애환이 함께 뒤섞이며, 민간에서 음악과 문학이 어우러져 해학과 풍자가 넘치는 생기발랄한 새로운 집단문화예술로서 재탄생한 것이다. 특히 겨울에 눈이 많이 내리는 호남의 지리적 감수성과 전라도의 특수한 지역정서가 한恨풀이로 승화하면서, 판소리는 남도예술의 굵은 줄기로 크게 뻗어 화려한 꽃을 활짝 피운 것이다. 지금도 국악인들은 별곡같이 긴 판소리를 정식으로 창唱하기 전에, 시조처럼 짤막한 단가短歌로 목을 푼다.

그러면 왜 이 꼭지에 '부부별곡'이라는 이름을 들먹이는가? 그건 '부부유별'의 '별別'자에 자연스레 이어지는 연상聯想 때문에 그냥 부른 것이다. 물론 이 글은 형식상 운문이나 가사체의 문학작품은 아니다. 허나 이 '부부별곡'에는 몇 가지 뜻이 함께 어우러져 담겨 있다.

첫째, 부부유별夫婦有別의 노래라는 평이한 뜻으로 쓴다. 부부유'별'이란 앞으로 자세히 들어 보겠지만, 부부간에 가정에서 남녀로서 역할 분담의 차원과, 음양 전기처럼 남녀의 성적인 구별의 차원으로 나누어 두 가지 의미를 함축한다.

둘째, 부부간의 특별한 찬가라는 뜻으로 쓴다. 앞으로 들어 보면 알겠지만, 이 노래는 공자뿐만 아니라 삼현三玄의 하나로 일컬어지는 주역과 노자의 심오한 철학까지 쉽게 풀이하고, 아울러 필자의 창의적 사유와 새로운 개념까지 곁들여, 독창성이 귀에 띄게 두드러진 내용으로 어우러진다. 그래서 다른 데서 보고 듣기 어려운 아주 특별한 곡조라는 뜻이다. "이 곡조는 다만 천상에나 있을 법하니, 인간 세상에서 몇 번이나 들을 수 있으랴?"는 두보杜甫의 시경詩境에 빗댐직한, 글쓴이의 순수한 자긍심으로 들어주면 좋겠다.

셋째, 부부 이별의 노래라는 뜻도 곁들인다. 물론 슬프고 마음 아픈 영원한 사별이나 이혼이나 생이별을 가리키는 게 아니다. 앞의 부부유별 가운데 특별히 성적 구별의 차원에서, 늘 마음 설레는 신혼을 유지할 수 있는 '작은 이별'을 특별히 강조하고 역설하는 뜻이다. 이러한 의미맥락에서 부부별곡을 들어 주기 바란다.

부부 혼인은 인륜의 시작

보통 혼인은 인륜지대사人倫之大事라고 한다. 이는 혼인이 당사자에게 한평생 가장 중요한 일이며, 또 가족과 마을·국가 사회가 혼인으로부터 비롯하고, 사회규범도 혼인으로부터 출발하기 때문이다. 사실 그렇지 않은가? 부부의 결합 없이 어떻게 부모 자식이 생기고, 부모 자식의 가정 없이 어떻게 마을과 나라가 이루어지겠는가?

그래서 중국 속담에는 "인륜이 다섯 있으나 부부가 우선이고, 큰 예절이 삼천 가지나 혼인이 가장 중요하다"는 말이 전해온다. 통치이념으로 재편한 삼강에서는 부부 관계가 맨 꼴찌로 밀려나 있지만, 적어도 일반 민중들의 살아있는 예법(규범)의식에서는 부부 혼인을 자연 그대로 최우선으로 중시함을 알 수 있다. 속담만 그런 게 아니다. 자, 찬찬히 살펴보고 자세히 들어 보자.

우선, 맹자가 전하는 오륜에는 삼강처럼, 부부가 부자·군신 다음에 셋째로 나온다. 부자가 군신보다 앞선 것은, 삼강과 달리 통치이념으로 각색되지 않았기 때문이다. 그런데 부부가 원래 모습과 달리 뒤로 처진 것은, 의식적이건 무의식적이건 남녀 관계를 다소 억누르는 이른바 도학道學 분위기가 반영된 탓일까? 아니면 전국시대까지 내려오면서 가부장적 권위 요소가 은연중에 스미었을까? 알 수 없는 일이다. 하여튼 이 오륜이 앞서 소개한 것처럼, 『춘추좌전』(魯 文公 18년, B.C. 609)에는 다섯 가르침(五敎)으로 등장하는데, 아비지의 의로움·어머니의 자애로움·형의 우애·아우의 공경·자식의 효도 순으로 되어 있다. 여기서 부부 관계가 직접 나오지는 않지만, 자식에 대한 부모를 굳이 아버지와 어머니로 나누어 안팎 음양의 역할을 분담시킨 것은 무슨 뜻일까? 바로 '남편과 아내'의 관계까지 함께 아울러 함축성 있게 표현한 게 아닐까?

이게 '꿈보다 해몽' 같은 억지 해석으로 들리면, 유가 기본 삼경의 하나인 『주역』에서 공자가 지었다고 전해지는 서괘序卦를 잠시 보자.

"천지가 있은 다음에 만물이 생기고, 만물이 있은 다음에 남녀가 존재한다. 남녀가 있은 다음에 부부가 있고, 부부가 있은 다음에 부자가 있다. 부자가 있은 다음에 군신이 있고, 군신이 있은 다음에 상하가 있으며, 상하가 있은 다음에 예의禮義가 만들어진다. 그래서 부부의 도리는 항구적으로 이어지지 않을 수 없는 까닭에, '항恒'괘로 이어진다. 항恒은 오랠 구久의 뜻이다."

이는 『주역』 하편의 첫 괘인 함咸괘가 그 다음 항恒괘로 이어지는 이유를, 상당히 거창한 우주론과 사회론을 동원해 설명한 유가의 기본 철학이다. 여기서 함咸은 감感과 상통하여, 천지음양이 교감交感하여 만물을 낳는다는 뜻이다. 서괘에서 직접 명시하지 않고 은근히 함축시킨 것이다. 다른 한편으로는 함咸은 함陷과도 상통한다. 남녀 부부 관계는 절제하지 않고 넘치면, 자칫 건강장수를 해치고 인륜을 어그러 뜨리는 함정에 빠질 수 있다. 은근하면서도 깊은 경종까지 함축한다.

여하튼 유가의 기본 경전과 최고의 철학원리에서, 인간 사회의 첫 출발이 남녀 부부이다.(이건 존재[Sein] 세계의 자연현상) 따라서 인륜예의의 시작도 부부의 도리로부터 비롯해야(이건 당위[Sollen] 세계의 규범 체계) 함을 밝힌 셈이다.

철학을 대표하는 『주역』뿐만 아니라, 문학을 대표하는 『시경』에서도 부부의 혼인 관계를 최우선으로 중시한다. 시 305편의 맨 처음은 국풍國風 주남周南의 '관저關雎'편으로 시작한다.

"꽈안 꽈안 지저귀는 징경이(물수리)는 강 가운데 모래톱에 있고,
그윽한 규방에 아리따운 아가씨, 군자의 좋은 짝일세."

공자는 "시 3백여 편을 한마디로 평가한다면, 생각에 사악함이 없다"고 말하면서, 『시경』을 몹시 중시하였다. 그런 공자가, 특히 주남·소남 두 편도 배우지 않으면, 담을 맞대고 서 있는 것과 같다고 비유했다. 그 가운데 첫 편인 '관저'에 대해서는, "즐거우면서도 음란하지는 않고, 슬프면서도 마음이 상하지 않는다"고 극찬했다. 그래서 공자가 부부 관계의 자연스런 애정과 올바른 도리를 칭송하고 백성들을 교화하기 위해서, 이 시를 특별히 맨 앞에 놓았다고 말들 한다. 『시경』도 공자가 편집했다고 전해지니까.

철학과 문학뿐만 아니라 예법에서도 직접 언급한다. 『예기』 '교특생

郊特牲'편에서 이렇게 주장한다.

"천지가 합쳐진 뒤에 만물이 생긴다. 무릇 혼례는 자손만대의 시작이다. 다른 성씨끼리 혼인하는 것은, 먼 사람을 가까이하되, 엄격히 분별함이다. …… 남녀 사이에 분별이 있은 다음에 부모 자식이 친근해지고, 부모 자식이 친근해진 다음에 의義가 생긴다. 의가 생긴 다음에 예禮가 정해지고, 예가 정해진 다음에 만물이 안정을 이룬다. 분별과 의가 없으면, 이는 짐승이나 다름없다."

또 비록 공자가 직접 말한 것은 아니지만, 그 수제자인 자하子夏의 말을 기록한 『논어』 '학이學而'편의 내용을 보면, 오륜의 본래 순서가 여실히 드러난다.

"(아내의) 어진 덕을 어질게 여겨 미색을 대신(또는 경시)하고, 부모를 섬김에 자기 힘을 다하며, 임금을 섬김에 자신을 바치고, 벗과 사귀면서 말에 믿음이 있으면, 비록 그 사람이 배우지 않았더라도, 나는 반드시 그를 배움이 있다고 말하리라."

오륜 가운데 장유유서만 빠졌지, 나머지는 있어야 할 순서대로 나열하고 있다. 배움이라는 게 아는 데 있지 않고, 인간의 도리를 익혀 실천함에 있으며, 윤리규범의 선후경중이 사회관계의 발생 순서에 맞추어 차례대로 나타남을 알 수 있다. 여기서 첫 구절은 원문으로 '현현역(이)색賢賢易色'인데, 易은 '바꾸다'·'대신하다'로 풀이하면 '역'

으로 읽고, '쉽게 여기다'·'경시하다'로 풀이하면 '이'로 읽는다. 그런데 이 구절의 대상은 구체로 지칭하는 바가 없어, 전통 유학자들은 모두 일반으로 어진 이를 존중하고 숭상한다는 '상현尚賢'·'존현尊賢'의 뜻으로 풀이해왔다.

그러나 '상현'은 군주나 재상의 정치적 인재 등용의 문제이지, 뒤에 나오는 세 가지 윤리도덕과 대비하여 서로 비슷한 일반 수신修身의 덕목이 될 수 없다. 더구나 글자상 '현賢'과 '색色'이 명백히 대조를 이루고 있다. 이는 부덕婦德을 중시하고 미색을 경계하는 전통 윤리도덕과 완전히 부합한다. 이러한 이유로, 전통 유학자들의 질곡을 깨뜨리고 본래 참뜻의 숨통을 튼 사람은 청말 강유위(康有爲, 캉요우웨이)였다. 얼마나 멋진 풀이인지 함께 들어 보자.

"사람의 도리는 부부에서 시작하는데, 부부의 결합이 항구적이기 위해서는, 덕을 귀중히 여기고 현명함을 현명하게 여겨야 한다. '현현역색賢賢易色'이란, 배필을 택할 때 미색을 좋아하지 말고, 대신 덕성을 좋아해야 함을 뜻한다. 무릇 미색이 시들면 애정도 시들해져 부부의 도리가 곤궁해지는 법인데, 덕성을 좋아하는 것만이 부부 결합을 지속시켜 줄 수 있기 때문이다."

아닌 게 아니라, 서양처럼 자유연애 결혼을 구가하기 시작한 지 50년이 될까 말까 한 지금, 우리나라도 이혼율이 세계 최고 수준에 이르렀다. 이 얼마나 엄청난 변화인가? 물론 이혼율의 급증 자체만으로 굳이 윤리도덕의 타락이라고 꼬집을 필요는 없다. 예전에는 이혼하고 싶어도, 이혼 후 먹고 살 길이 막막하여 체념했던 여성들이, 이제는 이혼을 적극적 선택지의 하나로 바라보는 것이리라. 여성의 권익 신장과 경제활동 증가도 이혼율 증가의 중요한 원인일 것이다.

사실 『당률』을 비롯한 전통 율령에는 부부간에 서로 화합하지 못하는 경우 합의로 이혼할 수 있는 '화리和離'를 규정하고, 이혼하거나 사별한 과부의 재혼도 허용했다. 그런데 대부분의 소인유小人儒나 덜 트인 유학자들은, 전통 부부윤리를 사람의 숨통까지 옥죄는 억압의 질곡으로 해석하고, 이를 일반 백성들한테 강하게 요구해온 것이다. 특히 조선시대 성리학과 『주자가례朱子家禮』를 보급하면서, 우리의 혼인윤리는 중국보다 더 엄격한 교조(원리)주의로 치달은 게 거의 확실하다.

이런 상황에서 갑자기 들이닥친 자유연애와 성性의 개방으로, 고삐 풀린 망아지가 대량으로 나타나고 있으며, 억눌렸다 되 튕기는 용수철처럼 그 반탄력이 만만치 않게 강하다. 서양 문명의 한계와 폐해가 벌써 극도에 달한 지금, 우리도 과연 서양의 전철을 그대로 뒤밟아 갈 것인지, 아니면 전통 윤리를 새롭게 재해석하여 정반합正反合의 변증법적 통일과 합리적이고 합정合情적인 중용 조화를 모색할 것인지, 한번 곰곰이 생각해볼 때가 되었다.

백짓장도 맞들면 가볍다

그러면 부부유별夫婦有別의 참뜻은 어떻게 새로이 해석할 수 있을까? 여기서 '유별'은 크게 두 가지 관점에서 볼 수 있다. 하나는 남녀의 역할 분담으로서 구별이고, 다른 하나는 전기처럼 남녀 음양의 생명에너지 격리의 차원이다.

첫 번째 차원에서는, 남녀의 역할 분담으로서 부부의 구별이다. 흔히 '유별有別'은 남존여비의 불평등과 차별로 인식해온 것이 역사적 관행이지만, 사실 이는 커다란 오해와 착각이다. 여기의 '별別'은 가치평가적인 차별대우가 아니라, 존재인식상의 구별·분별이다. 남자는 남자로서 남자답고, 여자는 여자로서 여자다움을 뜻한다. 물론 '답다'는 인식 자체에도 남녀에 대한 위계적 가치관이 삼투滲透할 수 있다. 지금까지 남존여비의 가부장적 권위가 작용한 것도 바로 이러한 측면 때문이다. 이 부분에 대해서는 시대의 가치관과 문화의식을 적절히 참작할 만하다. 허나 남녀의 분별과 역할 분담이 사회의 인식과 가치관으로 바뀔 수 없는 절대적인 부분도 있다.

예컨대 만능의 권위를 지닌 영국의 의회조차 유일하게 불가능한 조치가 있다. 아기 낳는 일을 남자에게 떠맡기는 것! 하지만 남녀의 성性전환 수술과 체외수정·시험관아기는 물론, 인간복제마저 가능해진 과학기술의 발달 추세를 보면, 이도 언제 무너질지 모르겠다.

또 하나, 남자에게만 주어진 병역의무! 여자들이 이것도 남녀 차별이라고 주장하는 건 아닌지? 지금 병역문제는 오히려 남자들이 불평등을 하소연할 판이다. 나는 병역상의 남녀불평등 문제에 관하여, 시대 변화와 남성·여성의 역할 분담의 관점에서, 여성 위주의 '자비군慈悲軍'을 창설하여 사회복지봉사를 전담하도록 하자고 제안한 바 있다. 2013년 노르웨이에서는 여자도 남자와 평등하게 군복무 하는 법을 제정했다고 외신이 전한다. 앞으로 머지않아 대세가 될 걸로 기대한다.

자유와 개방으로 여자들은 더 이상 '안주인'의 역할 분담에 달가워하지 않는다. 옛날처럼 유교의 통일적 통치이념도 통하지 않는다. 물론 공산주의식의 획일적 사상교육은 말도 못 꺼낸다. 그렇다고 보편적이고 합리적인 남녀 분별과 역할 분담의 기준이 마련된 것도 아니고, 마련될 것 같지도 않다. 이 부분에 관한 한, 부모의 가정교육과 부부간의 개별 합의에 맡기는 수밖에 없지 않을까? 자유 평등의 민주사회니까, 누구도 간섭하거나 강요할 성격이 아니다. 그것도 가장 친밀한 부부간의 사생활이 아닌가? 다만 자유가 방종으로, 평등이 동일(무분별)로 오해되지 않길 바랄 뿐이다.

여기서는 전통 예법이나 용어상, 부부가 결코 수직적 종속 관계가 아니라, 수평적 상호 보완의 관계였음을 밝혀두고 싶다. 우선, '아내 처妻'자는 본디 '가지런할 제齊'자의 의미로 풀이된다. 한漢나라 때 허신許愼이 편찬한 사전인 『설문해자說文解字』에서는, 처妻를 '자기와 더불어 가지런한(齊) 여자'라고 정의한다. 가지런할 제齊는 본디 靑로, 벼나 보리의 이삭이 울퉁불퉁한 지면에 맞춰 상대적으로 가지런한 모습을 본뜬 글자다. 지면의 상태와 관계없이 위 표면이 무조건 평평한 게 아니다. 성장 발육 상태가 고르기 때문에, 벼나 보리의 싹 길이가 똑같다. 따라서 골에 난 보리의 이삭은 좀 푹 꺼져 들어갔고, 이랑에 선 보리 이삭은 상대적으로 좀 튀어 나왔다. 땅바닥이 울퉁불퉁한 만큼, 보리 이삭이 그리는 면도 울퉁불퉁할 수밖에 없다. 이것이 진짜 가지런함이다.

요즘말로 말하자면 형식상 절대 평등(동일)이 아니라, 실질상 상대 평등(형평)이다. 능력과 업적이 많은 이에게 많은 임금을 주는 배분적 정의를 뜻하기도 한다. 또 '가지런할 제齊'자 아래에 '아내 처妻'자가 결합한 글자 齋는, '처'의 음과 '가지런함'의 뜻을 취해 '평등'이라고 풀이한다. 현대 중국어에서도 妻와 齊는 성조가 조금 다르지만 (그러나 같은 평성) 발음이 '치이(qi)'로 일치하는 사실이 흥미롭다.

또 '수신·제가·치국·평천하'는 모두 가지런히 다스린다는 행위가 공통인데, 유독 집안에서 아내 처妻와 관계있는 제齊자를 쓴 것도 우연은 아니다. 『예기』 '교특생郊特牲'편에서는 혼례를 가리켜 "한 번 서로 더불어 가지런해지면 종신토록 변함이 없다"(남편이 죽어도 아내가 개가하지 않는다는 뜻도 여기서 나왔음.)라고 설명한다. 여기서 가지런함 은, 신랑 신부가 한 상을 받아 합환주를 함께 마셔 높낮이가 똑같다는 뜻으로 풀이한다.

또 흔히 부부를 가리키는 용어로 쓰이는 '배配''필匹'이나 배'우偶'나 '항려伉儷'도 모두 상호 대등하고 수평적인 '짝'이란 뜻이다. '우偶'는 본래 '우耦'로 쓰는데, 소 두 마리가 나란히 쟁기질하는 모습을 가리킨다. 또 '필匹'은 필적匹敵하다는 말을 연상하면 그 뜻이 뚜렷해질 것이다. '항伉'은 필적의 뜻으로 대항對抗을 염두에 두면 되고, '려儷'도 '우偶'의 뜻이다. 그리고 좀 늦게 생긴 말이지만, '반려伴侶'라는 호칭은 인생의 반쪽끼리 결합하여 서로 의지한다는 뜻에서, 부부의 수평적 대등성이 가장 잘 느껴지기도 한다.

아내와 남편의 대등한 수평 관계는 자녀에 대한 부모의 신분에서 더욱 뚜렷이 나타난다. 『주역』의 가인家人괘에 붙인 단전彖傳의 해설이 적절한 예다.

"가인家人은 안으로는 여자가 바른 지위에 있고, 밖으로는 남자가

바른 지위에 있는 괘다. 남녀의 지위가 각각 올바른 것은, 천지(음양)의
큰 이치다. 가인에는 존엄한 군주가 있으니, 곧 '부모'를 일컫는다.
부모가 부모답고 자식이 자식다우며, 형이 형답고 아우가 아우다우며,
남편이 남편답고 아내가 아내다우면, 집안의 도가 바르게 된다. 집안이
올바르게 되면 천하가 안정을 이룬다."

부부유별이란 바로 남편이 남편답고 아내가 아내다운 역할 분담을
뜻한다.

'여보'라는 호칭에도 태극의 원리와 노자의 도가 있다

여기서 필자가 30년 남짓 품어온 이상적인 부부관을 선보일까 한다.
필자가 좋아하는 수학용어와 『주역』의 태극원리를 연관시켜, '여보'
라는 호칭을 나름대로 엉뚱하게 풀이한 개똥철학이지만, 좀 재미도
있고 그럴듯하게 들릴지도 모르겠다. 예전에는 부부간에 보통 '여보'라
고 불렀다. 요즘은 '자기의 절반'이나 '또 다른 자기'라는 뜻인지, '자기'라
고 많이 부른다고 한다.

'여보' 하면, 국어사전의 해설로는 '여기 보오'의 준말쯤으로 보인다.
그런데 우리가 중학교 때 배운 수학에는, '여각餘角'과 '보각補角'이라는
용어가 있다. 이는 어떤 한 각도를 단독으로 가리키는 고립 개념이
아니라, 어느 두 각도 사이의 '관계'를 일컫는 상호 개념이다. 즉 서로
합쳐서 1직각(90°)이 되는 두 각 사이를 서로 여각관계라고 부르고,
서로 합쳐서 2직각(180°)이 되는 두 각 사이를 서로 보각관계라고 부른

다. 예컨대 35°의 여각은 55°이고, 보각은 145°이다. '여각餘角'과 '보각補
角'은 서양 수학의 'complementary angle'과 'supplementary angle'을
옮긴 용어란다. 누가 옮긴 말인지, '남을 여餘'자와 '기울 보補'자를
쓴 발상이 참으로 신기하고 흥미롭다.

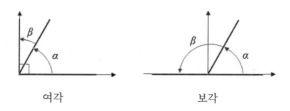

여각   보각

그런데 나는 '여보'라는 호칭을 엉뚱하게 이 여각과 보각의 결합까지
연상한다. 즉 "여보각餘補角이란 서로 합쳐서 4직각, 즉 1원(圓: 360°)상
을 이루는 두 각 사이를 일컫는다"고 나는 개념 정의한다. 아울러
'여보각餘補角'은 영어로 'circlementary angle'이라고 부르기로 한다.
이는 내가 새로 만든 용어(新造語)다. 4직각 360°는 잘 알다시피 둥근
보름달 같은 원圓을 가리킨다. 그리고 원은 모자람도 없고 넘침도
없는, 흠 없이 원만한 완성 상태를 뜻한다. 동양철학에서는 곧 태극이
며, 도道와 통한다. 부부란 서로 합쳐서 하나의 원만한 원, 즉 태극을
이루는 상호보완 관계가 되어야 가장 이상이라는 발상이다.

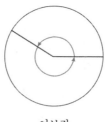

여보각

여기서 원이 나오고 태극까지 나왔으니, 부부의 남녀는 바로 태극을 이루는 음양陰陽의 양의兩儀로 표현할 수 있다. 근데 태극 안의 음양 무늬는 결코 직선의 각이 아니다. 그렇다면 굳이 여보'각'을 고집할 필요가 없다. '여보'의 개념은 서양 수학의 딱딱한 직선적인 각도에서 비롯하였지만, 이제 그 '각'의 탈을 벗어버리고, 동양철학의 부드러운 곡선의 휘감김으로 완성하고 싶다.

그래서 처음처럼 부부간의 일반 호칭인 '여보餘補'로 돌아오고 만다. 이 '여보餘補' 호칭은 '둥근 원圓'이 되게끔 '원만圓滿하게 보완'하고 '완전하게 보충'하는 뜻에서, 영어로 'circlement'라고 부르기로 한다. 이것도 여기서 새로 만든 용어다. '여각'과 '보각'은 '여보'를 태극의 음양 원리로 승화시켜 준 촉매로서 충분한 것이다.

이 얼마나 멋진 환상이요 꿈인가?! 그러나 확신하건대, 옛날부터 적지 않은 부부가 서로 남는 걸 배우자에게 보태주어 태극의 원을 이루어왔을 것이다. 지금도 『주역』의 원리까지는 잘 모르지만, 그렇게 원만한 태극을 이루어가는 부부가 적지 않을 것이다. 태극 안의 음양을 가르는 곡선도 꼭 우리 태극기 무늬처럼 고정시킬 필요는 없다. 수직으로 서도 좋고, 수평으로 누워도 괜찮다. 또 적당히 비스듬하게 기울면 어떻고, 방향이 거꾸로 뒤바뀌면 어떤가? 곡선의 휘감김도 자유자재로 변하여, 천차만별로 각양각색일 수 있다. 거의 직선에 가까울 만큼 펴져도 좋고, 줄을 절반으로 접어 두 겹으로 차곡차곡 감은 것처럼 촘촘하여, 미로 찾기가 될 수도 있겠다. 각자 개성과 취향에 따라 자유롭게 그리면 된다. 다만 남북한 분단의 상징인 휴전선 철조망 같지만 않으면 된다.

또 하나 중요한 사실이 있다. 태극 안에 들어와 서로 휘감아 하나의 원이 되려면, 직선의 각은 없지만, 중심이 정확히 일치해야 한다. 즉 부부 음양이 서로 반쪽을 대표하지만, 적어도 동심원同心圓의 반쪽이어야 한다. 서로 마음(心)이 통하고 일치해야 한다는 점이다. 중심만 같고 마음만 일치하면, 설령 서로 봉합할 곡선이 딱 들어맞지 않더라도, 살아가면서 태극의 소용돌이를 거쳐 저절로 부드럽고 원만한 봉합선이 이루어질 것이기 때문이다.

『주역』'계사전繫辭傳'에 보면, 동인同人괘를 두고 이렇게 평한다.

"군자의 도리는 밖에 나가거나 안에 머무르거나, 또는 고요히 침묵하거나 생각을 말하거나 간에, 두 사람이 마음이 같으면 그 날카로움은 쇠를 끊고도 남고, 같은 마음에서 나온 말은 그 냄새가 난초의 꽃처럼 향기롭다.(二人同心, 其利斷金 ; 同心之言, 其臭如蘭.)"

(이 한문 구절은 고등학교 때 한문 선생님이 소개해주셨다. 너무도 감동적이어서 엉성한 필체로 제법 넓은 나무 절편 판자에 손수 적어 고향집 벽에 걸어 두었다. 그 뒤 이사하면서 어디론가 사라지고 없어 못내 아쉽다. 허나 마음에 새겨 둔 글은 지워지거나 사라지지 않고 영원히 존재한다.)

꼭 부부간을 염두에 둔 말은 아니지만, 부모 자식이나 임금 신하나 친구 사이나 부부 사이나, 어떤 유형의 인간관계에도 모두 딱 들어맞는 잠언이다. 물론 이러한 상호 생성보완의 원리와 '여보'의 호칭도 모든 인간관계에 똑같이 적용할 수 있다.

그리고 노자는 일찍이 "천지자연의 도(이치)는 남아도는 것을 덜어내어 모자라는 데 보태주는데, 인간 사회의 도는 그렇지 못하고, 모자라는 데서 퍼서 도리어 남아도는 데 갖다 바친다"고 탄식한 적이 있다. 노자가 동경한 최고의 무위자연의 도를 추구하고 실현하는 의미에서도, 남는 것(餘)으로 모자라는 것을 보완(補)하는 '여보餘補'의 원리가 가장 바람직한 이상이다. 인간이 하늘의 도에 순응하고 자연에 친화하는 상호 생성보완의 깊은 뜻이 '여보'라는 두 글자 호칭에 담긴 것이다. 특히 남녀 음양의 상대적 관계에서 더욱 두드러지게 나타나고 절실히 필요한 윤리도덕이기도 하다.

부처의 수행 원리

또 하나 덧붙일 만한 기발한 해석도 있다. 동아시아 한자 문화권에서 남편과 아내를 합쳐 부르는 단어는 물론 '부부夫婦'가 가장 오래된 대표 명사다. 그런데 『당률唐律』에 보면, '부부夫婦'라는 말 대신 '부처夫妻'라는 단어가 일반 용어로 쓰인다. 아마도 '적처嫡妻'의 지위를 '첩妾'이나 '잉媵'과 구분하기 위해서 일부러 쓴 것으로 보인다. '부婦'는 본디 '처妻'와 '첩妾'과 '잉媵'을 모두 포괄하여, 지아비(夫)와 대응하는 개념이다.

하지만 앞서 '처妻'의 글자 의미를 풀이한 바와 같이, '처妻'는 '부夫'와 가지런히 짝을 짓는 평등의 뜻이 담겨 있으므로, 문자학으로 보면 '부처夫妻'가 오히려 '부부夫婦' 못지않게 오래된 시원적 개념이다. 어쨌든 내 새로운 뜻풀이는, '부처夫妻'란 서로 가지런히 짝을 이루고 평등한 평생의 반려가 되어 서로 보완하면서, '부처(佛陀)'님과 같은 원만하고 완전한 생명과 인격(깨달음)을 이룬다는 이상을 간직한다. 혼자는 아직 부처가 되기 턱없이 모자라지만, 남자와 여자가 '부처夫妻'로 결합하여 서로 보완하면서 보살菩薩 수행을 하다 보면, 둘이서 전체로서 '부처(佛陀)'님이 될 수도 있지 않겠는가?!

설령 아무리 '꿈보다 해몽'이라고 꼬집는다고 하더라도, 이 정도 해몽이면 우리의 꿈을 현실로 만드는 데 유익하고 바람직하지 않을까? 텅 빈 관념에 불과한 것처럼 보이는 이론과 사상도, 때로는 현실의 향상발전에 알찬 견인차가 될 수 있다. 잘 알다시피, 최신 현대 과학은 순수한 가설로부터 실험관찰을 거듭해 획기적 도약을 거듭하고 있지 않은가? 이론과 관념을 좋게 받아들이고 잘 써먹는 일은 각자에게 달려 있을 따름이다.

그러면 남녀가 혼인으로 결합한 부처夫妻만 서로 하나로 어우러져 원만한 깨달음을 이룬 '부처(佛陀)님'이 될 수 있고, 정작 스님이나 신부처럼 독신 수행하는 분들은 '부처(佛陀)님'이 될 수 없는 걸까? 아니다! 결코 그렇지 않다. 스님이나 신부·수녀들은 분명 육신상 남자든 여자든 한 성별을 나타낸다. 그래서 불완전한 절반에 지나지 않아, 원만한 붓다의 경지에 이를 수 없는 것처럼 보이는가?

사실 여자와 여성, 남자와 남성은 완전히 다르다. 여자와 남자가 몸으로 나타나는 외형상의 성별이라면, 여성과 남성은 몸의 성별과 관계없이 모든 생명체에 깃든 음성과 양성이라는 성품기질을 가리킨다. 요즘 흔히 '여성성' 또는 '남성성'이라고 부르는데, 이는 불필요한 중첩이며 사족일 뿐이다. 그냥 남자(양)의 성질인 '남성'과 여자(음)의 성질인 '여성'이라고 부르는 게 적확하고 충분하다. 노자의 철학에서 "부드럽고 약함이 굳세고 강함을 이긴다"고 강조하고 중시한 것은, '여자'가 아니라 바로 부드럽고 온화한 성품인 '여성'이다.

남자한테도 '남성'과 함께 '여성'이 태극처럼 휘감겨 간직되어 있고, 여자한테도 '여성'과 함께 '남성'이 태극처럼 휘몰아 담겨 있다. 다만 사람에 따라 남성과 여성의 비율과 강약이 다를 뿐이다. 대개 남자는 남성이 우세하고, 여자는 여성이 다분하다. 허나 더러는 남자면서 여성스럽고, 여자면서 선머슴 같은 사람도 적지 않다.

불교에선 사람이 윤회하면서 여자와 남자의 몸을 서로 바꿔 받을 수 있다고 본다. 금생만 보더라도 여성과 남성은 많이 변한다. 대개 결혼 전까지는 남자는 강인하고, 여자는 부드럽고 연약한 기질이 다분하다. 허나 결혼해 아이 낳고 늙어감에 따라 호르몬의 영향으로, 여자는 괄괄하니 억세어지고, 남자는 오히려 기가 죽고 누그러진다.

즉 모든 사람한테 남성과 여성이 엇비슷하게 뒤섞여 있다. 바로 내 안의 이러한 남성과 여성을 태극의 음양처럼 잘 휘몰아, 둥글고 흠 없는 원을 이루도록 수양하여, 마음의 중용조화를 이루면 바로

'부처님'이 될 수 있다! 독신 수행의 원리는 바로 내 안의 음양을 잘 조절하여 불성을 완전히 밝혀 '원만圓滿'을 이루는 데 있다.

어떠한 인생 반려를 원하는가? - 도반정려道伴情侶와 도반덕려道伴德侶

술의 신선(酒仙)이자 시의 신선(詩仙)이라는 이태백李太白은, 화창한 봄날 밤 복숭아꽃 만발한 정원 아래서 뭇 인간 신선들과 어울려 놀면서, 이런 호쾌한 글귀를 썼다.

"천지는 만물이 잠시 쉬었다 가는 여관이요,
세월은 백대를 두고 스쳐 지나는 길손이다."

옛날부터 중국에서는 천지 사방상하의 공간을 우宇라 하고, 과거·현재·미래의 시간을 주宙라 부른다. 그러니 이 구절은 글자 그대로 이태백의 우주관이기도 하다. 우리 인생을 나그넷길로 비유하는 수많은 글귀 가운데 아주 오래된 표현이다. 그런데 불교에서는 더 절묘하게도, 우리 몸(육신)이 여관(집)이고 우리 혼(魂: 識神)은 나그네라고 비유한다. 영원의 세월 속에 불과 몇십 년 동안, 천지(육신)라는 여관에 잠시 머물다 가는 인생 나그넷길에서, 과연 당신은 어떠한 길동무와 말벗을 원하는가?

인생반려라는 말이 나온 김에, 내가 생각한 다른 관점의 이상적인 부부관까지 털어놓겠다. 다른 사람들도 대부분 그럴 것이라고 막연히 생각하지만, 나는 일찍부터 부부가 어떤 반려가 되어야 인생 나그넷길이 아름답고 의미 있을까, 나도 모르게 고민하고 궁리한 듯하다. 그래서 대학 다닐 때부터 '도반정려道伴情侶'라는 단어를 떠올리곤 했다.

나는 인생반려를 크게 세 부류로 나눠보고 싶다.

첫째는, 아주 평범한 세속적인 결혼생활을 하는 부부 관계다. 말하자면 서로 학벌 좋고 건강하며, 능력 있고 미래 전망이 밝은, 안정된 종신 직장을 찾는 것이다. 단지 잘 먹고 잘 살며 토끼같이 귀엽고 똑똑한 자식 놓아(낳아) 잘 길러, 자신의 DNA를 퍼뜨리고 집안 대를 잘 잇겠다는 생각이 짝짓기의 주목적이다. 나는 이런 부류를 '식반색려食伴色侶'라 부르고 싶다. 먹고사는 자기 보존 본능을 동양에선 식食으로 표현했고, 자식 낳아 대를 잇는 종족 보존 본능을 색色으로 표현했기 때문이다. 말하자면 단순한 동물적 본능 범주를 크게 벗어나지 못하는 세속적인 인생반려다. 그들 중 금슬이 좋으면, 보통 원앙이나 잉꼬부부로 불러준다. 여기에 대해 특별히 더 할 말이 있겠는가?

둘째는, 세속적인 인간감정을 완전히 벗어나지는 않으면서, 그 바탕 위에서 좀 더 고상한 해탈(탈속)의 세계를 추구하는 부부 관계다. 말하자면 평범한 현실 속에서 비범한 이상을 지향하는 중도 타협파다. 나는 이러한 부류를 '도반정려道伴情侶'라 부르고 싶다. 도는 흔히 의義 또는 리理로 바꾸어 표현할 수 있다. 천도天道는 천리天理, 인도人道는 윤리倫理를 뜻한다. 말하자면 천도·천리와 인정人情을 적절히 조화시켜 중용을 이루어 나간다는 의미에서, 유교의 군자형·선비형 부부를 상징한다고 할까?

나도 일찍이 대학 다닐 때부터 '도반정려'를 떠올렸다. 천리(天理: 道)를 공통의 목표로 지향하며, 인정人情을 함께 갈고닦아, 조화로운 삶을 이루어갈 인생반려를 만나고 싶다는 소망 때문이었던가 보다. 도반이란 말은 종교단체나 수행집단에서 널리 통용하고, 특히 부부가 함께 같은 종교 신앙에 귀의하여 열심히 수행하는 경우에 즐겨 불러주어, 그리 낯설지 않다.

그런데 '도반'이라고만 부르면, 왠지 너무도 거룩하고 탈속적인 분위기가 강해, 일반 부부의 혼인 관계가 죽어버리는 느낌이다. 말하자면 부드럽고 따뜻한 애정은 온데간데없고, 옛날 도학군자의 부부를 미화시키거나 재현하는 듯한 오해까지 부를 수 있다. 그래서 그 애정을 함께 갖춘다는 뜻에서 '정려'를 덧붙인 것이다. 이렇게 '도반정려'를 이상적인 부부관으로 여기고, 그런 무지개의 꿈을 기다리며 찾는 사람이 적지 않을 듯싶다.

주위에 더러 그런 도반정려처럼 보이는 부부도 있고, 실제로는 상당히 많을 것이다. 허나 무지개는 이상으로 허공에 걸려 빛날 뿐, 현실로 손에 잡히기 어려운 모양이다. 관념적인 이론이 현실로 나타날 때까지는, 아마도 상당히 오랜 뜸들임(발효)의 시간이 필요한가 보다.

셋째는, 비록 몸은 세속의 인간현실에 살지만, 마음과 정신은 거의 고스란히 거룩한 진리의 세계에 노니는 부부 관계다. 이른바 '별유천지 비인간別有天地非人間'의 다른 차원에 사는, 인간신선神仙의 권속眷屬이라고 볼 수 있다. 나는 이러한 부류를 '도반덕려道伴德侶'라 부르고 싶다. 동물적 본능이나 세속적 감정을 거의 온전히 삭여 승화시킨 채, 오직 도(진리)를 추구하고 덕성을 함양하는 정신적 반려다.

나는 대만 유학 시절, 원황(袁黃, 1533~1606)이 자기의 인생수양 체험을 생생하게 적은 『요범사훈了凡四訓』을 만났는데, 이 수기를 읽으면서 나의 부부관이 크게 바뀌었다. 원황은 명나라 때 현인으로, 임진왜란 때 명나라 원군의 군사자문으로 조선에 따라와 상당히 큰 공적을 세운 분이다. 『조선왕조실록』에도 몇 차례 그의 언행이 나올 정도다. 그분은 유불선儒佛仙 삼교합일의 차원에서 자신을 수양하면서, 관리로서 백성을 잘 다스리고 국가에 공로를 많이 쌓았다. 비록 벼슬은 최고 수준까지 오르지 못했지만, 수기치인修己治人이라는 공자와 유교의 이상은 아주 훌륭히 실현한 모범적인 군자임에 틀림없다.

게다가 불교의 참선 염불과 도교의 '공과격功過格'을 통한 반성 및 적선수행을 완벽하리만치 철저히 실천했다. 공과격이란 매일매일 자신의 언행을 반성하여 잘한 선행은 '공'덕으로, 잘못한 죄는 '과'오로 각각 나누어 기록하는 표다. 그 행위 유형은 공덕과 과오가 각각 수십 개씩 비중에 따라 여러 등급의 점수로 나누어진다. 물론 원황이 처음 창시한 것은 아니지만, 그 전통이 계속 이어지고 발전해, 대만에서는 지금도 유교나 불교나 도교 계통 모두 한결같이 공과격의 수행법을 적극 권장하고 활용한다.

처음에 원황은 어떤 도인이 뽑아준 자신의 사주팔자 운명이 십 년 넘게 너무도 정확히 들어맞는 걸 보고, 숙명론에 빠졌다. 모든 걸 포기한 상태에서, 운곡雲谷 대사를 만나 사흘 밤낮을 아무것도 먹지 않고, 꿈쩍도 않고 스님과 마주 앉아 참선했다. 놀란 스님이 비범하게 여겨 비결을 묻자, 원황은 모든 것을 포기(불교말로 집착을 놓아버린다는 '放下着')한 연유에 대해 말했다. 이에 운곡 대사가 하늘의 운명을 돌리고 바꿀 수 있는 힘이 인간에게 부여되어 있음을 소상히 일깨워주며, 바로 '공과격' 수행을 권한 것이다.

그때까지 원황은 호가 바다처럼 널리 배우겠다는 뜻의 '학해學海'였는데, 그 순간부터 평범함을 끝마치겠다는 각오에서 '요범了凡'으로 바꾸었다. 불교나 도교의 종교수행에서는 평범함을 초월하여 성인의 경지에 드는 '초범입성超凡入聖'을 목표로 삼는다. 원황의 '요범'이라는 호에도 그런 목표와 의지가 결연했다. 그때부터 매일 자신의 언행을 반성하며, 10년 동안 3천 가지 선행을 목표로 실천해갔다. 나중에 다시 3천 가지와 1만 가지를 발원하고 실행한다. 여기서 바로 그 부인이 한마음(一心, 同心)으로 적극 협조하여 함께 닦는데, 그 모습이 더욱 감동스럽고 위대하게 느껴진다.

원황의 부인은 글자를 몰라, 거위 깃털에 인주를 묻혀 달력 숫자 위에 매일 행한 선행만큼 작은 동그라미를 찍었다. 그런데 나중에 관직이 올라가고 하인들이 늘어나 자기가 할 일이 줄어들자, 선행공덕을 쌓을 기회가 줄었다고 한탄하였다. 또 아들의 겨울 외투를 만들려고 목화솜을 샀는데, 원황이 왜 가볍고 따뜻한 비단을 쓰지 않느냐고 묻자, 값싼 목화솜을 쓰면 많은 외투를 만들어 가난한 사람들에게 나누어 줄 수 있지 않느냐고 반문했다.

부창부수夫唱婦隨라 하더니, 그 남편에 그 아내라는 느낌이 들었다. 이 정도의 부부라면 동서고금 어디에 내 놓아도 전혀 손색이 없는 커플이 되겠다는 확신도 들었다. 그러면서 퍼뜩 영감이 스치고 지나갔다. 그렇다! 단지 '도반정려道伴情侶'만 가지고는 모자라겠다. 적어도 원황 부부 정도는 되어야 하지 않을까? 나는 이러한 이상적인 부부관을 '도반덕려道伴德侶'라고 부르기로 했다. 현실에서 찾기 어려운 부부관이지만, 책을 통해 역사 속에서 발견한 인연이 매우 소중하고 감사했다.

그런데 나중에 우연히 천주교의 『가톨릭성인전』을 뒤적이다가, 또한 쌍의 완벽한 '도반덕려'를 발견했다. 1331년 스웨덴에서 태어난 성녀 카타리나 동정(S. Catharina a Suecia V.)은 수녀가 되고 싶었으나, 아버지의 말씀을 거역할 수 없었다. 그래서 하느님께서 반드시 자기의 동정을 보호해 주시리라는 확신 속에 에도가와 결혼했다. 결혼 후 남편에게 동정을 허원(許願: 발원)한 사실을 말하고 양해를 구하자, 남편도 처음에는 놀랐으나 두터운 신앙심으로 그 원을 들어주었다고 한다. 두 사람은 명색은 부부지만, 실은 남매처럼 끝내 정결을 지키며 서로 정신적으로 사랑하고 격려하며, 도덕수행의 길을 걸었다. 그래서 "두 사람은 하느님의 정원에서 나란히 자란 두 그루 백합화와 같이, 아름다운 정결의 빛을 발하였다."

그런데 알고 보니, 성녀 카타리나의 어머니인 성녀 비르지타 과부(S. Virgitta, Vid.)도 비록 8남매나 낳았지만, 완벽한 도반덕려였다. 역시 아버지의 명령에 순종하느라 울포와 결혼했으나, 남편과 함께 독실한 도덕수행의 신앙생활을 한평생 지속했다. 나중에 남편 울포가 먼저 수도원에 들어가 수사修士가 되었는데, 얼마 안 되어 세상을 떠났다. 그러자 비르지타 과부도 수녀원 부속건물을 한 칸 빌려, 사실상 수녀생활로 여생을 마쳤다고 한다.

사실 원황이나 성녀 카타리나와 그 어머니 성녀 비르지타의 부부 같은 도반덕려에겐, 우리가 흔히 기대하는 다정다감한 사랑은 없었을지 모른다. 그러나 부부간의 금슬화합과 참된 애정을, 꼭 요즘 젊은이들처럼 말과 몸짓으로 표현해야만 할까? 그것도 남들이 다 보고 듣게끔 밖으로 드러나게 야단법석을 떨어야 하는가? 부부 사이의 사랑도 개별

적이고 본능적인 감정의 차원에서 벗어나, 보편적이고 정신적인 사랑과 자비의 차원으로 한 단계 승화해야 하지 않을까?

그러한 뜻에서 '애정의 짝(情侶)'보다는 '덕행의 짝(德侶)'이라는 말이, '도반道伴'의 짝으로 더 잘 어울릴 것 같다. 부부 사이에서 도의와 애정이 균형을 이루기는 어쩌면 불가능에 가까울지 모른다. 오히려 도와 덕이 조화를 이루기가 훨씬 쉬울 것도 같다. 도반덕려道伴德侶! 요즘 흔히 말하는 소울 메이트soul mate, 평생 영혼의 짝 말이다!

부부유별의 참뜻: 남녀는 전기의 음양처럼 분별해야 한다

이제 두 번째 차원에서 음양전기의 격리로서 부부유'별'을 들어 보자. 우리 남한의 누이와 딸들은, 오랫동안 아버지와 남자 중심의 가부장적 권위구조 속에 살아오다가 서양의 자유 평등을 맛보자, 갑자기 옛것이 고리타분하고 미워지기 시작했다. 그 가운데 남녀불평등이 가장 큰 사회문제로 떠올랐다. 여자들은 자유와 권리에 눈뜨면서, 지금까지 남존여비의 성차별이 시원적으로 오류의 부부유별에서 비롯하였다고 눈을 흘겨왔다. 따지고 또 따진다면 인과관계가 전혀 없다고 부정하긴 어렵겠지만, 부부유'별'이 남녀 '차별'과 글자 한 자 같다고, 양자를 직계혈통의 양끝에 세우려는 발상은 지나친 잘못이다.

요컨대, 부부유별은 남녀 차별의 시조가 결코 아니다. 후세 사람들이 그렇게 오해하는 것은, 누군가 남녀 차별을 부부유별의 족보에 몰래 살짝 끼워 올려놓고, 마치 수양딸이라도 된 것처럼 헛소문을 퍼뜨렸기 때문이리라.

부부유별에는 '남편은 바깥주인, 아내는 안주인'이라는 사회적 역할 분담의 의미도 중요하다. 그러나 유가의 예법상 더욱 중요한 본질 의미는 생물학상의 남자와 여자, 자연적인 음과 양으로서 부부의 성性 적인 격리 분별이다. 요즘말로 하면 섹스의 절제다. 물론 배우자 아닌 자와 간통하는 사음邪淫의 금지도 당연히 포함한다. 일부일처제의 파수꾼이기도 하다.

예로부터 '남녀칠세부동석男女七歲不同席'이란 말이 내려오고 있다. 이 속담의 본래 이유와 정신을 모르면, 그저 호랑이 담배 먹던 시절 귀신 씨 나락 까먹던 소리쯤으로 들리게 된다. 그러면 자연히 봉건잔재 내지 미신으로 손가락질하고 비웃을 것이다. 물론 지금 보면 이 말은 상당히 과장되어 있고 극단의 절제를 요구하는지라, 현대사회의 윤리 규범에 맞지 않을 것이다. 그렇다고 이 격언이 생겨난 배경과 원리까지 깡그리 무시해서는 큰일 난다. 이 구절에는 동양 의약醫藥철학과 생명 신비의 원리까지 깊이 담겨 있기 때문이다.

중국에서 가장 오래되고도 권위 있는 의학서인 『황제내경黃帝內徑』 소문素問의 첫 편에는, 여자와 남자의 생리生理 연표가 나온다. 여자는 7의 배수 단위로, 남자는 8의 배수 단위로 차례차례 점층적으로 펼쳐진 다. 먼저 여자는 7세, 남자는 8세에 콩팥(몸 안의 물과 뼈를 관장하며, 정력과 직결됨)의 기운이 왕성해져 젖니를 갈고 머리카락이 길어진다. 이어 여자 14세, 남자 16세가 되면 여성과 남성으로서 생리(天癸라고 함)가 일어나 비로소 임신할 수 있다. 여자 21세, 남자 24세에는 콩팥 기운이 평균에 달하여 진짜 이가 완전히 자란다. 그러다가 여자 49세, 남자 56세가 되면 원기가 쇠약해지고 생리가 고갈해서 더 이상 아이를 낳을 수 없게 된다.

　물론 개인 차이도 있겠고, 특히 요즘 같으면 음식(영양)이 풍성해지고 의학이 발달하여 성장주기가 훨씬 빨라지고 가임연령도 길어진 게 사실이다. 그러한 변수를 감안해보면, 아주 과학적이고 합리적인 생리 연표임을 느낄 수 있다. 남녀 '7세' 부동석이란 바로 여자 아이가 명실상부하게 '여성'으로 독립하여 '분별'되는 나이를 뜻한다. 그 전까지 어린아이에게 생리나 정서나 남녀의 성구별이 없다가, 여자는 7세, 남자는 8세에 이르러 비로소 남녀의 분화를 자각한다는 뜻이다. 여자 아이가 남자 아이의 고추를 부러워하거나, 남자 아이가 여자 아이에게 뽀뽀로 감정을 표시하기 시작하는 나이다. '미운 일곱 살'도 바로 이때다. 요즘은 이 연령이 무척 앞당겨진 모양이다.

　그러면 왜 생리가 본격 시작하는 14세가 아니고, 일찌감치 7세부터 함께 앉지도 말라고 했는가? 누구나 품을 법한 궁금증이다. 생리가 시작한 뒤에는, 가까운 신체적 접촉이 본능 충동으로 이어지면 뜻하지 않게 떳떳하지 못한 아이를 밸 수 있다. 그러나 7세 애들이면 아무리 보듬고 부대껴도, 겉으로는 어떤 뜻밖의 사고도 일어나지 않는다. 문제는 아동기 발달심리다. 의식상의 기억으로는 물론, 잠재의식이나 무의식에 새겨지는 뜻밖의 충격(트라우마)은, 한평생(윤회를 믿는 종교 신앙에서는 내생까지) 두고두고 본인의 정서와 심리를 자극하고 괴롭힐 것이다. 이점은 현대 심리학의 연구가 충분히 증명하고 있다.

　옛 책에서 옛사람들이 합리적 이유를 명문으로 해설하지 않았다고, 그걸 알지 못했다고 여기면 큰 착각이다. 서양 속담에도 나오듯이, "양극단은 서로 만난다.(Extremes meet.)" 따라서 포스트모더니즘

(postmodernism)은 전근대적 전통(premodern tradition)과 만나고 있다. 양자역학 같은 최첨단 현대 과학은 예스런 철학과 종교의 세계로 빠져들고 있다. 당시 일반 지식정보 수준으로 충분히 표현할 수 없는 부분도 있고, 또 명확히 말하면 일반 대중에게 이익보다는 오히려 근심걱정과 해악을 더 끼칠 수 있는 사항도 있기 때문이다. 이건 서양 과학의 역사에서도 쉽게 확인할 수 있는 문제다. 서양에서는 무조건 '아는 게 힘이다'고만 주장하지만, 우리 조상들은 '아는 게 도리어 병'이 되는 식자우환識者憂患의 지혜도 함께 터득한 것이다. 암에 걸린 사실을 환자에게 알려주어 이익이 되는 경우도 있겠지만, 죽음을 앞당기는 경우도 있다. 옛사람들은 말과 글을 신중히 아낀 것일 뿐이다.

'남녀 7세 부동석'은 요즘 세태로 보면, 꼭 같은 또래의 아이들만 가리키는 것 같지 않다. 열 살 갓 넘긴 앳된 소녀를 무슨 '원조교제'인지 아버지 같은 머슴아들이 부르질 않나? 학교도 안 다니는 손녀 같은 여자아이를 할애비 같은 분들이 손대질 않나? 그러니 과연 여자아이는 7세(요즘은 5~6세)만 되면, 엄격히 '남녀부동석'으로 보호해야 할 난장판 세상이다.

남자와 여자는 생리적인 양성(남성)과 음성(여성)에 속하여, 물리화학상의 음전기와 양전기나, 자석의 N극과 S극처럼, 서로 끌어당겨 부딪치면 강한 불꽃과 에너지를 내며 폭발해버리곤 한다. 전자기에서 음양은 힘이나 열·빛을 내기 위해서만 서로 접촉한다. 그 밖의 시간과 장소에서는 음양을 철저히 격리 구분한다. 전기가 때도 곳도 없이 아무렇게나 만나면, 누전으로 화재도 나고 감전 사고도 난다.

남성과 여성의 생명에너지는 사람이나 동물을 가릴 것 없이, 본래 자식을 낳아 대를 잇기 위해서만 교감하도록 되어 있다. 그게 종족 보존 본능의 성욕이다. 자연 상태의 동물은 이 자연의 섭리에 충실히 따르고 있다. 오직 새끼를 치기 위해서만, 그것도 암컷이 발정하여 암내를 피운 다음, 수컷이 비로소 감응하여 교미한다. 그밖에는 어떠한 성적인 장난이나 놀이도 거의 없다.

그런데 만물의 영장인 인간만은 특별한 예외이며, 진짜 괴짜다. 시도 때도 없고 일정한 곳도 없이, 대상도 가리지 않고 닥치는 대로 음양 접촉으로 방전과 폭발을 일삼는다. 그리고 더욱 희한한 일은, 교감으로 자식이 생기는 것을 일부러 피하고, 뜻밖에 애를 배면 아무 거리낌 없이 무차별 낙태하고 유산시켜 버린다. 또 낳아서 기를 형편이 안 되거나 맘에 안 들면 아무 데나 내버리기도 한다. 그러면서도 정력이 모자란다고, 몸에 좋다는 강장제라면, 동물은 말할 것도 없고, 온갖 약물과 독약까지도 서슴지 않고 먹는다.

다른 동물은 모두 자연법칙과 신의 섭리에 순응하는데, 오직 인간만 은 자연 거역을 밥 먹듯 한다. 그러면서 "하늘(자연)에 순응하는 자는 살고, 하늘(자연)에 거스르는 자는 망한다"는 격언으로 스스로 경고한 다. 인류의 고대 역사를 보아도, 주색酒色의 음란 무도로 멸망을 자초한 사례는 적지 않다. 성경에 나오는 소돔과 고모라나 로마문명도 그렇거 니와, 고대 중국에도 은殷나라 주紂와 춘추시대 진陳 영공靈公·위衛 영공靈公 등 패가망신에 이른 군주는 이루 헤아릴 수 없다.

물론 발정기 외에도 섹스를 추구하고 즐기는 것이, 인간의 본능 내지 종차種差라고 보는 견해도 있는 듯하다. 인간은 원래 발정기가 따로 없게끔 태어난 동물로, 발정기가 아닌데도 섹스를 하는 인간이

과연 자연을 거스르는 것인지 선뜻 이해할 수 없다고, 고개를 갸우뚱할
지도 모른다. 허나 그런 사람도 무차별 낙태와 지나친 섹스 탐닉이
자연 거역이라는 것에는 동의할 것이다.

사실 발정(發情: 發精)이란 본디 암컷이 배란기에 수컷의 관심을
끌어 수태受胎하려고 암내를 풍기며, 그 냄새에 끌린 수컷이 다가와
교미하는 자연본능의 생리현상을 가리킨다. 이는 사람한테도 마찬가
지로 벌어진다. 허나 사람은 다른 동물과 달리 뛰어난 기억력과 자유의
지를 가지고, 성교 시에 강렬히 느낀 쾌락을 기억하고 탐닉하여, 자연의
섭리를 거슬러 시도 때도 없이 교접하여, 생명에너지인 음양의 정기精氣
를 스스로 고갈시키는 것이다.

부부유별이란 바로 이러한 의미에서 성 접촉을 절제·격리하자고
권고하는 윤리도덕이다. 성본능의 발동에서 인간도 자연으로 돌아가
자는 선언이다. 자기 아내나 남편과도 성적 접촉을 자제하는데, 하물며
외간 남자나 여자와 함부로 합선하는 일은 생각도 못한다. 자기 남편이
나 아내가 밖에서 다른 여자나 남자와 바람피우고 합선해도 좋다고
여기고, 또 기꺼이 받아들이겠는가? 그렇지 않다면, 누구도 밖으로
누전하거나 합선해서는 안 된다. 지가 싫은 짓은 상대방한테도 안
해야지! 공자님 말씀마따나 "기소불욕물시어인己所不欲勿施於人"이라!
또 예수님 말씀처럼 "누구든지 남에게 대접 받고자 하는 대로 먼저
남을 대접하라!" 이래도 부부유'별'이 싫은 사람 있을까?

작은 이별이 신혼을 낳는다

중국 속담에 '작은 이별이 신혼을 낳는다'는 말이 있다. 한동안 못 보다가 만난 친구는 반갑기 그지없다. 하물며 죽고 못 사는 연인이나 부부끼리 한참 헤어져 있다가 다시 만나면 얼마나 깨가 쏟아질까? 물론 서로 좋아하는 남녀가 잠시인들 떨어지고 싶겠는가? 그래서 불교에서 인생의 8대 고통 가운데, 생·로·병·사와 함께, 사랑하면서 못 만나는 이별의 고통을 든다. (나머지 셋은 미워하면서 만나야 하는 고통, 구하는 걸 얻지 못하는 고통, 심신의 번뇌가 치성한 고통이다.)

그러나 어쩔 수 없는 상황에서 잠시 떨어져 있다가 만나는 연인이나 부부들은, 정말로 처음 갓 연애에 빠질 때 같은 참신한 사랑을 맛볼 것이다. 예컨대 직장 때문에 공휴일만 오르락내리락하며 만나는 주말부부, 장기 출장이나 유학·해외 파견 근무 등으로 남편이나 아내 홀로 집을 떠난 부부들이 누리는 재회의 기쁨은, 맛본 사람이 아니면 모를 것이다. 물론 이별의 기간이 부부의 마음을 바꾸거나, 사랑의 열정을 식힐 정도로 지나치게 길면 안 된다. 그래서 '작은' 이별, '짧은' 이별로 한정했다.

예전부터 남자가 군대 가고 나면, 여자는 신발을 거꾸로 신고 떠난다는 말이 전해왔다. 군대라는 특수성도 있고, 미혼의 사귐이기 때문이겠지만, 기간이 너무 길어지면 상대방이 고즈넉한 쓸쓸함을 혼자 참으며 삭이려 하지 않는다. 그 사이 전화나 편지라도 자주 주고받아, 같은 마음(同心)을 꾸준히 확인하며 북돋워준다면 별 문제 없겠지만.

또 1960~70년대에 중동개발 붐을 타고 사우디아라비아 같은 중동

지역 건설현장에 장기간 출장 내지 파견 근무한 젊은 가장들이 많았다. 그들 가운데는, 믿고 맡긴 아내가 외로움을 견디지 못해 바람을 피우고, 끝내 가정 파탄에 이른 경우도 적지 않은 듯하다. 섭씨 40~50℃를 오르내리는 불볕 사막에서, 오로지 넉넉하고 행복한 가정을 꿈꾸며 피땀 흘린 노동의 보람도 없이, 패가망신한 것이다.

시대가 발전하면서 경제성장으로 부를 축적한 현대에는, 주로 미국이나 캐나다로 조기 원정 유학을 떠나는 이상한 자녀 교육 열풍이 거세게 불어 닥쳤다. 그러면서 아내(엄마)가 아이들을 돌본다는 미명 아래, 자녀와 함께 이역만리로 떠나 현지에 오래 정주하고, 남편(아빠)은 고국에서 홀로 뼈 빠지게 고생하여 번 돈을 고스란히 유학자금으로 꼬박꼬박 보내며, 자녀의 성공과 아내의 귀국만 학수고대로 바란다. 그러다가 역시 그곳에 물들어 고국과 남편을 촌스럽게 느낀 아내의 변심으로, 결국 가정파탄과 패가망신한 이른바 '기러기 아빠'들은 또 얼마나 많이 생겨나고 있는가? 참 가늠하기 어려운 시대 변화다. 남녀의 지위가 정반대로 뒤바뀐 셈이다.

"눈에서 멀어지면 마음도 멀어진다(Out of sight, out of mind)"는 영어 속담 그대로, 시각·청각·후각·미각·촉각의 오감에서 너무 오래 멀어지면, 머리(두뇌)의 기억과 마음의 의식에서도 망각의 다리를 훌쩍 건너버리는가 보다. 새장을 벗어난 새가 허공의 자유를 누리면 다시는 새장으로 돌아오지 않듯이, 영영 돌아오지 못하는 저편으로 사라지는 덧없음인가? 따라서 서로 무감각과 무관심의 골이 깊어질 만큼 너무 오래 떨어지면 안 된다. 부부간에 유념할 점이다.

그렇지만 어쨌든, 신혼 초부터 시부모로부터 분가하여 독립 생활하는 우리 핵가족 신세대들은, 이제 '작은 이별이 신혼을 낳는다'는 속담의 가르침을 잘 음미하고 적절히 선용할 필요가 있다. 시부모님 모시지 않아 어려운 사람이 없다고, 부부끼리만 아무 허물도 없이 거리낌도 없이 '분별' 없는 사랑만 하는 것은, 정작 부부 당사자(특히 여자)를 위해서도 결코 바람직하지 않다. 허물없고 분별없는 사랑의 허물은 마침내 진짜 큰 허물이 되어 결국 본인에게 되돌아온다. 요즘 왜 이혼율이 급증하는지 아는가?

지금도 현명한 신부는 시부모 댁에서 신혼 초를 함께 살면서, 시부모 모시는 효부라는 명예도 얻고, 살림도 배우는 지혜와 실리를 함께 거둔다. 뿐만 아니라 요즘 같은 전세난에 거주비도 절약해 주택 마련 밑천도 모으고, 아이를 낳으면 시어머니가 아이도 돌봐주신다. 무엇보다도 젊은 신혼부부들이 빠지기 쉬운, 철없는 무분별과 게으름의 함정에서 자유롭게 된다. 게다가 어린 아이들이 보고 배우는 교육효과는, 그 어느 과외에서도 전혀 얻을 수 없는 무가지보無價之寶다. 적어도 일거오득一擧五得 이상은 될 것이다.

쉬 더운 방이 쉬 식는 법이다. 배터리를 충전할 시간 여유도 없이, 계속 카세트도 틀고 전등도 켜 대면 얼마나 오래 가겠는가? 용량에 따라 다르겠지만, 충전이 안 되는 건전지와 충전을 안 하는 배터리는, 언젠가는 전기가 바닥나게 되어 있다. 충전할 때는 모름지기 먼저 음양을 분별 격리하여 방전을 멈추어야 한다. 꼭 필요한 때 필요한 곳에만 방전(사랑)하면서, 수시로 적절히 격리(이별)를 맛보면서 새로운 전기(생명에너지)를 충전해야, 배터리 기능이 다할(죽음) 때까지 건강하게 장수하지 않겠는가?

부부도 되기 전부터 보는 사람이 낯 뜨거울 정도로 과감한 사랑을 하며, 항상 그림자처럼 밀착해 다니는 남녀 관계가 과연 얼마나 결혼에 성공(골인)할까? 설사 결혼한다고 하더라도 사랑이 얼마나 오래 지속할까? 단지 서로 부담 없이 그저 인생 청춘을 그런 식으로 즐긴다고 생각하는가? 청춘 남녀들이여! 그런 환상과 헛된 꿈 깨고, 성욕의 달콤한 사탕발림의 꾐에 넘어가지 말자! 자신의 인생이 결혼의 구속 없이 집시처럼 자유분방하기를 정녕 원한다면 모르지만!

미혼의 청춘 남녀들이여! 자신의 절제를 통해 남녀 분별을 지켜야 아름다운 신혼의 꿈을 이룰 수 있다. 그래야 결혼 후에도 부부간에 적절한 '유별有別'을 유지하고, 항상 새로운 신혼 분위기를 평생 이어갈 수 있다. 한순간의 충동과 유혹의 포로가 되어 한평생 무지개 꿈을 산산이 부수고 싶은가? 아니면 조심스런 절제와 신중한 분별로 종신토록 꽃향기 그윽한 무지개 동산에 거닐고 싶은가? 이게 성을 억압하고 가부장 권위를 내세우는 봉건적 정조윤리고 순결교육이라고 여겨지는가? 성의 자유와 해방을 외치는 주장이야말로, 성을 타락과 파멸로 이끄는 색마色魔의 꿀 발림 독약이 아닐까? 성의 순수한 고결함은 자신의 생명과 존엄을 위한 길이다. 자신의 존엄한 인격과 사랑하는 배우자, 그리고 건강하고 귀여운 후세 모두를 위해서 현명하게 판단하고 신중하게 선택하자!

지금까지 봉건윤리의 억압으로 부부간에 사랑도 제대로 못했다고, 이제 맘껏 표현하는가? 그 윤리가 가부장적 권위와 결합하여 지나치게 억압하는 분위기를 조성한 게 사실일지 모른다. 허나 지금까지 자세히 들어본 것처럼, 부부유'별'을 강조하는 데는 나름대로 충분히 합리合理

적이고 합정合情적인 이유가 내재해 있다.

그러면 왜 사랑은 언급도 않고, '유별有別'만 유별나게 강조하는가? 남녀 간의 사랑은 전기의 음양처럼, 만나면 저절로 이루어지는 자연스런 본능 현상이다. 굳이 강조하거나 가르쳐줄 필요가 없는 존재(Sein)의 문제기 때문이다. 오히려 그 사랑이 절제 없이 무분별하게 이루어지면 본인들을 해치게 된다. 이는 인간의 의지적인 결단과 행동이 필요한 당위(Sollen)의 문제다. 그래서 예법이라는 윤리규범으로 일깨워주는 것이다.

요즘은 부부간에도 서양처럼, 사랑을 말과 행동으로 직접 표현하라는 귀띔이 많다. 뭐 이러한 권고까지 반대하진 않겠다. 다만 분별 있고 절제할 줄 아는 사랑으로, 늘 신혼의 청순한 꿈을 이어가길 바라마지 않는다. 말로 행동으로 표현하는 사랑은 한계가 있고, 자칫 뜻밖의 암초를 만날 수도 있다. 더러는 마음속으로만 사무치도록 덮어둘 필요도 있다. 마음에 사랑이 넘치면, 말과 행동으로 표현하기 전에 마음으로, 기분으로 즉각 전해지기 마련이다. 이심전심以心傳心으로 텔레파시가 통한다.

흔히 부부간에는 촌수가 없다(無寸)고 한다. 남남이기 때문에, 촌수를 따지기 힘들 정도로 먼 무한촌無限寸이라는 뜻으로 들린다. (사실은 부부가 각자 모계와 부계로 계속 거슬러 올라가 공통의 조상을 찾으면 틀림없이 일정한 촌수가 나온다. 한 세대를 평균 30년 잡고 단군기원을 4,500년으로 어림한다면, 대개 300촌 안에 든다.) 그러나 남편과 아내는 비록 혈연관계는 없지만(엄격히 말하면 멀지만), 혈연상 가장 가깝다는 부모와 자식 사이의 1촌보다 더 가까워, 0촌이라는 비유적 의미도 분명히 함축하고 있다.

무한 촌수의 남남끼리 만나, 더 이상 가까울 수 없는 0촌의 부부가 되었다. 사랑의 본질과 위력이 여기에 있다. 그러다가 그 0촌 사이를 분별 있게 잘 절제하지 못하면, 자칫 다시금 무한촌의 남남으로 영원히 갈라설 수 있다는 철학이 담겨 있다. 요즘에는 우스개 해학으로 '남'에서 점 하나 떼어 내면 '님'이 되고, '님'에다 점 하나 붙이면 '남'이 된다는, 자못 의미심장한 농담도 들린다.

진리는 모순투성이의 역설인 경우가 많다. 그래서 영어에도 "양 극단은 서로 만난다(Extremes meet.)"는 의미심장한 속담이 있다. 남녀 음양의 만남만큼 예측 불허의 미묘한 접전도 없다. 옛 사람들이 부부간에 항상 손님처럼 공경을 다한 까닭은, 사랑하지 않아서나 사랑을 표현하기 쑥스러워서가 아니었다. 그 사랑을 항상 청순하고 싱싱하게 이어가고 싶은 겸손한 소망 때문이었다.

옛날 사대부 집안 양반들은 부부간에도 경어를 쓰고, 평소에 부부간에 각방을 쓰는 경우가 드물지 않았다고 전해진다. 지금도 그런 예법을 지키는 점잖은 양반들이 없지 않은 모양이다. 요즘 같이 '쉬 더운 방이 쉬 식는' 세상에, 시험 삼아 되살려봄직한 좋은 부부예법이라고 여겨진다. 식품을 비롯한 일상생활 용품 전반에 인스턴트가 널리 퍼진 세상에, 사랑도 결혼도 인스턴트가 갈수록 많아져 이혼율이 세계 최고가 아닌가? 의식주 자체를 전통 방식으로 복귀해보는 것도 부부간 사랑을 돈독히 북돋우는 데 아주 효과 높을 것이다. 얼마 전에 들은 얘긴데, 한옥은 사람을 끌어안아 품는데, 아파트는 거꾸로 가족을 집 밖으로 나돌게 하는 마력이 있다고 한다.

생명의 삼보, 정·기·신

부부 관계의 절제를 말한 김에, 필자가 2002년 번역 발행한『불가록不可錄』의 옮긴이 서문을 조금 덧붙여 소개하고자 한다.

이 책의 핵심 요점은 한마디로 '성욕(性欲: 淫欲, sex)의 절제'다. 물론 성행위뿐만 아니라 생각(淫心)까지 포함한다. 성욕의 절제 또는 금욕禁欲은 지금까지 주로 종교 신앙상의 계율이나 윤리도덕상의 규범으로 강조해왔다. 그래서 그저 단순히 여성들의 '정조'나 '절개'를 강요하기 위해 내거는 봉건유물 정도로 여기기 쉬운데, 그것은 아주 커다란 오해고 착각이다.

남녀의 결합(性交)은 본디 새 생명을 낳아 종족을 보존하라고 하늘이 부여한 자연스런 본능이다. 생명만큼 신비스러운 게 없는데, 그 생명을 이루기 위해 결합하는 정자와 난자는 또 얼마나 신비스럽고 소중하겠는가? 따라서 생명체의 몸에서 정자와 난자를 만듦에 생명체의 정수精粹만 뽑아 쓸 것은 자명하다. 생명에너지의 엑기스가 총동원된다. 식물은 꽃이 가장 아름답고 향기로우며, 달콤한 꿀까지 머금고 있다. 동물 역시 짝을 이룰 때가 가장 아름답고 향기로우며, 최고의 행복감을 느낀다. 생명체의 절정기를 이룬다. 꽃은 수분受粉이 되면 이내 시들어 떨어진다. 동물도 어떤 것은 교미 후 바로 생명을 마친다. 무엇보다도 동물들은 오직 새끼를 갖기 위해서만 결합한다. 헌데 만물의 영장靈長인 인간만은 오히려 성性을 단순한 육체적·감각적 쾌락의 도구로 여긴다. 그리고 시도 때도 없이 결합하여 그 소중한 생명의 엑기스를 물 쓰듯 허비한다. 그러면서도 건강하게 장수하길 바란다.

도교道教와 전통 한의학에서는 정精·기氣·신神을 생명의 삼보三寶라고 한다. 정精은 음식물을 먹어 섭취한 영양분이 피가 되고 살이 되는 생명의 엑기스, 정수(精粹, 精髓)다. 그것이 정력(精力: 체력)으로 나타나고, 종족 번식을 위한 정액精液이나 난자卵子나 경혈經血로 나타난다. 그래서 남녀를 합쳐 말할 때는 보통 정혈精血이라고 부른다.

이 정혈이 허파를 통해 날라진 산소와 만나 생화학(生化學: 생체 내 화학) 반응을 일으켜 승화하면, 생명 에너지인 원기(元氣: 기운·기력)로 나타난다. 이는 마치 화력발전소에서 석유나 석탄(精)을 때서 전기電氣를 발생시키고, 좀 더 생동감 있게 비유하자면 원자력 발전소에 우라늄(精)을 핵분열 시켜 방사능 에너지(氣)를 방출하는 것과 비슷하다.

이 생명의 전기에너지는 신체의 각 기관(예컨대 오장육부)을 움직이며, 체온을 유지하는 열로 쓰이기도 하고, 사지를 움직여 물리적인 힘(力)으로 바뀌기도 한다. 또 뇌세포를 활발히 움직여, 우리 눈에는 보이지 않는 정신상 지혜광명의 빛으로 승화하기도 한다. 이 지혜광명의 빛은 궁극으로 도道라고 불리는 절대 진리의 광명과 하나가 되어, 시간과 공간을 초월한 영원한 생명의 경지에 들어간다.

이러한 생명에너지의 신비로운 변화(승화) 과정을 종교철학에서는 수행修行 또는 수양修養이라고 부른다. 도교에서 가장 직접 상세하면서도, 간단명료한 수행 용어로 단계별로 표현하는 명제가 있다.

"정혈을 단련하여 원기로 승화하고(煉精化氣), 원기를 단련하여 정신 광명으로 승화하며(煉氣化神), 다시 그 정신 광명을 단련하여 우주 태허太虛로 되돌아간다(煉神還虛)."

우리가 흔히 신선神仙이 되는 비결로 알고 있는 연단술煉丹術도 바로 이러한 수행의 과정을 가리킨다. 우리 몸 안의 생명에너지의 원천인 정·기·신의 단丹을 단련하여 허공을 노니는 신선의 경지에 드는 것이 연단술의 목적이다.

불교에서는 이 전 과정을 하나로 뭉뚱그려 일반 추상의 개념으로 표현한다. 바로 '색즉시공色卽是空'이다. 색은 물질(material) 요소인 정혈精血인데, 이 '색色'을 곧장 정신 광명을 통해 '허공(空)'과 하나 되게 승화시켜버림을 뜻한다. 이 과정이 이른바 상구보리上求菩提의 수행단계다. 그 반대 구절인 '공즉시색空卽是色'은 『화엄경』의 종지宗旨 이자 불법佛法의 핵심요체인 '일체유심조一切唯心造'를 가리킨다. 일체 현상세계의 삼라만상이 모두 오직 텅 빈(空) 마음의 조화造化라는 것이다. 즉 마음먹은 그대로(空)가 현상세계(色)로 나토다(化現을 뜻하 는 古語)는 뜻이다. 보통 '진공묘유眞空妙有' 또는 '공중묘유空中妙有'라 고도 부른다. 텅 빈 허공(空·心) 속에서 뭔지 모르게 미묘한 존재가 모두(萬有: 色·物) 나온다는 뜻이다. 자비 광명의 정신력(念力)으로 중생을 위해 기도발원하고, 온갖 선행과 불사佛事를 행하는, 이른바 하화중생下化衆生의 보살도이기도 하다.

정·기·신 삼보와 계·정·혜 삼학

또 불교에서 말하는 계율(戒)·선정(定)·지혜(慧)의 삼학三學도 바로 정精·기氣·신神 삼보三寶와 밀접하게 상응 관계를 갖는다.

우선, 계율이란 가장 기본으로, 우리 생명의 원천인 정혈精血을 낭비하거나 분산시키고 않고 잘 보존하기 위한 방법이다. 예컨대 출가

수행자들이 오후불식午後不食하는 것은, 저녁식사로 섭취한 영양분이 밤사이에 활력으로 쓰이거나 수행으로 승화하지 못한 채 핏속에 돌다 보면, 자칫 정력을 증대시켜 무의식중에 성욕을 불러일으키고, 꿈속에 서라도 색마色魔의 유혹을 당해 몽정할 우려가 크기 때문이다. 그렇게 정액을 한번 쏟고 나면, 수행을 통해 생명의 원기나 정신 광명으로 승화시킬 밑천이 빠지고 만다. 마치 기름 탱크에 구멍이 나서 기름이 줄줄 새는 채로 엔진을 운전하는 것과 같다.

『능엄경楞嚴經』에서 부처님도 "음욕을 끊지 않고서(精을 쏟아 내면서 도) 선정禪定을 이루려는 것은 모래를 쪄서 밥을 지으려는 것과 같다"고 분명히 말하였다. 물론 절간에서 저녁 일찍(9시) 잠들고 꼭두새벽(3~ 4시)에 일어나 예불하고 수행 정진하는 까닭도, 새벽녘 축적된 정력의 망령된 발동을 예방하는 목적이 있다.

불교에서 번뇌煩惱를 유루有漏라고 하는데, '줄줄 새고 빠져나가는 게 있다'는 뜻이다. 물론 마음이 산만하게 밖으로 정신 팔리고, 원기元氣 를 쓸데없는 짓(사물)에 낭비하는 것도 모두 포함한다. 허나 가장 직접 제1차로 가리키는 대상은, 바로 생명의 밑천인 '정혈精血'을 쏟아 내는 '유루有漏'라고 여겨진다. 모든 종교수행에서 여성들의 장애(곤란) 가 특히 크고 많다고 말하는데, 그 가운데 핵심 내용의 하나는 바로 매달 정기로 정혈을 쏟아내는 생리현상 때문이다.

『부모은중경父母恩重經』에 보면, 부처님이 주인 없이 나뒹구는 해골 무더기를 보고, 남자 것과 여자 것을 가릴 수 있겠느냐고 아난阿難에게 묻는 대목이 나온다. 요점은, 여자는 월경을 하고 아이를 낳으면서 피를 쏟고, 아이를 기르면서 젖(젖도 정혈과 마찬가지로 생명 엑기스의 변화 모습)을 짜기 때문에, 그 뼈가 단단하지 못하고 가볍다는 것이다. (중년 여성들에게 골다공증이 많은 이유도 마찬가지임) 그런데 요즘은, 여자들은 애도 적게 낳고 젖(모유)도 거의 주지 않고, 남자들은 시도 때도 없이 정액을 쏟아내는 음란풍조 때문에, 어쩌면 해골로 남녀 구별이 쉽지 않을 듯하다.

여하튼 중국에서 도교 쪽 수행이론을 들은 이야기인데, 여성들이 도업道業을 원만히 성취하려면 붉은 생리를 완전히 끊어 멈추는 '참적룡 斬赤龍'의 경지에 이르러야 한단다. 심지어 이미 자연으로 생리가 멈춘 폐경기의 여성은, 멈춘 생리가 수행으로 다시 시작된 뒤, 그 생리가 다시 수행 정진으로 끊기어야 한단다. 이러한 경지는 남성으로 말하면, 부처님의 32상相 가운데 하나인 '마음장상馬陰藏相'에 해당한다. 즉 생식기가 밖에 드러나 보이지 않도록 완전히 숨어 들어가야, 비로소 정액을 쏟지 않고 번뇌망상이 전혀 없는 무루無漏의 경지에 든다고 한다. 이런 수행이 얼마나 어렵겠는가? 남녀의 상相과 음양의 기운을 완전히 여의어야만 가능한 일이 아닐까? 이때 도업道業이 원만히 이루 어진다고 한다.

또 한 가지, 오후불식 못지않게 중요한 불교의 음식 계율 가운데 하나는, 오신채五辛菜와 고기를 먹지 않는 순수 채식(중국에서는 양념 조미가 없는 자연 그대로의 담백한 음식이라는 뜻에서 '소식素食'이라고 부름)이다. 고기는 말할 필요도 없거니와, 오신채의 경우도 주로 정력의 낭비를 막기 위한 계율의 방편에서 금한다. 불경에 보면, 오신채는 날(生)로 먹으면 성냄(瞋心)을 돋우고, 익혀(熟) 먹으면 성욕을 자극하 기 때문에 먹지 말라고 한다. 그리고 오신채를 먹으면 그 비릿하고

매운 맛이 모든 호법護法 신명神明들을 자극하여 멀리 달아나도록
내쫓는다고 한다.

오신채뿐만 아니라 커피나 기타 자극성 강한 기호 식품도 자칫 헛된
성욕을 돋울 수 있다. 이러한 음식들은 직접 '정혈'을 만들어 내는
영양분도 거의 없으면서, 단지 우리 생명이 소중하게 생산·저축해
놓은 엑기스만 밖으로 내쏟게 자극할 따름이다. 이러한 성욕 자극을
강렬하게 농축해 만든 물질이 요즘 세상을 떠들썩하게 하는 '비아그라'
같은 최음제催淫劑다. 한바탕 음욕을 부리기 위해 최음제나 강렬한
자극성 음식을 즐겨 먹으면, 그렇게 해서 정액을 내쏟는 대가로 나중에
엄청난 희생을 치러야 한다. 자업자득自業自得의 인과응보를 명심해야
한다.

둘째, 삼학三學 가운데 선정禪定은 바로 밑천(기름)인 '정혈'을 원기
(전기)로 승화(발전)시키고, 다시 그 원기를 정신 광명(지혜)으로까지
승화시키는 주된 작업(수행·발전)이다. 물론 염불이나 기도·간경看
經·독경讀經·예배(禮拜: 절·오체투지) 등 모든 수행이 궁극에는 정혈을
단련하여 원기로 승화시키고, 원기를 다시 지혜광명으로 승화시키는
방편법문이다. 그 가운데 선정이 가장 대표적이고, 다른 모든 수행법문
도 일심불란一心不亂의 삼매三昧에 들어야 비로소 진실한 수행 효과가
나타나기 때문에, 결국은 선정으로 귀결한다고 볼 수 있다.

셋째, 선정으로 이루는 지혜는 바로 육안에 보이지 않는 정신 광명에
상응한다. 물론 그 지혜와 정신 광명의 밝기도 여러 단계일 것이다.
불교에서는 경전에 따라 보살의 경지도 41 내지 52단계로 세분하고,
기독교에서는 천사를 9품品으로 나눈다. 우리가 수행 정진으로 정혈을

어느 정도 높고 섬세하게 승화시키고 순화하느냐에 따라, 그 지혜와 정신 광명의 차원이 달라지고, 그것이 보살이나 천사의 여러 경지로 구분될 것이다.

그런데 이런 일련의 수행 과정에서 가장 중요한 주도적 주제가 바로 우리 마음(心)이다. 일체유심조一切唯心造이기 때문에, 우리 마음을 어느 방향으로 돌리느냐? 또 어느 정도 순화純化하고 정화(淨化; 精化)하 느냐에 따라, 수행공부의 성과가 천양지차로 나타난다. 같은 물도 소가 마시면 우유를 짜내지만, 뱀이 마시면 독을 내뿜는다는 비유가 그러하 다. 같은 '정혈'인데도, 어떤 마음으로 단련하고 어느 정도 순수하게 승화하느냐에 따라, 부처님(의 지혜광명)이 되기도 하고, 살인강도나 폭군(의 우매 암흑)이 되기도 한다.

불교의 수행격언 가운데 '번뇌가 곧 보리(진리·깨달음)'라거나, '고개 돌리면 바로 피안'이라는 유명한 가르침이 있다. 바로 번뇌망상과 온갖 죄악업장을 짓는 데 쏟고 낭비하던 생명의 엑기스인 정혈을, 마음 하나 바꿔 먹어 착한 일 하고 수행 공부하는 데로 돌려, 원기로 승화하고 다시 지혜광명의 정신세계로 고양한다면, 그것이 곧 진리를 깨닫는 대문이고 피안(열반)에 이르는 첩경이라는 뜻이다.

사람은 누구나 모두 생명의 엑기스인 정혈을 함께 타고났다. 그 정혈이 청정하느냐 혼탁하냐에 따라 '성선性善'과 '성악性惡'으로 학설이 갈라지지만, 그것이 곧 도를 깨닫고 성현이나 부처가 되는 밑천이다. 사실 '일체 중생이 모두 부처님 성품을 갖고 있다'는 말씀도 이런 측면에 서 이해할 수 있다.

풀리면 정情, 맺히면 한恨

사음邪淫은 말할 것도 없거니와, 정당한 혼인으로 맺어진 부부 관계라도 정도에 지나치면 안 되는 근본 이유는, 바로 정기신精氣神 삼보를 크게 훼손하기 때문이다. 그래서 예로부터 전쟁에 출정하거나 기타 국가대사·과거시험 등에 임하는 경우에는 특별히 여자(남녀관계)를 멀리하고 정신력을 집중했다. 지금도 물론 중요한 경기를 앞둔 운동선수나 큰일을 치를 사람들은 각별히 조심한다. 남녀관계는 전기의 음양과 같아서 한 번 결합하면 순간 엄청난 에너지(전기)를 방전·소모하기 때문이다. 사실 결합까지는 이르지 않더라도, 마음이 움직여서 몸속의 정기가 발동하면 정신이 차분히 안정될 수 없기 때문에, 중요한 일에 제대로 집중·전념할 수 없다.

『불가록』의 본문에서, 음욕이 복록을 결정짓는 요인(陰德)이 되고, 특히 수많은 역사 실례에서 과거급제와 부귀공명의 성패를 판가름하는 열쇠로 묘사한 까닭도, 사실 알고 보면 이렇듯 가장 합리적이고 명백한 이치다. 그런데 단지 과학적 해명 없이 추상적 인과응보 법칙과 종교철학상의 윤리도덕 관점에서 기술했다고 해서, 성性의 자유를 억압하는 전근대적 봉건유물이나 미신으로 매도할 수 있겠는가?

또 사음邪淫해서는 안 될 중요한 정신상·심리상의 요인이 있다. 예로부터 속담에 "한 아낙이 원한을 품으면 (음력) 오뉴월에도 서리가 날린다"는 명언이 전해온다. 흔히 여자가 질투심이 많다고 하는데, 그러면 남자는 자기 여자가 딴 남자와 어울리는데 울화가 치밀지 않겠는가? 남녀 관계는 전기와 같아서, 음과 양이 똑같은 수량만큼만 1대

1로 상응하게 되어 있다. 이미 짝지어진 음양 사이에 다른 음이나 양이 끼어들어 찝쩍거리면, 그야말로 전기 불꽃(번갯불)이 저절로 튀게 되어 있다. 그게 자연의 섭리인데, 인간 사회에서는 질투심이니 원한 등으로 표현하는 것이다.

남녀가 사회의 예법상으로 항구적 혼인을 할 생각 없이 단지 일시의 쾌감을 위해 야합하는 짓은, 피복이 벗겨진 전깃줄을 가지고 살금살금 장난치는 것과 같다. 전선을 일시로 붙였다 떼었다 하면 순간 전류는 엄청나게 커지고, 그때 방전으로 튀기는 불꽃은 화재를 일으키기 십상이다. 합선이나 누전 사고가 안 날 수 없다.

마찬가지로 남녀가 일시 결합했다 떨어지려고 하면, 상대방의 흡인력(자석이나 전기처럼 사람도 음양 간에 강한 인력이 작용함)이 그냥 놔두려고 하지 않는다. 오히려 더 강하게 끌어당기는 반동력反動力이 저절로 생겨 새로운 역학 관계까지 만들어낸다. 그것이 오뉴월에도 서리가 날리게 하는 여인네 원한의 본래 모습이다.

풀리면 정情인 것이, 맺히면 한恨이 된다. 마치 풀렸을 땐 물(水)인 것이, 맺히면 얼음이나 눈서리가 되듯이 말이다. 초가을이나 봄에 갑자기 된서리 치면, 생기발랄하던 채소며 농작물이 모두 냉해冷害나 한해寒害를 입고 금세 시들어버린다. 음욕을 잘못 부려 여인네 마음에 원한감정이 맺히게 하면, 승승장구하던 자신의 부귀공명의 운세도 모두 한해恨害를 받아 곧장 시들고 만다. 인간사나 자연현상이나 이치는 하나다. 그래서 민심民心이 곧 천심天心이라고 한다. 사람의 독한 원한감정이 하늘에 사무치면, 그 파장이 자연계의 평화로운 기운(和氣)을 깨뜨려, 크고 작은 천재지변天災地變이나 이상기후가 나타난다.

요즘은 심리학이나 정신과학이 눈부시게 발달하여, 사람의 염력念力 이 얼마나 빠르고 막강한지 밝혀지고 있다. 생명에너지의 원천인 정혈 精血을 잘 단련하여 밝은 (陽의) 기운(氣)과 정신(神)으로 승화시켜, 중생을 위해 자비 광명으로 펼치는 게 올바른 수행의 길이다. 소가 우유를 짜서 대중을 이롭게 하듯이 말이다. 그런데 그 정혈을 원한 맺힌 (陰의) 마음으로 이를 갈아 내뿜으면, 그 저주는 서릿발이나 칼날보다 더 매서운 살기와 암흑으로 펼쳐진다. 마치 뱀이 독을 뿜어 뭇 생명을 해치는 것과 같은데, 그게 바로 지옥 아귀의 길이다.

업장 해소는 음욕의 참회로

사람이 살아생전에 밝게 잘 닦으면 신명神明이 되어 하늘로 올라가고, 어둡게 잘못 닦으면 음귀陰鬼가 되어 지옥에 떨어진다고 한다. 이러한 업장 윤회설도, 바로 정기신 삼보를 어떻게 닦느냐 하는 마음의 원리일 뿐이다. 다른 사람에게 좋지 않은 짓을 하고 해를 끼쳐 상대방의 원한을 사면, 상대방이 내뿜는 어두운 음의 염력이 무형 중에 자신의 마음과 정신에 간섭파를 일으킨다. 말하자면 부정의 좋지 않은 텔레파시를 발사한다. 그 간섭파동으로 자신의 운수가 직접 영향을 받는데, 그걸 불교에선 업장業障이라고 한다. 이를 『시크릿』이란 책에선 '끌어당김 의 법칙'으로 표현하는가 보다. 남들의 손가락질을 받고도 잘되는 사람 은 하나도 없다. 하물며 이를 부득부득 간다면 오죽할까?

불경에 보면, 세상에는 두 종류의 건아(健兒: 착하고 훌륭한 사람)가 있다고 한다. 첫째는 아예 죄를 짓지 않는 사람이고, 둘째는 죄를 지은 뒤 곧바로 회개悔改할 줄 아는 사람이다. 그런데 부처님 생존 당시에도 세상은 오탁악세五濁惡世였고, 예수님 당시에도 세상은 말세末世였다고 한다. 하물며 요즘 세상이야 말할 필요가 있겠는가?

기독교의 원죄原罪 의식이나 불교의 업장業障 이론이 아니더라도, 우리는 요즘 보고 듣고 맛보고 움직이는 게 모두 잘못(죄) 아님이 없을 요지경 속에서 살고 있다. 또 옷도 희고 깨끗한 게 쉽게 때를 타듯이, 사람도 착하고 순수한 마음이 눈에 띄게 죄악에 물들기 쉽다. 예수님도 간음한 여인에게 돌팔매질하려던 군중에게, "어느 누구 양심이 깨끗한 자 있거든 먼저 돌을 던지라"고 말했단다. 요즘 세상에 알게 모르게 몸(행동)과 입(말)과 뜻(생각)으로 간음의 죄악을 짓지 않은 이가 얼마나 되겠는가?

『불가록』을 번역한 뜻은, 바로 나부터 시작하여, 이 시대와 앞날의 인연 있는 모든 분들이, 지금까지 알게 모르게 몸(身)과 입(口)과 뜻(意)으로 저지른 음욕의 죄악을 진심으로 통절痛切이 참회하고, 앞으로는 정신 바짝 차려 조심하고 다시는 사음邪淫의 늪에 빠지지 않으며, 부부간의 애정도 적절히 자제하면 좋겠다는 발원에서다.

예전에 사위를 백년손님이라고 부르고 어렵게 대한 것도 바로 그런 이유다. 요즘 다시 부부가 남남처럼 서로 공경하고 고마워하며 칭찬을 아끼지 않아야 오래 잘살 수 있다는 충고가 활기를 얻는가 보다. 그래서 옛날 사람들은 들녘에 새참으로 내가는 밥상도, 정중하게 눈썹까지 들었다가 놓곤 했다. 조선시대 중종中宗 때 대사성大司成을 지낸 신재愼齋 주세붕周世鵬의 「오륜가五倫歌」 중 넷째 수首인 유명한 시조 한

편을 다시 한 번 감상하고 음미해보자.

"지아비 밭 갈라 간 디 밥고리 이고 가
반상을 들오디 눈섭의 마초이다.
진실로 고마오시니 손(賓)이시나 다른실가"

"지아비(남편) 밭 갈러 나간 곳에 밥 광주리 이고 가서
밥상을 차려 바칠 때 눈썹까지 들어 올려 맞추는구나.
진실로 고마우(感謝: 敬)시니 손님 접대와 다르지 않네."

|다섯| 새로 듣는 부자유친

부모와 자식 사이에 도대체 어떤 친근함이 필요한가?

보통 부부 관계에서 자식이 태어나는 건 당연하다. 그리고 부모는 자식이 귀여워 금지옥엽으로 기른다. 부모와 자식 사이는 혈연관계가 시작하는 가장 가까운 1촌이다. 부모의 자식 사랑은 말이나 글이 전혀 필요 없다. 그런데 새삼 무슨 친근함이란 말인가? 부자유친父子有親은 과연 무슨 뜻일까? 우선, 가부장의 권위를 중시한 전통사회의 분위기를 감안하여, 글자 그대로 충실히 따라 아버지와 아들 관계로 국한해 보기로 하자.

아비 '부(乂)'자는 본디 힘을 상징하는 오른손(크)에 막대기(회초리)를 들고 있는 모습을 본뜬 글자다. '부乂'는 원시부족사회에서 부족을 통솔하는 족장을 가리킨다. 막대기는 한편으로 지휘봉을 뜻하며, 다른 한편으로 만약 지휘에 따르지 않고 거역하는 부족원을 위협하거나 징벌하는 강제력을 뜻한다고 여겨진다. 물론 부족이라는 조직 안에서 최고 높은 지위와 권세를 상징하는 글자다. 나중에 가부장제 사회가 안정되면서 집안의 어른인 '아비'의 의미로 굳어지는데, 역시 가족들을 이끌고 가르치는 '부권父權'이 주된 의미로 담겼다. 나아가 노년 남자를 존경하거나 남자를 미화하는 명칭으로 확대 발전했다. (王延林 편저, 『常用古文字字典』, 上海書畫出版社)

그러나 아비 '부父'가 단지 사실상의 권력만을 뜻하는 건 결코 아니다. 권력의 정당성을 확보하기 위한 규범성도 함께 간직한다. 그래서 허신의 『설문해자』에서는 '부父'를 오히려 '법도 구(矩: 『설문』에선 '巨'로 나타남)'로 정의한 다음에, 가장의 통솔 교화로 풀이한다. 어쨌든, 거친 자연환경의 생존경쟁에서 살아남기 위해 강력한 물리적 힘이 절대 필요한 시대에, 아버지는 사실상으로나 규범상으로 모두 막강한 권위를 지니고 휘두른 게 분명하다.

그런 상황에서라면, 아버지와 아들 사이에도 때론 미묘한 권력 관계가 이루어지고, 아들이 자라면서 은연중에 대립 갈등의 긴장이 고조됐을 것이다. 그래서 그러한 권력 다툼으로 인한 부자간의 갈등을 완화·해소하고, 집안의 혈통을 잇고 종족을 보존해 나갈 필요성이 자못 커졌을 것이다. 아버지가 자식을 사랑하고 자식도 아버지를 친하게 따라 종족이 평안히 번성하도록, 생명의 자연스런 본능을 스스로 저버리지 말라고 일깨운 가르침이 '부자유친' 아닐까?

아버지 사후에 왕권을 물려받을 태자가, 그 기간을 기다리지 못하고 부왕父王을 쫓아내거나 심지어 살해한 사례는, 고대 역사에 숱하게 전해지고 있다. 예컨대 불경(『불설관무량수불경』)에는 부처님께 사바고해의 패륜고통을 벗어나 극락왕생을 발원하는 인연으로 아주 유명한 이야기가 전해온다.

당시 인도에서 가장 큰 마갈타국에 빈바사라(Bimbisāra)왕이 어질게 나라를 잘 다스리고 있었는데, 아사세 태자가 부처님의 사촌 아우인 제바달다라는 좋지 못한 벗의 꾐에 넘어가 부왕을 가두어 죽이려고 했다. 이에 위제희(Vedehī) 왕비가 몸에 꿀과 포도즙을 발라 감옥에 가서 왕에게 공양하여 목숨을 연명시켰다. 이를 안 태자는 노하여 칼을 빼들고 어머니를 죽이려고 하였다. 이때 월광과 기파라는 두 현명한 대신이 나서서 칼을 가로막고 만류하였다. 당시 인도에 전해오던 『비타론경』을 인용하여 간곡히 간언했다.

"이 세상에 인류가 생긴 이래, 악한 왕자가 왕위를 탐내 부왕을 살해한 사례가 무려 1만 8천 건이나 되지만, 어머니를 해친 무도한 자는 일찍이 전혀 없었습니다."

가까스로 어머니 시해는 멈췄지만, 끝내 부왕을 죽게 하고 왕위에 올라 온갖 병고로 혹독한 과보를 받았다고 전해진다. 그런데 부처님께 참회하고 개과천선하여 업고業苦에서 벗어난 뒤, 나중에 부처님 열반 뒤 불교의 적극적인 후원자가 되었다고 한다.

고대 그리스에도 유명한 오이디푸스 이야기가 있지 않은가? 그래서 서양 심리학에선 아버지와 아들의 갈등은 오이디푸스 콤플렉스라고 부른다. 어머니를 둘러싸고 아버지와 아들이 벌이는 사랑의 쟁탈전이다. 일종의 신경전 내지 심리전이다. 게다가 동물의 왕국과 비슷했을 원시 모계사회에서, 아버지가 가정과 자식 양육에 별로 관심 없고 책임지지 않던 유풍遺風도 은연중에 좀 남아 있었으리라.(불교의 삼세三

卅윤회론에 따르면, 자식은 대부분 전생의 은혜나 원한을 갚기 위해 온단다!)

알게 모르게 이런저런 인연들이 뒤섞여서 그런지, 아버지와 아들 사이가 조금 서먹하고 거리감 있는 건, 지금 일반 가정에서도 대부분 체험할 것이다. 보통 1대를 건너뛴 할아버지와 손자(2촌) 사이가 아버지와 아들 관계보다 훨씬 친근하고 자상하다. 그러니 가장 가까운 부자간에 친근함을 강조하는 인륜규범도 당연하지 않은가?

우리가 잘 알듯이, 자식은 부모가 만든(낳는)다. 그러면 부모는 누가 만들(낳을)까? 언뜻 보면 생물학적으로는 조부모와 외조부모가 만든(낳은) 걸로 알겠지만, 사실은 부모는 거꾸로 자식이 만든다. 왜냐하면, 부부가 결혼해서 불로초를 먹고 늙어 죽도록 몇 천 년을 산다고 할지라도, 자식을 낳지 않는다면 그 부부는 결코 부모가 되지 못한다. '부모'란 이름은 '자식'에 대한 '아버지'와 '어머니'를 뜻하는 상대적 관계개념이기 때문이다.

더 나아가서, 인생은 태어나면서 죽을 때까지 끊임없는 학습의 과정인데, 부모가 자식을 양육하고 가르칠 때도 수시로 자식한테 뭔가를 배우고 느끼고 깨닫게 된다. 자식을 부모가 기르며 가르치고 일깨우는 것은 너무도 당연하지만, 사실은 가르치면서 동시에 배우는 게 인간관계의 상대성 원리기 때문이다. 자식한테 배우는 게 전혀 없는 부모라면, 완전히 깨달은 성인 아니면 아주 멍청한 바보천치일 것이다. 심지어 비행과 탈선으로 속 썩이고 애간장 다 태우는 말썽꾸러기 자녀라도, 사실은 그걸 통해 부모를 일깨우고 가르치며 성장시키는 원인과 이유가 있단다. 성현들과 종교수행자 및 참된 교육자들이 한결같이 일깨우는 가르침이다.

『논어』에 보면, 공자도 아들을 멀리했다고 전해진다. (사실은 성인군
자가 아들을 다른 제자와 차별하지 않고 똑같이 가르친 것인데, 아들을
특별히 대우하지 않다 보니, 일반인의 눈으로 볼 때 아들을 멀리했다고
오해한 것이다.) 맹자는 부모 자식 사이엔 혈연의 감정이 앞서기 때문에
객관중립의 합리적 교육이 어려워, 자식은 남과 서로 맞바꾸어 가르치
는 법이라고 말했다. 어쨌든 아버지와 아들 사이에 미묘한 어려움이
있는 건 동서고금을 통해 분명히 확인할 수 있는 사실이다.

이제 부자유친을 부모와 자식 일반으로 확장해보자. 사실 옛날에도
글자는 '부자父子'로 썼지만, 뜻은 '부모 자식'으로 해석하는 게 보통이었
다. 최근까지도 호적에 보면, 아들과 딸을 구분하지 않고 호주와 관계를
'자子'로 표현했는데, 이는 옛날 전통을 따른 관행이다. 『당률』을 비롯한
전통법에서도 그랬다. 다만 아버지와 어머니는 '부모父母'로 따로 일컫
는 경우가 많았지만, 글자를 절제하는 문장 형식에서는 부父로 모母까
지 포함한다.

아버지와 아들 관계는 그렇다고 치고, 어머니의 자식 사랑은 '무조건
헌신'이지 않은가? 그런데 무슨 친근함? 요즘 우리 가정 현실에 비추어
보면 조금 수월하게 이해할 수 있다. 자식도 품에 있을 때가 자식이라던
가? 조금만 크면 밖으로 쏘다니느라 부모의 걱정과 사랑은 안중에도
없다. 그런 부모 자식 사이의 속성상, 특히 자식에게 부모를 좀 의식적으
로 가까이하라는 충고는, 그래서 참으로 인간적이다.

어차피 자식이 크면 대를 물려 또 다른 부모가 되지 않는가? 그게
바로 효도의 출발점이며 본질이기도 하다. 자식은 본디 부모의 사랑
속에 자라다가 떨어져 나가기 마련이다. 개체 독립과 분가를 선언한다.

식물도 동물도 모두 그러하지 않은 종자가 하나도 없다. 생명 번식의 자연법칙이다. 그런데 인간의 가정과 사회는 동물 본능과 자연법칙만으로는 안 되는 조직의 성격 때문에, 독특한 윤리규범(법도 포함)을 형성한 것이다.

한편, 부모 자식 사이에는 직접적인 부담과 갈등도 존재하는 게 사실이다. 요즘은 대학입시를 둘러싸고 부모 자식 사이의 정신적·심리적 긴장이 팽팽히 감돈다. 부모의 자식에 대한 사랑과 기대가 너무 크고 감당하기 버거울 정도로 무겁다. 상당수의 학생 자녀가 성적과 대학진학 문제로 가출하거나 탈선하고, 심지어 병들거나 자살하기까지 한다. 부모나 자녀나 성적과 대학 말만 나오면 서로 과민반응을 보이고 신경전을 벌인다. 부모 자녀 사이에 참된 사랑이 없기 때문이다. 없다기보다는, 현실상 출세제일주의의 사회 가치관에 오염되어 변질해버린 것이다. 세상에서 가장 순수한 부모 사랑마저 세속 욕망의 불길에 시커멓게 타버린 것이다.

물론 옛날에도 과거시험이 있었다. 과거가 집안을 빛내고 신분상승을 꾀할 수 있는 유일한 길이었기에, 과거급제에 대한 부모와 집안의 기대는 엄청나게 컸다. 요즘 고시보다 더 심했으니, 과거를 둘러싼 부모 자식의 긴장과 갈등은 어떠했겠는가? 이런 상황과 분위기에서, 부모 자식 사이에 본래 있어야할 진짜 친근함을 강조하는 것도 당연하지 않은가? 얼마나 합리合理적이고 합정合情적인가? 그래도 고리타분한 봉건윤리로 타도해야 하나?

옛날 골동품이 녹 좀 슬었다고 쓰레기로 내버릴 사람은 씨도 종자도 없다. 틀림없이 갈고 닦아 제 모습을 되찾아 보물로 소중히 간직할 것이다. 그런데 정신적 문화 골동품은, 겉보기에 녹도 심하게 슬고 케케묵어 보잘 것 없다고, 고리타분한 쓰레기로 내팽개친단 말인가? 우리의 정신적 심미안이 고작 그 정도인가?

근대화 과정에, 일제 식민지배 아래서, 그리고 미군정과 6·25 동란을 거치면서, 지금까지 얼마나 수많은 귀중한 문화유물(골동품)이 해외로 빠져나갔는지 모른다. 우리가 미처 그 가치를 알아보지 못하고, 또 우리가 아직 자신과 우리 문화를 스스로 지킬 능력이 없던 틈을 타서! 양인洋人들과 왜인倭人들은 우리보다 먼저 골동품(전통문화유물)의 아름다움과 소중함을 알아차리고 보이는 대로, 닥치는 대로 모조리 약탈해갔다. 물론 중국에서도 인도서도, 세계 각지의 식민지와 미개발 후진국에서도 똑같은 짓을 저질렀다. 이제 우리가 뒤늦게 눈을 뜨고 불법 약탈한 문화유물을 되찾고자 애쓰지만, 성과는 턱없이 미미하다. 둘째라면 서러워할 문화예술의 귀족 프랑스인들도, 병인양요 때 강화도에서 약탈해 간 외규장각 도서 297권을 영구 교환대여 방식으로 반환하겠다고 말한 지 20년이 훌쩍 넘어, 약탈한 지 145년만인 2011년 5월에야 5년마다 갱신하는 일반대여 방식으로 사실상 반환하였단다.

그런데 눈에 보이는 문화유물만 그런 게 아니다. 눈에 보이지 않는 정신문화도 사정은 마찬가지다. 용이 하늘까지 올라가면 후회한다고 하던가? 이미 극도에 달한 서양의 과학기술문명은, 자체 한계를 뛰어넘고 새로운 돌파구를 찾기 위해 동양의 정신문명과 전통문화에 진작부터 눈독을 들여왔다. 뭐 이거야 침탈해 갈 성질도 아니고, 또 그들이 가져간다고 해서 우리에게서 없어지거나 줄어드는 것도 아니다. 그런데 우리는 아직 눈먼 봉사처럼 전통 정신문명의 가치를 제대로 알아보지 못하고 내팽개치고 있다. 다시 서양식으로 가공하고 재포장하여 역수 입하기만 기다리고 있는 셈이다.

하도 양식을 즐겨 먹다 보니 입맛도 어느새 변한 모양이다. 우리의 김치와 된장은 맵고 짜고 시금털털한 곰팡내 나서 이맛살을 찌푸린다. 그리고는 일본이 개조한 기무치와 청국장은 상큼하고 깔끔하고 위생적 이며 간편하다고 비싼 값에 날개 돋친 듯 팔린다. 전통문화와 정신도덕 도 마찬가지다. 김치와 된장으로 토종 분위기 나게 말하면 고리타분한 봉건유물로 들리는 모양이다. 그러다가 기무치와 청국장처럼 외국산 으로 슬쩍 둔갑시켜 서양 이론과 용어로 적당히 재포장하면, '역시 최고야!'라는 감탄을 연발하며 경청할 게 틀림없다.

시대 조류가 그러니, 세계가 하나로 되는 '문명화합'의 길을 굳이 반대하거나 거부할 필요는 없다. 다만 뭐가 어떻게 돌아가고 내막이 어떤지는, 정신 좀 차리고 자각하자는 것이다. 동도서기東道西器니 중체서용中體西用은, 서양문명의 침입을 받은 중국과 우리나라의 선각 자들이 주체 있는 문물 수용을 주창한 표어(슬로건)였다.

그런데 정작 서양과 일본이 이걸 알짜로 써먹고 있다. 그것도 값싼 원료만 수입해다가 그럴듯하게 가공·포장하여 비싼 상품으로 되팔아 먹는 수법처럼! 예컨대 『동의보감』이나 『본초강목』, 또는 인도의 『아 유르베다』에서 전통 약방藥方을 서양의 의약학에서 과학기술로 성분을 분석하고 실험하여 약효를 밝혀낸다. 여기에 자기네 이름을 붙인 다음 추출해 신약을 개발하면, 의약특허로 엄청난 개런티를 붙여 비싼 값에 팔아먹는다. 영국이 인도를 식민지배하면서 목화를 헐값에 사다가 방직하고 옷을 만들어 비싼 값에 팔아먹은 수탈은, 차라리 점잖은 애교에 지나지 않는다. 또 불교나 도교·유교의 정신철학을 현대 심리학과 뇌과학 등의 이론으로 풀이하고 약간의 임상사례를 곁들여 영어로 책을 쓰면, 우리 동양에선 무슨 대단한 최신 연구 성과나 되는 것처럼 비싼 저작권료를 지불하고 번역 출판해 팔아먹는다.

그러니 이걸 보고 울화통이 안 터지게 생겼나? 그렇다고 딱히 우리가 자체 가공·포장할 기술능력이나 의지가 충분한 것도 아닌 듯하고. 어쩌란 말이냐? 우리 현실을! 사실 그래서 씨도 먹히지 않을 어설픈 글이나마 휘갈겨 써보고 있지만. 제발 뜻 있고 능력 있는 똑똑한 인재들이 많이 나서서 이런 걸 좀 해 다오! 이렇게 두 손과 두 발을 싹싹 빈다. _()_ _()_

자식 교육의 제1 원칙: 낳았지만 소유하지 않는다(生而不有)!

말이 옆으로 많이 샜는데, 다시 부자유친으로 되돌아오자. 부모가 자식을 낳아, 목숨까지 바쳐가며 기르고 가르치는 헌신 사랑은, 정말 어떤 종교 신앙 못지않게 위대하고 거룩하다. 그러나 그 방향(목적)과 방법과 정도는 합리적이고 합정合情적으로 조절할 필요가 있다. 그래야 그 희생과 헌신이 명실상부하게 위대하고 거룩한 사랑으로 원만히 성공할 수 있다. 또 부모 자식 사이에 본래 있어야할 참된 친근함도 되찾아 이어갈 수 있다.

우선 부모는 비록 자기 몸의 일부로 자식을 낳았지만(그 은혜는 정말로 천지우주가 다하도록 갚을 수 없을 만큼 절대 무한이다), 그렇다고 자식을 자기의 소유물이나 분신分身 또는 화신化身으로까지 여기지는 말자. 조금 서운하게 들릴지 모르지만, 자식의 영혼(정신)까지 부모가 만들어낸 것은 아니지 않은가? 소유물로 여기면, 자식이 항상 자기 뜻대로 따라주도록 바라기가 쉽다. 또 분신이나 화신으로 생각하면, 부모가 미처 이루지 못한 포부를 자식이 대신 떠맡아 성취하길 기대하게 된다. 그러한 대물림을 통해, 부모는 마음속에 맺힌 한을 풀고 대리만족을 느끼고 싶은 것이다.

물론 그러한 부모의 뜻과 기대가 합리적이고 합정적이면 괜찮다. 게다가 자녀의 적성과 취향에도 들어맞고, 능력과 자질도 감당할 만큼 넉넉하면 오죽 좋겠는가? 나아가 자녀 자신도 착하고 효성스럽게 부모의 뜻에 순응하여 진로를 선택하고 능력을 발휘하면 금상첨화가 될 것이다.

그러나 세상일이 다 그렇듯이, 자녀의 천성과 자질이 어떻게 부모 맘대로 타고난단 말인가? 또 부모의 생각과 기대가 항상 합리적이고 합정적이라는 보장도 없지 않은가? 세속적 가치관과 이기적 욕심에 이끌리기 쉽기 때문이다. 정말로 부모가 자녀를 합리적이고 합정적으로 올바른 길로 솔선수범하여 인도할 때는, 설령 부모의 뜻이 제아무리 완고하더라도, 자녀가 따라가기 마련이다. 사실 그렇지 못하기 때문에, 자녀가 못마땅해 투덜거리고 온갖 구실을 갖다 대며 미꾸라지처럼 빠져나가는 것이다.

물론 법가의 한비자가 노골적으로 꼬집었듯이, 부모가 자식을 낳아 기르면서 나중에 보답을 받고 본전을 뽑으려고 잇속을 셈하는 짓은, 부모로서 아주 좋지 않은 이해타산이다. 부모의 입장에서는 자연계의 동물과 식물처럼 종족 보존 본능의 자연스런 현상으로, 자기 부모에게

서 입은 생육의 은혜를 자식에게 조건 없이 베풂으로써, 부모와 집안친 족과 자연계의 질서에 보답하면 그만인 것이다.

그리고 모든 여건이 다 갖추어지더라도, 자식이 항상 부모 기대만큼 성취하는 것은 아니다. 공자는 아들 백어(伯魚: 본명은 鯉)를 제자들과 똑같이 가르쳤다. 그러나 아들은 공자만큼 훌륭하지 못했고, 아버지보 다 먼저 요절하였다. 또 석가모니 부처님은 아들 라훌라(羅睺羅)를 아내와 함께 출가시켜 가르쳤다. 그러나 라훌라 역시 수행하여 아버지 처럼 성불했다는 소식은 들리지 않는다.

동서고금을 통해 인류 최고로 위대한 스승이라고 일컬어지는 공자와 석가도 아들 교육의 성과가 그러했거늘, 하물며 평범한 일반인이야 어떠하겠는가? 목표와 기대는 높고 야무지게 세우되, 자식에게 억지로 강요하지는 말자는 뜻이다. 과정은 부모의 도리와 정성을 다하되, 결과는 하늘에 맡기고, 너무 집착하지 말자. 그게 부모와 자식 모두를 위해 좋고, 그리고 나라와 인류 모두를 위해 바람직할 테니까. 그러면 부모 자식 사이에 참된 사랑의 정이 저절로 우러나게 되고, 뜻밖의 효과도 나타나기 마련이다.

이러한 이치가 노자가 말한 무위자연無爲自然이고 도道다. 노자가 말한 또 다른 명제로 표현하면 '생이불유生而不有'다. '(자기가) 낳았지만 (자기 것으로) 소유하지는 않는다'는 뜻이다. 얼마나 간결하면서도 심오 한 멋진 말씀인가? 물론 자식에게만 국한하는 말은 아니다. 능력껏 생산한 물건도 자기 소유로 독점하지 않고, 필요한 사람(중생)이 갖다 쓰도록 공유로 내맡기는 이상까지 함축한다. 그게 유가에서 최고 이상 으로 그리는 원시 공동체의 대동大同사회나, 이론상의 순수한 공산사회가 추구하는 궁극 목표다.

한 알의 밀이 땅에 떨어져 썩음으로써 수많은 밀알이 달린 이삭을 영글게 하듯이, 어미는 자식을 낳아 제 피와 살을 밭아가며(밭다: 액체가 바싹 졸아서 말라붙다) 젖먹이고 기르면서 자신의 몸과 생명은 늙어 시들어가는 법이다. 사람도 자식을 낳아 기르면서 보고 느끼는 기쁨으로 만족하고, 그걸 충분한 보상으로 여기면 그만이다. 그게 부모의 도리요, 생이불유生而不有의 자연법칙이다. 이것을 불교에선 무주상無住相의 보시요 자비라고 부른다. 자식이 부모의 은혜에 효도로 직접 보답하고 안하고는 자식의 도리일 따름이다.

그러나 사회경제적인 생산 분배의 측면에서, 전면적인 '생이불유'는 현실상 불가능하거나, 적어도 시기상조다. 물론 마음 맞는 사람끼리 모인 작은 생활공동체(예컨대 간디가 실험한 '아슈람')나 일부 헌신적인 종교수행자나 자선가에게는 넉넉히 가능하겠다. 그러나 일반 가정생활을 하는 대중에게는 아직은 기대하기 무리다. 하지만 적어도 자기 가정 안에서 가장 가깝고 사적인 부모 자식 관계만큼은, 누구든지 '생이불유'의 이상교육을 실험하고, 무위자연의 도를 터득해볼 수 있지 않을까?

진리는 늘 균형조화를 이루려는 중용의 도다. 그래서 과유불급過猶不及인지라, 아무리 좋은 것도 결코 다다익선多多益善이진 못하며, 지나치면 모자라거나 미치지 못함과 같아진다. 사실 부자유친이라고 해서 너무 친밀하게 들러붙어 혈육의 정에 집착하면, 도리어 서로 막대한 피해를 보게 되는 경우가 아주 흔하다. 특히 세계적인 교육열과 삐뚤어진 자식 사랑이 부모의 자기과시욕과 교묘하게 결합할 때, 자녀나 부모에게 모두 그 피해는 치명적이다. 너무 친해서 과잉보호하고, 온실 속의 화초처럼 키우는 자녀양육 문제는, 이미 오래전부터 우리나라의 매우 심각한 사회문제가 되어버렸다.

생이불유의 자연법칙에 따라, 성년의 자립심을 길러주고 본능적인 모정母情과 부정父情을 잘 떼어 독립시키는 게, 자녀 교육 및 성장의 성공을 위해 절대 필요한 자연의 지혜이다. 요즘은 거의 대부분 인공부화기로 병아리를 부화해 아주 보기 드문 풍경이 되었지만, 내가 어릴 적에는 어미닭이 직접 달걀을 품어 병아리를 깨어 키우곤 했다. 병아리가 클 만큼 커서 독립할 때가 되면, 어미닭은 부리로 새끼를 쪼아 멀리 쫓아내며 정을 떼어버리는 모습이 흔하였다. 요즘은 누구나 쉽게 동물왕국의 다큐를 통해 자연계 동물들의 이러한 새끼 양육 풍경을 자주 볼 수 있다.

효도는 혈연상의 종합 사회보장보험: 효자 집안에 효손 난다!

지금까지 부자유친의 부모 쪽 도리와 사랑만 이야기했다. 너무 한쪽으로 치우친 게, 마치 삼강오륜을 변호하기 위해 억지로 끌어다 붙인 견강부회牽强附會가 아닐까 의심할지도 모른다. 이러한 구체 해석은, (노자와 그 후학은 빼고) 옛날 사람들이 적어도 공개로 펼친 적은 거의 없을 것이다. 시대가 얼마나 변했는데, 오륜과 관련한 해석도 새로워지는 것은 당연하지 않은가? 그게 역사철학의 모습이기도 하다. 물론 전혀 근거 없는 자작극도 아니다. 또 부모의 도리만 일방으로 강조하는 것도 아니다.

자식이 부모를 친근히 하는 효도는 이제 말할 차례다. 다만 그 순서상 부모의 사랑이 먼저고, 자식의 효도는 나중에 다루는 것뿐이다. 물론 인간관계는 다른 모든 관계처럼 동시에 상응한다. 예컨대 물리학의 '작용과 반작용의 법칙'에 따르면, 내가 두 손으로 벽을 F라는 크기의 힘으로 밀어붙이면, 벽도 똑같이 F만한 크기의 힘으로 나를 정반대 방향으로 밀어낸다. 이때 내가 밀어붙이는 힘과 벽이 반발하여 밀어내는 힘은, 항상 동시에 작용했다가 동시에 사라진다. 내가 주체가 되어 힘의 투입을 결정하기 때문에, 내가 '먼저' 힘을 작용시키고, 벽이 나중에 반작용한다고 느끼고 표현하는 것뿐이다.

부모와 자식의 관계도, 다른 모든 인간관계와 마찬가지로, 항상 '동시'에 상호 감응하는 관계다. 다만 부모가 결혼해서 자식을 낳고 기르기 시작하기 때문에, 마치 부모가 먼저 친근한 사랑을 주는 것처럼 보일 뿐이다. (불교의 윤회관과 인과론에 따르면, 이것도 동시 상응 관계로 파악한다.) 그러니 부모 쌍방이 서로 좋아해서 결혼하고, 그 결과 자식을 낳아 기르면서 비롯한 부자 관계는, 부모가 먼저 부모로서 도리와 책임을 다해야 하는 게 당연한 순리다.

물론 부모에 반항하고 거역하는 불효자식들이 '부모님, 왜 날 낳으셨나요?'라고 항의하며 책임을 추궁하는 일도 적지 않다. 그러나 자식은, 부모가 자기를 악의로 해치는 범죄의 경우가 아니면, 그러한 패륜의 악담을 결코 입에 담아서는 안 된다. 그런 생각조차 품어서는 안 된다. 부모가 자식을 낳아 기르는 인연이 얼마나 소중하고 그 은혜가 얼마나 막중한데, 함부로 그런 생각과 말을 한단 말인가? 그보다 더 큰 불효도 없으니, 자녀들이여, 절대 입조심하자! 앞으로 절대 부모가 안 될 생각이라면 모르지만, 나중에 자식한테 고스란히 되돌려 받게 된다. 자녀들도 미리 부모 도리를 알아는 두뇌, 그걸로 부모를 괴롭히고 비난하는 구실을 삼아서는 안 된다.

여기서는 부모의 도리가 먼저라는 사실을 솔직히 말하느라, 표현이 좀 노골적이었다. 모든 부모님들은 양해하시기 바란다. 사실 옛날부터 윤리나 예법으로도 부모의 자식 사랑을 자식의 효도보다 먼저 강조하였다. 그리고 자식의 효도도 지금 우리가 오해하는 것처럼 그렇게 절대 맹종을 강요하지 않았다. 이 사실을 있는 그대로 알려, '효도'에 대한 부모의 그릇된 기대나 자식의 막연한 부담을 함께 덜어주고 싶다. 아울러 오륜삼강이나 공자와 유교에 대한 오해와 편견도 크게 풀리기를 기대한다. 이 소식을 전하는 주요 목적이다.

앞서 언급한 것처럼, 순임금 때 백성들을 가르친 오교五敎는 아버지의 의로움과 어머니의 자애로움으로 시작하여, 자식의 효도로 끝나는 순서였다. 또 공자가 꿈속에도 그리던 주공(周公: 주 무왕武王의 동생. 무왕이 죽자 직접 왕권을 장악하라는 주변의 유혹을 뿌리치고, 무왕의 부촉을 잘 받들어 어린 조카인 성왕成王을 보좌하는 길을 택했다. 공자는 그를 매우 존경하여 유가의 성인으로 삼았다.)이 용서 없이 처벌하라고 훈시한 죄악에는, 자식이 부모를 따르지 않아 상심시키는 불효죄와 함께, 부모가 자식을 자애롭게 기르지 않는 학대죄도 나란히 『상서』에 나온다. 순서는 불효가 앞서긴 하지만, 부모의 자식 학대를 엄히 처벌하는 중죄로 규정한 사실이 특히 눈에 띈다.

춘추시대에 들어오면, 나라를 다스리는 여섯 가지 순리 가운데, 부모의 자애와 자식의 효도가 앞뒤로 나온다. 그 뒤 전국시대 유가의 주요 경전에도 마찬가지로 계속 등장한다. 따라서 순자의 제자인 한비자가 법가사상을 집대성하여 천하통일의 통치이념으로 충효 윤리를 맞바꾸어 절대화하기 전까지는, 부모의 사랑이 자식의 효도보다 한결같이 앞섰다.

그러면 이제 자식의 효도 윤리의 허물을 벗기고 본 모습을 밝혀보자. 우선, 현실에서 왜 부모의 사랑은 별로 언급하지 않으면서, 자식의 효도만 유난히 강조하는가? 그 이유는 도대체 뭘까? 그 답은 간단하다. 인간의 정情도 마치 물처럼 위에서 아래로 흐르기 마련이다. 부모가 자식을 기르는 헌신적 사랑은 동물의 본능이고 자연의 존재법칙이다. 따라서 특별한 경우 일부러 거역하지 않는 한, 부모(특히 어머니)가 자식을 내버리는 무자비는 거의 생각할 수 없다. 하긴 요즘은 하도 먹고살기 힘들고 부부간의 갈등이 극심해져, 어미가 자식을 내버리고 떠나는 경우도 적지 않은 모양이다. 말세의 시대상황이 빚어내는 비극인가 보다.

반면, 자식의 부모 봉양은 물을 거슬러 올라가는 것처럼 부자연스럽고, 그만큼 힘들다. 더구나 처자식이 생겨 관심과 애정이 그리로 쏠리게 되면, 부모는 거들떠볼 여유가 별로 없다. 그렇다고 동물세계처럼 정글의 법칙에 맡길 수는 없지 않은가? 자연에 따른다면, 약육강식과 적자생존으로 늙은 부모들은 비참하게 자연히 도태할 수밖에 없다. 인간의 이성과 지혜는 사라지고 혼란과 공포만 가득 찰 것이다. 자식이 크면 부모가 되고, 며느리가 늙으면 시어머니가 된다. 누가 생로병사를 벗어날 수 있겠는가?

그래서 성현이 국가(통치권)와 함께 인륜 예법이라는 인간 특유의 질서를 만든 것이다. 인간은 사회적 동물이고, 사회 있는 곳에 예법이 있다. 부자유친을 포함한 인륜도 예법의 출발에 지나지 않는다. 자식의 효도는 본디 부모에게서 양육 받은 사랑과 은혜에 보답하는 도리다. 빚을 갚는 것이므로, 법률상 채무변제에 해당한다.

그러나 다른 한편으로, 효도는 사회경제상으로 자신의 노후를 위해 미리 믿고 맡기는 투자다. 혈연상의 직계가족을 통해 위에서 아래로 대물려 가는 일종의 계(契: 계약)이고, 노후안심연금 내지 양로보험에 해당한다. 전통사회에서는 오륜을 국가의 기본 예법에 편입하고, 불효죄를 형벌로 처벌까지 했으므로, 예법상 의무적인 강제성 사회보장보험이었던 셈이다. 요즘도 마찬가지로 각종 사회보험을 법률상 필수가입으로 강제하지 않는가?

여기에 부모의 유산을 자식이 물려받는 상속권도 직접 관련한다. 물론 상속권은 부모의 사후 효도인 장례 및 제사와도 교환 관계가 있다. 전통사회는 노후에 대한 국가차원의 사회보장이나 보험제도는 물론, 퇴직금 같은 것도 없었다. 그런 상황에서 가족 내의 효도윤리는 부모의 사랑과 몇 겹의 교환 관계를 맺으며, 나름대로 최고 적합한 사회보장보험 기능까지 수행한 것이다. 얼마나 합리적이고 합정合情적인 지혜의 산물인가?

이렇게 해석하면, 더러 지금은 노후보장 제도와, 특히 국가의 복지정책이 잘되어 있으므로, 더 이상 효도가 필요 없는 것 아니냐고 환호성을 지를 사람이 있을지 모르겠다. 그러나 그렇지는 않다. 사회보장보험 기능이 효도의 본질이나 전부는 아니다. 효도는 세계의 위대한 철인이나 선구적 석학들이 한결같이 부러워하고 찬탄하는 최고의 정신문화이자, 우리만이 아직까지 간직하는 훌륭한 인류도덕이다!

그런데 우리나라에도 현실로는 노부모를 서류상 무의탁 독거노인으로 만들어 기초노령연금을 타먹고 연명하도록, 나라의 복지정책에 완전히 내맡기는 얌체도 적지 않다고 한다. 게다가 민주주의의 좋지 못한 폐단까지 겹쳐, 선거 때만 되면 표심을 사로잡기 위해 오로지 인기몰이로 선심성 복지정책을 남발하고 공약하니, 이 무슨 광란의 질주인가? 몇 년 전 선거 때 뜨거운 감자로 떠올라 시끌벅적했던 '효도법'은 제 모습을 드러내기도 전에 공약空約으로 흐지부지 사라졌었다. 위아래가 각자 눈앞의 이해타산에 눈멀어, 나라와 겨레의 장래는 전혀 염려하지도 않는 것이다.

예로부터 가난 구제는 나라님도 못한다고 했다. 급속한 고령화 사회에 급증하는 노인빈곤을 오로지 나라의 복지예산에 떠맡기면, 그 부담은 누구한테 돌아가는가? 예전에는 보은의 효도로 노부모를 부양하여 사회보장을 가족공동체가 분담했는데, 이제 그걸 통째로 국가에 떠넘기는 것이다.

민법에 엄연히 부양의무를 규정하고 있지만, 아직 우리 노부모들은 자식들에게 억지봉양을 받으려고 법에 강제집행을 하소연하지는 못하는 형편이다. 재산을 일찌감치 자식에게 넘겨주고 홀대받는 천덕꾸러기가 되지 않으면, 그나마 다행으로 현명한 신세대 노인이다. 재산을 유산으로 물려주지 않고, 거주하는 주택을 은행에 맡겨 노령연금을 받아 살고 사후 은행에 넘기라고, 모기지mortgage 제도를 적극 활용하라고 계몽해야 할 형편이다.

20세기 들어 세계의 저명한 현철賢哲이나 석학들이 서양문명의

위기에 직면하면서, 우리 한겨레에게서 세계 인류를 구원할 '동방의
등불(빛)'을 찾고서 부푼 기대로 예찬하였다고 한다. 바로 부모와 노인
을 공경하고 효도하는 전통 가족문화에서 희망의 빛을 발견했다고
한다. 그런데 우리는 도리어 그 값진 전통 효도문화와 가족윤리를
내팽개치고, 서양에서 이미 용도 폐기하고 있는 고독과 소외의 물질문
명과 경제논리를 뒤좇아 가는 것이다. 이 얼마나 한심하고 우스꽝스러
운 광대놀음인가?

지금 법치주의와 물질(황금)만능주의에 빠져, 퇴직금(국민연금)이
나 금융기관의 저축보험에 완전히 의존하는 경향이 강하다. 그러나
많은 서구 자본주의 나라들이 일찍이 겪었던 경제공황이나, 우리가
겪었던 외환위기, 그리고 최근에 크게 불거진 파생금융으로 인한 경제
위기를 보라. 법과 제도로 뒷받침하는 경제금융이라고 해서, 절대
탄탄한 만세반석 위에 올라앉은 것은 결코 아니다.

전부 '신용'이란 미명으로, 제석천帝釋天의 인드라망처럼 서로 물고
물리는 빚더미 위에 얽혀 있는 거품덩이다. 허공의 뜬구름처럼 언제든
지 흩어지고 사라질 수 있다. 그들의 위험은 누가 무엇으로 보장할
것인가? 국가가 국민 혈세로? 그것도 한계가 있다. 국가 자신도 부도날
수 있지 않은가? '신용'이란 미명이 얼마나 신용할 만한지, 경제현실을
한번 살펴보라.

요즘은 불효자를 '먹튀'라고 부른다고 한다. 자본주의, 특히 신자유주
의 풍조가 만연한 새로운 세계경제 질서 속에서, 거대한 다국적 기업이
나 투기자본들이 우리나라 같은 얼빠진 나라들을 만만한 호구(먹잇감)
로 보고, 적대적 기업합영(M&A)이나 주식투기로 제 맘대로 사냥하고

'먹튀'하는 게 다반사다. 그런 현실에서 자식들도 부모에 대해 '먹튀'로 사냥질하는 것은 아닌지? 주위 환경에서, 세상에서 늘상 보고 배우는 게 그런 것뿐이니! 누굴 탓하랴?

부모께 효도하는 게 자신의 노후에 대한 가장 믿기 어렵고 불확실한 투자라고 생각할지 모르지만, 반드시 그런 것도 아니다. (물론 부모를 투자나 거래 대상으로 여기는 계산적 효도는 윤리에도 어긋나고, 이 글의 본래 의도도 결코 아니다. 다만 요즘 자본주의 경제관념에 빗대어 해설하느라, 부득이 취한 방편적 비유에 불과하다. 절대로 오해 없으시길!)

"효자 집안에 효손 난다"는 속담이 있다. 또 "사람 계산이 하늘 계산만 큼 정교하지 못하다(人算不如天算巧.)"는 속담도 있다. 유교나 불교나 기독교 어느 경전을 보아도, 그리고 동서고금의 방대한 역사 기록을 훑어보아도, 진정한 효자는 결코 불행하거나 비참하지 않다. 효성은 하늘을 감동시키고, 인간세상에서도 버림받는 법이 없다. 자, 그러면 이제 효도의 진짜 알맹이를 살펴보자.

김정일의 3년상은 전통 예법에도 없던 가장 긴 효도?

묘하게도 20세기 말 북한에서 왕조시대처럼 김일성-김정일의 부자 세습이 이루어지는 동안, 남한에서는 김영삼 부자 공동통치가 행해졌다. 그리고 21세기에 접어들어 김정일에서 김정은으로 3대 세습이 이루어진 뒤, 남한에선 대권의 격세 유전이 이루어졌다. 최첨단 우주과학 시대에 전통왕조 유풍이 남북에서 나란히 나타난 것도 참 묘한 인연이지만, 그 방법이 왕조시대에도 보기 드물게 독특했던 점도 어안

이 병병할 인연이다. 물론 아직도 세계 각지에는 세습왕제를 채택한
나라가 없지 않다. 그러나 지극한 공평무사를 이념으로 삼는 공산(사회)
주의와 자유 평등을 추구하는 민주주의에서 불거져 나온 돌연변이라,
유난히 눈에 띈다.

옛날 왕조시대에는 왕이 붕어(崩御: 서거)하면 빨리는 이튿날, 늦어
도 장례가 끝나면 태자가 왕위에 즉위했다. 백성을 다스리는 최고
통치권자의 자리를 오래 비워둘 수 없기 때문이다. 그런데 북한의
김정일은 내부 권력 장악과 대외 명분상의 문제로, 이른바 '3년상의
효도'를 내세우며 김일성 주석의 '유훈遺訓통치'를 만 3년 이상 계속했
다. 이른바 '3년상'이 끝난 뒤에도 최고 '주석' 자리는 그대로 비워둔
채 종신토록 국방위원장 직함으로 통치했다. 남북한이 단지 '휴전'
상태임을 새삼 강조하며 비상 전시 체제로 운영한다는 뜻인가?

그런데 김정일이 내세운 '3년상'은 형식상 예법으로도 완전 엉터리
고, 또 실질상 왕도인정王道仁政으로도 터무니없는 명분에 불과하다.
적어도 유림의 원로 유생들이라도 나서서 그 잘못을 일깨워 주었어야
했다. 그런데 아마도 그런 오류 지적이 없었는지, 남한의 언론은 시종일
관 '3년상'으로 불렀다. 그 결과, 지금 거의 모든 국민은 전통 예법상의
3년상이 만 3년인 줄 착각하고 있을 것이다. 실제로 2012년에 고故
노무현 대통령 3주기에 즈음하여, 어떤 측근인사가 '3년상'은 마쳤지만
노대통령을 마음에서 떠나보낼 수 없다는 추도사를 한 걸로 전해졌다.

참으로 어처구니없는 일이다. 아무리 역사 속의 박물관에 처박힐
유물 신세가 되었기로서니, 불과 백년도 안 된 민족의 산 행실과 제도가
그렇게 엉터리로 뒤바뀌다니? 또 그러한 역사 문화의 엄청난 왜곡변질

을 유교의 총본산에서조차 일깨우지도 못하고 바로잡지도 않다니! 이래저래 계속 어처구니없고 황당한 현상만 되풀이한다.

어쩌면 조선시대에 '상복'을 명분으로 당쟁과 숙청을 일삼았던 사대부 유생들의 좋지 않은 꼴이 다시 나타난다는 인상을 꺼려했는지도 모른다. 사실 김정일이 바로 조선 사대부의 '상복'을 명분으로 내세운 것이다. 여기에 잘잘못을 가린다고 비판하고 반박하면, 남북 간의 체제이념 논쟁의 연속으로 비칠 수도 있겠다. 그게 마치 조선시대 조정의 당파싸움과 비슷한 양상을 띨 소지가 다분하다.

그렇다고 당쟁과 체제 비판을 떠나서, 민족문화와 역사 바로 세우기 차원에서라도, 명백한 잘못을 그냥 넘긴 것은 큰 잘못이었다. 유림과 우리 모두가 그 '3년상'이 객관 진실에 맞지 않는 잘못인 줄 몰랐다면, 역사 문화에 대한 무지와 망각은 조상의 빛날 얼에 똥칠한 셈이다. 또 알고도 귀찮아서, 아니면 무관심으로 그냥 지나쳤다면, 이는 문화민족의 후손이라는 긍지에 먹칠한 것이다.

그러면 지금 이런 말을 하는 필자는? 굳이 변명하고 싶지는 않지만, 필자가 당시 대학교수 자리에라도 있었더라면 참으로 정론正論을 제대로 펼쳤을 것이다. 언론이고 매체고 글을 써 투고해도, 우선 어느 '자리'에 있는지 명함부터 묻는 고질병 때문에, 부드럽고 창의성 높은 두뇌를 숨 막히게 짓누른다. 악전고투 끝에 명함 없이 발표한 글이 몇 편 있기는 하지만, 내가 백의의 시민이나 독자 신분으로 논평을 써서 투고하기는, 바위에 달걀 던지는 꼴이랄까? 물론 글재주가 별로 없는 게 가장 주된 요인이리라. 하긴 지금까지 글짓기 대회에서 입선해 본 적도 없으니까.

그렇지만 너무 힘들고 지쳐서, 뇌리에는 지금 모두 눈먼 봉사처럼 터무니없는 거짓말을 떠들어댄다는 의식이 또렷한데도, 말하고 글 쓸 기력과 의욕이 도무지 없었다. 한국의 그 똑똑한 역사학자와 철학자 들은, 왜 내 대신 말 한마디도 안 하는가? 답답하기만 했다. 그렇다고 능력 없어 자리도 못 잡은 주제에, 그 고귀한 교수와 학자들을 훈수할 수도 없고, 또 지식과 명예를 그저 넘겨줄 수도 없고⋯⋯. 결국 '우선은 입 다물고 참으며 때를 기다리자. 태양이 비치는 동안에는 언젠가는 진리와 진실이 훤히 밝혀질 인연이 닿겠지'라고 생각했다.

결론을 말하자면, 옛날의 나이나 기간 계산은 지금 서양처럼 '만수滿 數'식 주기법이 아니라, 기간이 걸친 '햇수'를 모두 세는 '허수虛數'식이 다. 그래서 나이도 태어나면서 한 살을 먹고 나오고 (임신기간을 생명으 로 친다는 해설이 보통임), 심지어 섣달 그믐날 태어나도 그 하루 때문에 예순살이라는 나이를 먹는다. 일제 식민지배 기간도 1910년 한일합방 (8월 28일)부터 1945년 해방(8월 15일)까지 만으로는 13일 모자라는 35년이지만, 우리는 전통문화 관례상 36년으로 부른다.

3년상도 마찬가지다. 돌아가신 날부터 만 2년, 햇수로는 3년, 달수로 는 25개월 만에 탈상脫喪한다. 물론 그 사이 공달(閏月)이 끼면 달수는 하나 더 늘 수도 있다. 또 예론禮論상 27개월로 언급하는 경우도 있다. 그건 보통 벼슬 제한과 관련해 담제禫制로 부르는데, 그렇게까지 자세 히 알아둘 필요는 없다. 그러니 김정일이 대내외로 내세우고, 우리 언론이 그대로 따라 선전해준 3년상은 실제로 4년상인 셈이다.

3년상은 옛날에도 제대로 치른 사람이 별로 없었던 듯하다. 그래서 역사 기록에도, 묘지 옆에 움막 짓고 3년을 지킨 여묘廬墓살이는 지극한 효성으로 꼬박꼬박 적어 칭찬한다. 공자의 제자조차 3년상이 너무 길다고 하소연할 정도였으니까. 그러니 옛날식으로 '3년상'만 치러도 대단한 '효자'인데, 게다가 알고 그랬든 모르고 그랬든 '4년상'을 치렀으니, 김정일이 얼마나 대단한 효자인가? 주례周禮를 제정한 주공周公도 미처 생각하지 못했을 테고, 공자조차 엄두를 못 냈을 것이다. 그러니 수천 년 역사에 전무前無하고, 수만 년 미래에도 후무後無할 지극 효성의 표본이 아닌가?

말이 나온 김에, 그 말 많았던 3년상의 유래나 좀 알아두자. 도가나 묵가·법가를 막론하고 기회만 있으면 유가의 3년상이 너무 길고, 또 장례가 너무 호화 사치스럽다고 후장厚葬을 비난했다. 공자 제자 가운데 말재주 좋고 재정 출납을 담당하던 재아宰我가 볼멘소리로 3년상에 대해 따졌다. 만 1년 만에 탈상하는 기년상期年喪도 충분히 길지 않느냐는 것이었다.

군자가 3년 동안이나 예악을 행하지 않고 놓아두면 반드시 예악이 붕괴할 것이라고, 천하를 염려하는 대의명분을 내세웠다. 게다가 곡식도 1년이면 묵은 게 떨어지고 햇곡식이 나오며, 부싯나무(불씨를 일으키는 나무를 뜻하는데, 계절마다 그 종류가 바뀌며 순환하였음)도 한 해면 불씨를 새로 바꾼다고, 그럴듯한 이치도 곁들였다.

그러자 공자가, "부모님 돌아가신 뒤 3년 동안 흰쌀밥(에 고깃국) 먹고 비단옷 입는 게 너는 편안하냐?" 물었다. 재아가 "편안하다"고 덥석 받아 대꾸하자, 공자는 어처구니없다는 듯이, "네가 편안하면 그렇게 해라"고 말했다. 그리고 재아가 나가자, 공자가 그를 두고 이렇게 탄식했다.

"재아는 참 어질지 못한 녀석이다. 자식이 태어나 3년이 지난 다음에야 부모의 품에서 벗어나기에, (그에 대한 보은답례로 치르는) 3년상은 천하에 보편적인 상례다. 그런데 재아는 태어나서 부모 품에서 3년간 사랑을 받지도 않았단 말인가?"

공자가 재아를 나무란 까닭은, 말재주로 구실을 대어 부모 돌아가심은 모른 척하며, 자기 한 몸 배부르고 따뜻한 안일만 꾀한 속셈이 얄미웠기 때문이리라. 물론 지금 이 대화를 인용해, 공자의 3년상 이론을 정당화하고 다시 3년상을 부활하자는 얘기는 아니다. 다만 상례, 특히 부모에 대해 특별히 길게 치르는 3년상의 연유와 그 정신을 음미해보자는 것이다. 시대가 바뀌었으니 형식 예법과 제도는 바뀔 수 있고, 공자도 이 점은 미리 언급해두었다. 은나라 예법은 하나라 예법을 바탕으로 손익가감損益加減을 거쳐 마련하였다. 또 주나라 예법은 은나라 예법을 바탕으로 손익가감을 거쳐 마련하였다. 마찬가지로, 백대 이후 미래의 예법도 그렇게 기본정신을 바탕으로 외부형식을 손질하고 바꾸는 방식으로 계승 발전할 것이라고 예견했다.

어쨌든, 재아의 그러한 구실과 핑계가 있었기 때문에, 나중에 유가의 예론을 체계적으로 집대성한 순자는 이렇게 설명했다. 본래 만 1년이면 천지만물의 사계변화가 한 바퀴 돌기 때문에, 1주기 상복으로 충분하다. 그러나 부모님의 은혜는 너무 막중하고 지극하기 때문에, 상복기간을 특별히 배로 가중해 연장했다. 그래서 만 2년, 햇수로 3년, 달수로 25개월이라고 설명한다. 그리고 임금도 백성의 부모로서 특별히 가중해 3년상을 치른다고, 새로운 통치이념까지 새로 덧붙이고 있다.

그런데 김정일은 4년상도 과연 정말로 '위대하신 어버이 수령의 은혜'를 못 잊는 지극 효성으로 치른 것일까? 열 길 물속은 알아도, 한 길(치) 사람 속은 모른다는데, 그 깊은 속마음이야 우리가 어떻게 헤아릴 수 있겠는가? 또 어느 누구라도 부모의 죽음에 대한 마음은 슬프고 경건할 것이기 때문에, 개인 차원의 상례와 효성에 대해서는 함부로 왈가왈부 평론해서는 안 된다.

다만 '3년상'의 개념이 경전과 역사의 진실에 맞지 않고, 또 단순한 '개인의 아버지' 차원이 아니라 '인민의 어버이' 차원에서 정치이념을 짙게 가미한 점은, 분명히 짚어볼 필요가 있다. 백성은 헐벗고 굶주림에 허덕이는데, 어쩌면 알면서도 일부러 3년상을 4년상으로까지 연장 변경하면서, 권력승계 기반 다지기에 대의명분으로 악용하지는 않았는지? 그렇게 해서 3년상의 전통 예법과 효도가 또 한 번 정치적으로 오염·왜곡 당하고, 일반인의 관념을 더욱 매스껍게 만든 건 아닌지?

또 통치자로서 진정 '인민의 어버이'로 군림한다면, 백성들을 자식처럼 따뜻이 사랑으로 돌보아야 마땅하다. 순자의 임금에 대한 3년상은 공자의 본래 사상은 아니며, 이미 전국시대 통치 이데올로기를 반영한 이론체계로 등장한 것이다. 군주에 대한 무조건 절대 충성을 자연스레 유도하는 법가이론으로 넘어가는 중간교량 역할을 한 셈이다. 또 모든 황제가 백성들에게 3년상을 요구한 것은 결코 아니다.

진한秦漢 이래 2천 년이 넘는 왕조 역사를 낱낱이 살펴보지는 못해서 자세한 상황은 알 수 없다. 허나 인상 깊게 눈여겨본 기록이 있다. 중국 역사를 통해 가장 태평스러웠다는 시대로, 흔히 '한당성세漢唐盛世'를 일컫는다. 그 가운데서도 한나라의 '문경지치文景之治'와 당태종의 '정관지치貞觀之治'를 특히 손꼽는다. 『정관정요貞觀政要』는 후대 제

왕의 필독서였다고 한다.

한나라 문제(文帝: B.C. 179~B.C. 157 재위)와 경제(景帝: B.C. 156~
B.C. 141 재위)의 치적은 상대적으로 잘 알려져 있지 않은 듯하다.
세월이 워낙 오래된 인물들인 탓도 있다. 허나 이 두 황제는 전국시대와
진시황의 천하통일, 한고조 유방劉邦과 초패왕 항우項羽의 한판 승부에
이르기까지, 오랜 기간 지속한 전쟁과 혼란의 상처를 무위자연의 안식
으로 치유하는 통치에 주안점을 두었다. 한무제나 당태종처럼 왕성한
국력을 바탕으로 대외정벌과 영토 확장을 일삼지 않은 것이다. 그래서
정치적으로 조용하고 무능하게까지 비친 탓이다.

여하튼 3년상과 관련해서, 한나라 문제와 경제의 유언이 참으로
기특하다. "내가 죽거든 상례는 해를 날로 바꾸어 치르되, 능묘는 일부러
새로 산을 만들지 말고 천연 지형을 이용하라." 즉 3년상 대신 3일상으
로 치러, 황제 계승자를 포함한 모든 백성이 사흘 만에 탈상하고,
장례도 되도록 검소하게 치르라고 간곡하고 자상하게 당부한 것이다.
누구의 명령이라고 이 유언을 감히 따르지 않겠는가? 그러니 이 두
황제가 40년 가까이 다스린 생전의 통치는 오죽했겠는가? (한 문제는
죄수의 몸에 칼질하는 육형肉刑을 폐지한 어진 황제다.)

상처는 건들지 않고 가만 놔두면 저절로 아물고 낫는다. 이게 생명체
의 자연치유 능력이다. 사람들이 사는 사회도 마찬가지다. 특히 오랜
전란으로 죽고 다치고 지친 민생은, 좀 편히 쉬라고 가만 놔두면 서서히
회복하기 마련이다. 어설프게 긁으면 부스럼만 생기고, 자칫 종기까지
곪을 수 있다.

사실 북한의 속사정이야 다 알기는 어려워도, 언론 보도와 탈북자

증언에 따르면, 김일성 사망을 전후하여 민생경제가 몹시 어려워졌다는 소식이다. 특히 식량부족으로 말미암은 절대 굶주림이 도를 훨씬 넘은 모양이다. 이 모두가 군사력 증강과 통치력 부족으로 말미암은 어려움일 것이다. 그런데 '어버이 수령'의 죽음에 대해 모든 인민이 옛날 황제보다 더 긴 4년상을 더 엄숙하고 경건하게 치러야 한단 말인가? 시신을 특수 방부 처리하여 미라로 영구 보존하고, 옛 황제의 능보다 더 호화찬란한 궁전을 지어 그 시신을 안치하면서, 모든 백성과 외국 손님에게 산 수령 알현하듯이 수시로 참배시켜야 한단 말인가? 그게 김정일의 진정한 효도이고 인민들의 절대 충성인가?

여기서 우리는, 계급타파와 절대 평등을 주장하는 공산주의 이념이 얼마나 거짓말과 헛소리로 텅 빈 역사의 계곡에 크게 메아리치는지 똑똑히 들을 수 있다. 옛날 황제들의 절대 권력과 통치이념을 빰치면서, 전통 유가 윤리, 특히 3년상의 효도를 얼마나 엄청나게 왜곡하였는가? 노골적인 통치 이데올로기로 둔갑시킨 정치적 저의가 뻔히 보인다. 괘씸하기보다는 차라리 서글프고 안타깝기만 하다.

물을 마시면 샘을 생각한다! - 조상의 음덕

요컨대, 상례와 제례는 부모의 은혜에 대한 보답으로 자식의 도리를 다하는 최소한의 '인간'적인 문화 규범(예법)이다. 짐승에게는 없다. 그래서 효도에서도 살아생전의 봉양 못지않게 사후의 장례와 제사를 중시했다. 자신의 뿌리를 잊지 않고 그 고마움을 항상 마음에 간직하는 기본정신이 상례와 제례다. '물을 마실 때는 그 물이 솟아난 샘을 생각한다(飮水思源)'는 격언도 있지 않은가?

어쨌든, 부모님 은혜를 잊지 않고 추모하는 마음과 정성만 갖춘다면, 상례나 제례의 형식은 크게 중요한 문제는 아닐 것이다. 다만, 제사를 지내는 후손의 편리만 고려할 게 아니라, 받으실 선망先亡 부모님과 조상님이 기뻐하실 방법으로 지내는 것이 요긴하다. 요즘은 각자 귀가 편의를 위해 더러 초저녁이나 심지어 대낮에 지내기도 하는가 보다. 허나 귀신은 밤에 나다니므로, 돌아가신 날의 첫 시간에 모신다는 뜻에서, 전날 밤 자정을 넘어 지내는 것이 본디 전통 예법이다.

상례와 제례의 방식은 집안의 전통이나 종교에 따라, 불교식으로 49재齋와 염불 독경을 해드리거나, 천주교식으로 미사를 보거나, 개신교식으로 기도 예배를 드리거나, 보은과 답례의 효성은 모두 똑같다고 믿는다. 선망 부모님이 기독교 신자로서 기독교식의 미사나 예배로 제사지내길 원했거나 허락한 경우라면 전혀 문제가 없겠다.

하지만 예컨대 독실한 불자나 선비 또는 유생이신 경우에는, 그 문화에 맞춰 장례와 제사를 지내드리는 게 효순孝順한 자녀의 도리라고 생각한다. 공자는 부모님이 돌아가신 뒤 3년상 동안은 부모님의 뜻을 바꾸지 않아야 효자라고 강조했다. 따라서 장례와 처음 몇 년간의 방안제사는 부모님이 생전에 좋아하고 따르시던 방식으로 모시는 게 부모와 자녀 모두에게 좋은 효도일 것이다.

이와 관련해 제법 의미 있는 경험사례 한둘 소개할까 한다. 필자는 교수가 되기 전에 서울서 천인대동서당天人大同書堂을 열어 경전 원전을 강의하면서, 동학同學들을 데리고 동작동 국립서울현충원 순국선열 묘역을 두어 차례 참배한 적이 있었다. 한번은 해질 무렵 고故 박정희·육영수 묘소에 들렀는데, 지관地官 같은 어느 어른이 와서 묘를 둘러보면서, 우리가 청하지도 않았는데 다가와 말씀을 거시는 것이었다. 너무도 뚜렷해 잊히지 않는 이야기의 줄거리는 이랬다.

당시 김대중 대통령 정부의 국정원장이 독립운동가인 할아버지의 음덕이 엄청 커서 대통령 운이 아주 강한데도, 조상님께 제사를 지내지 않고 기독교식으로 예배만 보기 때문에 조상 음덕을 받지 못한다는 것이었다. 그냥 귓가에 스쳐지나가는 이야기로만 들었다. 헌데 정말 얼마 안 되어 원장이 국정원 문서를 외부로 가져나온 사건이 터지면서, 이내 원장직을 사퇴하고 끝내 정계에서 은퇴하고 말았다.

그분은 중국에서 태어나 해방과 함께 임시정부 요인이신 할아버지 손을 잡고 귀국해서, 독립운동자금으로 가산을 탕진한 탓에 육사를 다녔단다. 정치 1번지 종로구에서 다선의원을 지낸 거물급인데, 호남을 배제한 지역구도에 반대하여 김대중에 합류한 양심 바른 분이다. 내 대학 동기생의 아버지인 인연으로, 대학원 시절 공부할 때 남산 자택에서 한번 뵈었다. 대만 유학시절에 친한 벗이 갑작스레 죽었는데, 그분이 아들의 친구 빈소까지 조문 오셔서 두 번째로 뵈었다. 부자父子 모두 아주 후덕한 인품이 인상 깊었다. 민족의 종을 울린다는 염원의 모습을 담은 총선 홍보물을 보고, 대권에도 뜻이 있겠거니 짐작했었는데, 뜻밖에 그런 가족관계와 종교의례가 얽혀있는 줄은 전혀 몰랐었다.

헌데 필자가 전남대 교수가 된 뒤에, 그분이 행정대학원 초청 특강에 오셔서 오랜만에 세 번째로 뵙고 인사드리는데, 그날 아침 조찬기도회에 다녀 광주까지 바쁜 걸음을 하셨다는 이야기를 들었다. 그때 비로소 몇 년 전쯤 국립현충원서 들은 이야기가 결코 빈말이 아니었음을 느끼게

되었다. 그리고 그분이 정말 조상님께 정성껏 예의를 갖춰 제사를
지냈다면, 과연 대한민국 임시정부의 법통을 이은 훌륭한 대통령이
되지 않았을까? 하는 부질없는 기대만 한껏 부풀어 안타까움이 맴돌았
다. 더구나 지난 수년간 무능하고 어지러운 정치현실을 직면할 때마다,
허탈한 실망에 아쉬움만 더했다.

거꾸로 조상께 지극한 정성으로 제례를 받들어 크나큰 음덕을 받는
분도 가까이 있다. 필자의 서울법대 은사이신 송상현 국제형사재판소
장이 그분이다. 동아일보를 짊어지고 항일독립과 민주구국을 위해
일생을 바치신 고하古下 송진우 선생의 손자인 그분은, 매년 어버이날
서울 동작동 국립서울현충원 애국지사묘역에 안장된 할아버지 산소
앞에서, 각계 지인을 초청해 추모제를 경건하게 봉행해 오신다. 필자도
교수가 된 뒤 초청받아 두어 번 참석한 적이 있는데, 바쁜 재판소장직에
도 불구하고 지금도 휴가를 내어 꾸준히 지내신다.

사실 그분은 정말 '인연의 명인'이기도 하다. 내가 석사과정 때 조교를
하면서 세배하러 댁을 두어 번 방문한 적이 있었다. 교수님과 사모님이
깔끔한 한복을 차려입고 환히 웃는 얼굴로 수많은 세배객을 맞이해
떡국을 대접하며 담소하던 모습이 지금도 눈에 선하다. 특히 세계
각지의 지인들한테 온 수백 통의 연하장을 온 집안에 전시한 장관이
퍽 인상 깊었다.

그런데 박사과정 때 대만 유학 가서 몇 은사님께 연하장을 보냈는데,
그분은 곧바로 손수 답장을 보내셨다. 그뿐 아니라 이듬해는 내가
연하장을 보내기도 전에 먼저 격려의 연하장을 보내오신 것이다! 참으
로 생각지 못한 감동이었다. 그러한 지극 정성으로 국제형사재판소

창설 재판관이 되고, 연임하며 재판소장까지 맡으신 것이라고 믿는다.

사실 그분은 서울대 총장에 낙선하신 경험이 있는데, 환갑 때 필자가 한시漢詩로 축하하며 하늘이 더 큰 사명을 내리기 위해 아끼셨을 거라고 위로 드렸다. 근데 얼마 안 되어 정말 국제형사재판소 창설 멤버에 선임된 것이다. 위인은 고향서 대접받지 못하는 걸까?

또 하나, 아주 평범하지만 가장 가까운 친족의 실례를 들고 싶다. 우리 집안은 할아버지가 3대독자라 자손이 귀하다고 5남 1녀를 두셨다. 근데 큰아버지가 딸만 내리 다섯을 낳은 뒤 늦게 아들 하나를 두어, 맏종형從兄이 둘째나 셋째 큰아버지의 맏이보다 나이가 어렸다. 그래서 딸은 빼고도 종형제만 17인이나 되는 집안에서 명절이나 제사를 지낼라 치면, 종가宗家의 나이어린 종손宗孫이 주제主祭하고 손위 종형從兄들 이 뒤에서 따라야 했다. 그러다 보니 선산先山 같은 크고 작은 집안일에 의견 차이로 이따금 불화도 일었다. 산업화·도시화 이후에는 종형제들 이 대부분 서울로 흩어져 집안일로 모이는 일도 드물어졌다.

헌데도 종손인 종형은 4대에 걸쳐 아홉 내지 열 분의 제사를 한 분도 빠짐없이 따로따로(합사合祀하지 않고) 지내왔다. 설·추석명절의 차례까지 매해 한 번도 거르지 않고 손수 제수祭需를 장만해 꼬박꼬박 정성껏 받들었다. 그 많은 종형제가 하나도 참석하지 않고 전화 한 통 없어도, 불평불만 없이 혼자 묵묵히 종손의 도리와 예의만 잘 지켜왔 다. 더 기특한 일은, 부창부수夫唱婦隨라더니 천생연분처럼 그 형수도 군소리 한마디 않고 귀찮은 마음 없이 잘 시봉한 점이다.

그 결과 어쨌다는 것인가? 우리 17종형제 중 중학을 제대로 나온 사람은 나를 비롯해 셋뿐이다. 종손인 종형은 겨우 초등학교 나온

학력으로 야무지게 서울 도봉구(우이동)에서 2선 구의원을 지내고, 이제는 귀향해 세상 신간 편한 노년을 보내고 있다. 종형제 중에는 기업체 회장도 있고(이분도 자기 부모에 대한 효성이 아주 지극하다), 미국 이민자와 고엽제전우회 간부도 있다. 그 가운데 종손의 2남 2녀 자식 농사가 단연코 으뜸으로 잘 풀린 것이다. 나는 이것이 4대 조상 봉사奉祀를 지성으로 해온 공로로 조상의 음덕을 듬뿍 받은 결과라고 믿는다.

이런 이야기를 하면, 요즘 젊은이들은 아마도 호랑이 담배 피우던 시절 귀신 씨나락 까먹는 소리쯤으로 여길지 모르겠다. 스마트폰과 인터넷·네비게이션 등 최첨단 과학기술문명으로 옛날 도인보다 신통이 더욱 자유자재한 시대니, 도깨비불 같은 이야기가 씨가 먹히겠는가? 허나 요즘 같이 과학이 판치는 개명천지에도, 공식(陽)으로는 무당이나 점쟁이·지관을 미신으로 무시하지만, 실제 정치경제 현실에서 속(陰)으로는 거의 그들의 지배를 받는다고 한다. 김대중 후보도 막판에는 선산을 하의도에서 용인인가 명당자리 찾아 옮기고 나서 대통령에 당선되었다는 소문이 자자하였다. 그러자 대쪽 대법관 출신으로 평판이 높았던 어느 후보도 선산을 이장하고 마음이 편안하다며 대권에 자신감을 보인 적이 있었다. 그 밖에 자잘한 이야기야 천지에 널려 있으니 굳이 말할 필요가 있을까?

조상의 음덕을 받길 원한다면 한번쯤 귀담아들을 만한 이야기다. 부모·조부모 없이 내가 어떻게 태어날 수 있었을까? 사람이 3차원 세상(陽界)은 정복하여 제멋대로 지배할지 모르지만, 4차원의 세계(陰界)는 천지신명과 귀신의 소관이다. 의술과학이 그토록 발달했어도 병과 죽음을 정복하기는커녕, 제대로 알지도 못하지 않은가? 3차원은 4차원의 그림자 내지 표피에 지나지 않는다. 4차원에서 조금만 꿈틀거려도, 3차원에서는 엄청난 파동과 폭풍이 칠 수 있다. 그래서 음계가 평안해야 양계도 평온하다고 한다.

더러는 자기네 조상들이 하도 보잘것없고 형편없어, 기댈 언덕이 전혀 되지 않는다고 아예 포기할지도 모른다. 그렇다면 오히려 그분들이 음계에서 평안하시도록 적선공덕을 짓고 기도해야 한다. 남산골샌님이 원님 붙여줄 능력은 없어도 뗄 재주는 있다고 한다. 귀신도 도움은 못주어도 서운함을 품어 해코지할 수는 있단다. 어쨌든, 이제 우리 사회도 장례나 제례의 종교의식으로 인한 가정불화나 반목비난이 더 이상 생기지 않으면 좋겠다.

김영삼의 효도는 대통령 당선과 IMF 위기의 장본인?

이야기가 옆으로 많이 샜는데, 다시 본 줄거리로 돌아와 보자. 그러면 북한에서 부자 세습이 이루어지는 동안, 남한에서 부자 공동통치가 공공연히 행해진 현상은 어떠한가? 김영삼 재임 시절 이미 큰 사회문제로 떠올라, '자식 잘못 둔 죄'를 국민 앞에 십여 차례 연발했던 사과담화문이 지금도 귀에 생생하다. 옛날 황태자(조선의 왕세자)보다도 훨씬 막강한 권력을 무소불위無所不爲로 휘둘러, '소통령'이란 별칭이 생길 정도였다. 사실 옛날에도 임금이 세자에게 국정을 맡기는 경우가 더러 있었다. 임금이 너무 연로하고 세자가 충분히 성장한 경우, 세자에게 대리 청정聽政을 맡기기도 하고, 이성계처럼 아예 왕위를 물려주고 은퇴한 사례도 있지 않은가?

하지만 전통 왕조시대에도 세자가 왕과 '함께' 나라를 다스린 적은 없다고 해도 지나친 말이 아니다. 옛날 사람들은 하늘에 두 해가 있을 수 없고, 집안에 두 아버지가 있을 수 없듯이, 나라에도 두 임금이 있을 수 없다고 믿었다. 그래서 퇴임 후 정치적 발언을 삼가지 않은 노무현을 이명박이 핍박했나 보다! 심지어 한 나라에 수도에 버금갈 만한 큰 도성(都城, 도시)이 있어도 안 된다. 세력이 커져 임금의 수도에 대적할 수 있기 때문이다.

여하튼, 뭐든지 최고는 하나뿐이며, 또 유일무이한 존재라야 최고의 권위를 가지고 전체를 안정시킬 수 있다고 믿었다. 그래서 같은 혈육 간에도 최고 권력에 좀 도전하거나 위협이 되면 가차 없이 제거하는, 그런 피비린내 나는 음모와 암투, 심지어 공공연한 권력투쟁이 동서고 금의 역사에 끊임없이 점철해온 것이다.(2013년 12월 12일 김정은이 고모부 장성택을 전격 처형한 사건도 그러할 것이다.)

이런 전통적인 권력 관념으로 보면, 김영삼이 아들에게 막강한 권력을 사실상 휘두를 수 있도록 허용 내지 묵인(방임)한 것은 커다란 실정失政이었다. OECD 억지 가입 후, 곧장 국가부도 위기에 봉착하고 IMF 구제금융 체제로 들어가게 된 원인의 하나일 수 있다. 아들의 권력 남용과 함께, 비록 직접은 아니지만, 결국 관련될 수밖에 없는 또 하나의 중대한 요인은, 바로 김영삼의 속 좁은 소아小我적 효도다.

한 사람의 인품과 도덕은 행위 결과로만 평가할 수는 없다. 동기와 목적이 선량하지만, 결과는 좀 안 좋을 수도 있기 때문이다. 그러나 그 사람의 능력만큼은 단지 결과만으로도 너끈히 평가할 수 있다.

더구나 우리가 철저한 인과응보의 법칙을 믿고 엄격히 적용한다면, 결과가 원인을 그대로 대변한다고 볼 수 있다. 물론 눈앞의 결과가 세속의 눈에 좋게 보인다고 해서 반드시 그게 정말 훌륭한 성과이고, 그 원인과 동기도 선량하다고 말할 수만은 없다.

김영삼을 지지하고 대통령으로 뽑아준 사람들조차도, IMF로 초라하고 불쌍하게 퇴임하는 그를 동정하거나 연민하는 사람은, 당시에 별로 없었던 것 같다. 우선 당장 분노와 비난과 냉대가 대세였으니까. 믿는 도끼에 발등 찍힌 배신감에 대한 분노, 그렇게 무능하고 깨끗하지 못한 이를 지지하고 대통령으로 뽑았던 자신의 믿음과 안목에 대한 분노가 안팎으로 뒤범벅이 되었을 것이다. 그러면 그토록 무능하고, 또 별로 도덕적이지도 못한 김영삼이 어떻게 대통령이 되고, 결국 IMF를 불러들였을까?

그 원인에 대한 분석과 평가는 다양한 관점에서 있을 수 있고, 또 실제로 지금까지 많은 시도가 이루어졌을 것이다. 나는 나름대로 조금 엉뚱하고 독특하게 전통 윤리의 관점에서 이 문제를 생각해보았다. 그건 한마디로 "김영삼의 시골 노부께 대한 지극한 효성 때문이 아닐까?"라고 감히 말하고 싶다.

김영삼이 대통령이 된 가장 중요한 원인은, 정치 9단이라는 뛰어난 정치력이나, 야합이라는 비난을 감수하면서까지 3당 합당에 끼어든 권모술수나, 남의 말을 경청하는 큰 귀와, 인사가 만사라는 넓은 포용력이라기보다는, 차라리 하루도 거르지 않고 매일 아침 눈뜨면서 시골 늙은 아버님께 문안전화를 드려왔다는 '지극한 효성' 때문이라고 나는 믿는다. '지성이면 감천'이라고, 그 효성의 공덕이 그토록 원하던 대통령

자리에 오르게 한 것이다. 물론 전생에 충분히 공덕을 쌓은 바탕 위에서, 금생에 수많은 정치시련을 통해 민주화 운동에 헌신한 공로가 보태져 가능한 일이겠지만!

역사상 순舜임금은 눈먼 고집쟁이 아버지와 뺑덕어미 뺨치는 계모를 지극히 받든 효성으로 유명하다. 근데 그 지극효성으로 말미암아 요堯임금이 순舜을 발탁하여 천자의 자리를 선양禪讓한 고사는 더욱 유명하다. 물론 요즘 사람들은 이러한 견해에 쉽게 동의하기 어려울지 모른다. 인과관계가 분명하지 않아서 비과학적이고 미신적이라고 비판하는 사람들이 있을 것 같다.

세상에 김영삼 말고도 수많은 효자들이 있으며, 또한 효자가 아닌데도 고위직에 오르는 상당수의 사람들이 있을 것이기 때문이다. 효도는 옳기 때문에 하는 것이지, 효도가 자신의 출세에 도움이 되기 때문에 하는 것도 아니다. 그런데 이 지극한 효성이 또 바로 IMF를 초래한 주범이라니, 정말 무슨 뚱딴지같은 잠꼬대인가? 이렇게 의아스럽게 고개를 갸우뚱거릴 분이 틀림없이 적지 않을 것이다.

확실히 "효도는 모든 덕행의 으뜸이다." 이 격언과 김영삼의 효성을 부정하여, 성현의 가르침을 비방하는 극악무도한 죄인이 되고 싶지는 않다. 내가 무슨 유교 신자나 효도 신자라서 그런 게 아니다. 유불선과 기독교의 구약(모세)·신약(예수)을 포함한 모든 종교철학(경전)은 한결같이 부모에 대한 효도를 최고으뜸의 윤리도덕으로 가르친다. 이들 성현과 경전 모두를 감히 한꺼번에 부정할 엄두는 도저히 나지 않는다. '설마가 사람 잡는다'고는 하지만, 설마 모든 종교의 성현들이 천상에서부터 미리 짜고 내려와, 한결같은 거짓말로 서로 다른 시대와 지역에서 수많은 대중들을 교묘하게 속였겠는가?

효도가 절대 선량한 복덕의 씨앗이고 지상 명령임은 확신한다. 다만 효도의 방법과 종류·차원이 시대와 장소와 민족에 따라 달라질 수 있을 뿐이다. 또 각 가정 상황과 개인의 신분·능력에 따라 천차만별일 수 있다는 다양성을 염두에 두고, 각자 자기에게 가장 적합한 효도를 실천하면 된다. 이렇게 말하면 너무 포괄적이고 당연한 일반론이 되고 말 수도 있다. 그러나 사실이 그렇지 아니한가?

말하자면 일반 월급쟁이 서민의 효도와, 나라를 다스리는 대통령이나 장관의 효도는, 서로 다를 수밖에 없고, 또 달라야 한다. 보통 서민이야 옛날처럼 혼정신성昏定晨省을 한다면, 참말이지 그런 효자가 없을 것이다. 저녁에 잠자리에 들기 전에 편안히 주무시라고 문안인사 드리고, 아침에 눈뜨자마자 부모님께 편안히 주무셨는지 문안인사 드리는 것이다. 요즘 세상에 이삼일에 한 번씩만 해도 그 효성이 천지를 진동할 것이다. 더구나 시골에 계신 부모께 안부전화를 매일 꼬박꼬박 드린다면 오죽하겠는가?

그러나 국민을 위해 봉사하는 공직자는 다르다. 나라를 다스리는 일은 어렵고 힘들 뿐만 아니라, 중요하고 시급한 일이 언제든지 닥칠 수 있다. 그런 때는 근무시간 외에도 개인의 사정을 밀쳐 두고 공적인 일을 먼저 챙겨야 한다. 또 남들 노는 명절이나 공휴일에도 유난히 눈코 뜰 새 없이 바쁜 공직자가 얼마나 많은가? 지공무사至公無私까지는 아니더라도(기대 불가능할 것임), 적어도 선공후사先公後私의 마음가짐은 모든 공직자가 지녀야 할 필수 선결요건이다.

옛날에는 일반 백성들도 나랏일부터 염려했다. 맹자에 보면, 옛날

정전법井田法 시대에 나라에서 땅을 '우물 정井'자로 9등분하여, 바깥
둘레의 8필지를 여덟 농가에 지어먹으라고 주었다고 한다. 이것이
사전私田인데, 조건이 하나 있다. 말하자면 나라 살림을 위해 세금
내는 일이다. 그러나 지금처럼 돈(화폐)으로 내는 게 아니라 현물로
낸다. 그것도 직접 납부가 아니라 간접 납부다. 자기가 농사지어 수확한
곡물의 1할(고대)내지 2할(후대 세율이 점차 높아짐)을 덜어내는 게 아니
다. 여덟 농가가 각자 자기 농사를 지으면서, '우물 정井'자 한복판에
떼어놓은 땅을 공동으로 경작하여, 거기서 생산한 곡식을 여덟 농가의
세금으로 고스란히 나라에 바치는 것이다. 이것이 정전법이고, 한 가운
데 땅은 공전公田이다.

그런데 중국에서 가장 오래된 민요와 조정 음악의 가사를 모아 놓은
문학작품집인 『시경』의 '소아小雅'편에는, 당시 농사짓는 모습을 그린
'대전大田'이라는 시가 있다. 여기에 이런 구절이 나온다.

"구름 뭉게뭉게 일어 촉촉이 단비를 뿌리네.
우리 공전公田부터 적신 다음 우리 사전私田도 적셔 주소."

얼마나 감동적이고 눈시울 적실 나라 사랑인가? 예로부터 나라를
위해서는 일반 백성도 선공후사가 자발적이든 타율적이든 당연한 공중
도덕이었던 것이다. 사실 동서고금을 막론하고 국가재정을 위한 조세는
국민의 기본의무다. 체납 때나 파산의 경우에도 다른 어떤 명목보다
우선 징수하는 게 원칙이다. 그렇다면 그렇게 선공후사의 의무로 강제
징수한 세금을 직접 먹고 쓰며 사는 공직자들은 더더욱 선공후사의

윤리를 지켜야 당연하지 않을까? 국가재정의 집행뿐만 아니라, 개인 생활의 언행도 선공후사를 솔선수범해 실천해야 마땅하다.

대통령은 아침 잠자리에서 일어날 때부터 저녁 잠자리에 들 때까지 오로지 '국가와 민족'만을 화두로 붙들어야 한다. 공휴일과 명절 때도 이 화두가 뇌리에서 떠날 수 없다. 심지어 잠들어 꿈속에서조차 오매불망寤寐不忘 오로지 일편단심 나라와 겨레 사랑이어야 한다. 그래도 오히려 모자랄 판이다. 그런데 엉뚱하게도 매일 아침 눈 뜨자마자 시골 아버지께 문안전화 거는 일부터 시작한단 말인가? 아무리 효성이 지극하다지만, 이는 개인의 집안일이고 사사로운 인정이다. 청와대의 대통령이 할 공무가 아니다.

물론 민주 법치 국가에서 대통령도 사생활이 있고, 오전 9시에 공무집행을 개시하기 전에는 개인의 자유시간이라고 주장할지 모른다. 만약 그렇게 공사公私를 엄격히 구분하겠다면, 감히 여쭙고 싶은 질문이 있다. 그렇게 공사가 엄격한 분이 국교 금지와 종교 평등의 헌법 정신은 아랑곳하지 않고, 개인적인 종교 신앙생활을 위해 교직자를 청와대까지 불러들였단 말인가? 집무시간 밖의 활동비용도 판공비로 국가가 지불한다면, 그 행위 자체가 국가민족을 위한 공무여야 함은 당연하다.

그걸 떠나서, 대통령은 아침에 일어나면 차분히 마음을 가라앉히고 명상이나 기도 하듯이, 그날 하루와 앞으로 펼쳐질 국사를 생각하고 설계해야 한다. "하루 계획은 새벽에 세우고, 한 해 계획은 정초(봄)에 세운다"는 격언도 있지 않은가? 매일 아침 아버지께 문안인사를 드리건 드리지 않건, 그것이 효도의 본질은 아니다.

다만 공직자로서 가장 큰 효도는 나라와 국민을 위해 온 힘을 다하는

것이다. 가장 소중한 새벽 시간과 가장 맑은 새벽 정신을 가지고 ,나라와
겨레를 위해 기도하고 염원하였더라면, 얼마나 큰 효도였을까? 그것도
매일같이. 물론 집안 단속을 잘하지 못했고(아들의 권력 남용) 종교
평등의 헌법 정신을 위배하는 등 공과 사를 구분하지 못했기 때문에,
결과적으로 경제위기를 초래한 점은 분명하다.

김영삼을 비난하거나 그 효성을 헐뜯기 위해 지껄이는 말이 아니다.
요즘 유교와 충효 윤리가 부당하게 매도당하는 현실을 보고, 가만히
침묵할 수가 없었다. 그래서 공자가 말하는 효도의 본 모습을 알리려다
보니, 그만 누구에게나 잘 알려진 대표 사례를 거론한 것뿐이다. 아울러
대통령과 기타 주요 공직의 성격을 나름대로 밝혀, 현직과 미래의
공직 지망자들에게 필요한 마음가짐과 공직윤리도 당부하기 위해서다.

대통령과 공직자의 참된 큰 효도

맹자가 전하는 바에 따르면, 우禹임금은 순舜임금의 신하로서 치수治水
사업을 맡았을 때, 홍수로 범람하는 황하 물줄기를 (햇수로) 9년이나
다스렸다고 한다. 그런데 9년 동안 자기 집 문 앞을 겨우 세 번 밖에
못 지났으며, 그것도 집안에 들어간 적은 한 번도 없었단다. 또 『상서』의
무일無逸편은, 후대 임금에게 안일에 빠지지 말라고 경고하기 위해
역대 훌륭한 임금들의 모범 통치 사례를 기록한 것이다. 여기에 보면,
주나라 문왕文王은 아침부터 해가 중천에 걸릴 때까지 밥 먹을 틈조차
없이 백성들을 돌보았다고 한다. 유람이나 사냥질은 감히 엄두도 못
내면서 50년간 어진 정치를 열심히 펼쳐, 아들 무왕武王이 은나라를

대신하여 천하를 얻도록 창업의 기반을 튼튼히 다졌다.

그러면 이들 성왕은, 부모는 거들떠보지도 않고 밖으로만 정신을 판 불효자란 말인가? 결코 그렇지 않다. 그들은 부모에 대한 진정한 효성에서 출발하여, 백성 사랑의 어진 정치를 펼치고, 국가 민족의 대업을 다졌다. 그런 위대한 치적으로 만세 뒤까지 공덕과 명예가 크게 빛나니, 이보다 더 큰 효도가 어디 있겠는가?

그래서 공자도 문왕의 효도를 극구 칭송하였고, 우임금에 대해서는 감히 끼어들어 흠잡을 수조차 없다고 찬탄했다. 우임금은 스스로 거친 음식을 먹으면서도, 귀신(천지신명·조상신 포함)께 효성을 다했다. 자신은 남루한 의복을 입으면서도, 예복은 정성껏 아름답게 꾸몄다. 또 자신이 거처하는 궁궐은 초라하게 지었으면서, 백성들이 농사짓는 물도랑을 파는 데 힘을 다했다. (요즘 지자체마다 엄청난 빚더미 속에서도 호화판 청사 신축과 온갖 화사한 축제로 말썽이 많다. 빛 좋은 개살구와 속빈 강정처럼, 외화내빈外華內貧의 지방자치행정은 참으로 한심한 불효 불충이다!) 자신을 내버리고, 부모와 처자식조차 잊고, 오직 나라와 백성과 사직(신명)을 위해 모든 걸 바친 것이다. 이것이 바로 최고 통치자의 효도이자 직책이다.

『효경孝經』에서도 "부모를 섬김에 사랑과 공경을 다하여, 그 덕과 교화가 백성에까지 미치고, 천하의 모범이 되는 것이 천자의 효도다"고 말한다. 나라와 겨레라는 대아를 위해서는, 자신과 집안이라는 소아를 아예 잊거나, 적어도 뒤로 밀쳐두는 희생정신이, 대통령과 주요 공직자 들에게 가장 필요한 기본 자질이다. 멸사봉공滅私奉公까지 요구할 순 없겠지만, 적어도 선공후사先公後私는 기대해도 좋은 것 아닌가? 서양 선진국에서는 노블리스 오블리제noblesse oblige가 존귀한 신분과 권력에 따르는 당연한 도의로 굳게 자리 잡지 않았는가!

일찍이 공자는 정치를 묻는 제자(子夏)에게, "욕심을 성급하게 부리지 말고, 작은 이익에 눈을 돌리지 말라"고 일깨웠다. "욕심이 성급하면 이를 수 없고, 작은 이익에 눈이 어두우면 큰일을 이룰 수 없다"는 이유였다. 또 "작은 것을 참지 못하면 큰 계획을 망친다"고 경고했다. 이른바 소탐대실小貪大失이랄까? 작은 효도가 큰 효도를 망칠 수 있는 유혹의 함정이 된다는 일깨움이리라!

또 공자는 군자와 소인을 자질과 아량의 크기로 나누었다. 즉 군자는 자잘하게 알아서는 안 되고, 크게 받아들일 수 있어야 한다. 반면, 소인은 크게 받아들일 도량이 못 되고, 그저 자잘하게 알 뿐이다.

효도에도 크고 작은 차이가 있다. 국민들과 후세 역사가 한결같이 "아, 누구 아들이 대통령 하더니, 나라 부강하게 발전하고 국민들 참 잘살았더라!"고 칭송한다면, 그보다 더 큰 효도가 또 있을까? 반대로 "아, 누구 자식 안될 걸 억지로 대통령 되더니, 결국 나라 망치고 백성들 못살게 굴었더라!"고 손가락질한다면 어떻겠는가? 대통령에 취임할 때는 그보다 더 큰 효도가 없는 듯 보이겠지만, 대통령을 마칠 때나 마친 뒤에는 그보다 더 큰 불효가 또 없을 것이다.

'대大'통령은 적어도 뭐가 크고 작은지는 분간할 줄 알고, 또 진짜 큰 것을 선택해야 한다. 공자의 정치관을 보나 효도관을 보나, 대통령(임금)이 선택할 큰 길은 너무도 뚜렷하다. 자신과 가족의 작은 인정人情을 참고, 나라와 겨레를 위한 큰 도의道義를 도모해야 한다. 내 아버지부터 찾는 작은 효도가, 내 아들 두둔하는 사랑으로 이어지다 보니, 결국 큰 도의를 잊고 국가 대사를 그르치게 된 것이다. (다른 전직 대통령들의 그릇된 맹목적 자식 사랑은 뒤에 따로 간추려 언급하겠다.)

또한 IMF 금융위기를 불러들인 경제적 요인도 내 아들, 내 식구, 내 핏줄을 앞세우는 기업들의 족벌체제가 그 주범이 되지 않았던가? 정치·경제·사회의 부정부패와 위기혼란의 주된 원인 가운데, 혈연중심의 가족주의 정실情實이 큰 비중을 차지한다. 그것은 그릇된 가족 관념일 뿐이며, 공자나 유가가 말한 올바른 효도와 가족윤리는 결코 아니다.

속담에 "아비가 설령 도둑이라도, 자식에게 도둑질하지 말라고 가르친다"는 말이 있다. 인간의 본성이 선량하고 또 부모의 자식 사랑이 그만큼 순수하고 올바르다는 뜻이겠다. 이러한 보편성을 전제로 해서, 자식의 부모에 대한 순종이 효도로 인정받고 스스로 정당화할 수 있다. 따라서 부모의 자식 사랑이 순수성과 정직성을 잃으면, 자식의 부모에 대한 효도도 문제가 생긴다.

예컨대 우리 사회에서 발생한 끔찍한 패륜 사건들을 생각해보자. (흔히 자식이 부모를 해하는 죄악을 '패륜悖倫'이라고 하는데, 부모가 자식을 해치는 무자비도 인륜을 저버린다는 뜻에서 역시 '패륜'이다.) 집안 살림이 몹시 쪼들린다고, 아들 명의로 상해보험을 여러 개 든 뒤, 아들에게 손가락이 잘리면 잘 먹고 잘살 수 있다고 꾀어 손가락을 잘랐다. 강도가 들어 뺏어갈 게 없자 아들 손가락을 잘라갔다고 신고한 비정非情의 아비가 있었다. 또 열 살 남짓의 초등학생 딸을, 아비가 이웃 머슴애들과 함께 상습으로 성폭행을 해온 사건 보도도 있었다.

옛날에도 먹고살기 어려워 자녀를 팔거나 내버리는 부모가 있긴

했지만, 요즘 세상에 참으로 믿기지 않는 일이다. 물론 철없는 어린애들을 상대로 한 철없는 부모의 늑대 짓이므로, 애들의 의사와는 전혀 관계가 없고, 효도의 당위성 문제도 따지기는 어렵다. 다만 이해의 편의상 비유를 든 것뿐이다.

만약 철 있고 판단 능력 있는 성년의 자녀가 이러한 상황을 당한 경우에도, 효도라는 명목으로 부모의 뜻에 순종해야 할까? 누구에게 물어도 고개를 가로저을 것이다. 그러면 공자와 유교의 효윤리는 무조건 절대 맹종을 요구했을까? 물론 결코 아니다. 이제 부모의 사랑과 자식의 효도가 상대성 쌍방 윤리임을 상기하면서, 효도의 비맹목성을 살펴봄으로써 부자유친의 효를 마무리하고자 한다.

천리天理와 인정人情을 아우른 참된 효도

맹의자孟懿子라는 사람이 효가 무어냐고 묻자, 공자는 "거스름이 없는 것"이라고 대답했다. 그리고는 좀 우직한 제자 번지樊遲가 마차 모는 시중을 들 때, 공자는 그 문답 내용을 번지한테 일러주었다. 번지가 그게 무슨 뜻이냐고 묻자, 공자는 "살아 계실 때는 예로써 섬기고, 돌아가신 뒤에는 예로써 장사 지내고 예로써 제사 지내는 것"이라고 답했다. 우직한 번지와 다른 제자들이 '거스름 없다'는 말을 무조건 절대 순종으로 오해할까 염려해, 스스로 미리 해명한 가르침이다.

『논어』를 비롯한 유가 경전에서는, 부모의 뜻을 받드는 정신상 효도가 육신을 시중하는 물질상 봉양보다 훨씬 중요하다고 거듭 강조한다. 예컨대 공자는 당시 봉양을 효도로 생각하는 관념을 지적하면서, 개나 말도 봉양할 줄 아는데(이는 개나 말이 주인에게 봉사한다는 견마지로犬馬 之勞라는 해석과, 사람이 개나 말을 사육한다는 해석으로 갈린다), 공경심이 따르지 않는다면 무얼로 구별하겠느냐고 힐난했다. 또 자식이 수고로 운 일을 도맡아 하고, 술과 음식은 먼저 부모께 바치는 게 진정한 효도냐고 꾸짖었다. 마음과 정성을 다해 기색氣色으로 섬기는 효도가 정말 어렵다는 것이다.(원문의 '색난色難'은 자식이 부모의 기색을 살펴 모심이 어렵다는 해석과, 자식이 부드럽고 기쁜 기색으로 모심이 어렵다는 해석으로 나뉜다. 헌데 최근 필자의 기발한 영감으로는, 효도함에 여색이 가장 곤란한 장애가 된다는 뜻으로 풀이해도 괜찮을 듯하다.)

또 맹자도 음식만 주고 사랑을 주지 않으면 돼지를 기르는 것이고, 사랑만 주고 공경을 바치지 않으면 애완동물 기르는 것이라고 꼬집는 다. 따라서 부모를 섬기는 효도도 입과 몸을 봉양(養口體)하는 물질에 있지 않고, 그 뜻을 봉양(養志)하는 정성에 있음을 강조한다.

물론 『당률』을 비롯한 전통법에서도 부모님께 봉양을 소홀히 하면 불효죄로 엄히 처벌(『당률』의 경우 징역 2년)한다. 그러나 형편이 넉넉 한데도 일부러 봉양하지 않는 자만, 그것도 부모가 고소해야 비로소 논죄한다. 이는 효도가 물질상의 풍요에 있지 않고, 하찮은 음식이라도 그걸 바치는 기쁜 마음과 정성에 있다는 뜻이다. 이를 부모의 뜻에 무조건 절대 복종하라는 의미로 확대 해석하면 안 된다.

그래서 맹자는 부모에 대한 상반적 감정을 노래한 두 시에 대해 이렇게 해석한다. 부모의 작은 허물을 자식이 원망하면, 개인의 격정이 기 때문에 불효다. 하지만 부모의 허물이 큰데도 자식이 원망하지 않으면, 이는 무관심한 방관이기 때문에 역시 불효라고! 부모의 잘못이 대수롭지 않을 때는 이를 이해하고 참아야 한다. 허나 워낙 큰 경우에도 덮어놓고 그 뜻에 순종하면, 오히려 부모를 내팽개치는 불효가 된다. 부모를 섬김에 은근하고 완곡한 간언을 여쭙되, 부모께서 듣지 않으시면 더욱 공경스럽게 거스름 없이 간언하며 수고를 아끼지 말라고 한 공자의 가르침도 바로 그런 뜻이다.

순자는 한 걸음 더 나아가, 세속의 효도와 우애는 작은 행실이고, 의롭지 못한 임금과 부모의 뜻에 맹종하지 않고 도덕과 의리에 따르는 것이 큰 행실이라고 규정한다. 아울러 효자가 부모의 명령에 순종하지 않는 세 가지 경우를 든다. 순종하여 부모가 위태로워지거나 치욕스러워지거나 야만인(짐승 같은 사람)이 되는 경우에는, 그 뜻에 결코 따르지 말아야 한다. 바꿔 말하면, 복종하지 않아야 부모가 편안해지고 영예스러워지며 문화인이 되는 경우에는, 부모의 뜻을 거슬러야 한다고 강력히 주문한다.

그래서 『효경』에서는, 부모의 잘못을 보고 간언하고 다툴 수 있는 자식이 하나만 있으면, 그 부모는 평생 불의나 죄악에 빠지지 않는다고 강조한다. 따라서 부모의 큰 잘못을 보면 자식은 간언해야 한다. 만약 간언하지 않고 그대로 놔두거나 순종하여 부모를 죄악에 이르게 하면 정말 크나큰 불효가 된다.

요컨대, 자식은 원칙상 부모의 뜻을 잘 살피고 받들어 행해야 한다. 하지만 그 뜻과 명령이 부당하고 불합리한 경우에는, 도덕과 의리로써 간언해야 진정 큰 효도다. 흔히 효孝에 도道를 붙여 '효도孝道'라고 부르는 것도 이러한 의미 때문이다. 그래서 큰 뜻을 세우고 도덕을 실행하여 후세에 명예를 날림으로써 부모를 영광스럽게 하는 것이,

가장 위대한 효의 궁극 완성이 되는 것이다.

이만하면 효도가 얼마나 합리적이고 합정적인 윤리규범인가? 그래도 효도를 가부장적 봉건유물이라고 매도할 텐가? 자! 이제 더 이상 무지와 오해·편견에 틀어박혀 있지 말고, 전통문화와 효 윤리에 새로운 눈을 뜨자. 물론 시대에 뒤떨어지고 맞지 않는 구체적 예절과 제도는 과감히 청산해도 좋다. 오직 싱싱하고 건강한 전통 윤리의 정신을 이어받아, 새 시대에 맞는 새로운 문화 규범을 꽃피우자. 그것이 우리 세대의 역사적 사명이 아니겠는가?

그러면 공자가 부모 자식 사이에 서로 죄를 숨겨주는 것도 정직이라고 말한 뜻은 과연 무엇일까? 한번은 섭공葉公이 공자한테, 자기네 정직한 사람은 아버지가 남의 양을 슬쩍하면 아들이 이를 고발한다고 자랑했다. 그러자 공자는 이렇게 대꾸했다. "우리 문하의 정직한 사람은 그와 다릅니다. 부모가 자식을 숨겨주고 자식이 부모를 숨겨주는데, 그 가운데 정직이 있습니다!" 여기서 섭공의 입장은 효도의 인정人情보다 국법에 충성할 것을 주장하는 법가사상을 대변한다. 실제로 한비자도 이 논쟁에 끼어들어 유가를 혹독하게 비판한다.

결국 이 문제는 충성과 효도의 이념 대립에 말려든 셈이다. 하지만 공자의 본의는 법에 대해 인정의 숨통을 터 준 것에 불과하다. 엄격한 원칙에 예외를 인정한 변통이다. 위 사례에서 문제된 행위는, 남의 양을 적극 훔친 절도(盜)가 아니라, 자기 울타리 안에 들어온 양을 돌려주지 않고 몰래 슬쩍한 얌체 짓(攘)이다. 즉 맹자가 말한 '작은 허물'이기 때문에, 원망하거나 고발하면 불효가 된다는 뜻이다.

만약 적극 훔친 절도나 강도라면 '큰 허물'이기 때문에, 원망하고 말리고 시정해야 효도가 될 것이다. 공자가 직접 언급은 안 했지만, 그 내심의 의사와『맹자』및『예기』의 언론을 종합하면, 그럴 것이라고 해석하는 것이 맞겠다. 물론 꼭 사직당국에 고발까지 해야 한다는 뜻은 아니다. 그 점에서 법가사상과 구별된다.

그런데 유감스럽게도, 후대 율령에서는 공자의 본래 의도를 상당히 부풀려 과대 포장하였다. 그 결과, 부모 자식 사이뿐만 아니라, 상복을 입는 일정 범위의 친족의 범죄행위는, 원칙상 숨겨주거나 달아나도록 도와주는 걸 허용한다. 국법의 권위와 형사정책을 상당히 후퇴시킨 것이다. 게다가 그러한 친족의 범죄를 고발하지 못하도록 금지하였다. 친족의 고발은 오히려 더 무거운 범죄로 규정한 것이다.

이는 물론 친족 간의 인정을 감안한 국법의 양보다. 하지만 사실은 효도를 장려해 충성을 요구하려는 통치이념(이데올로기)의 정책이었다. 그래서 임금과 황실(사직)을 위협하는 불충죄에는, 이러한 은닉 도피도 허용하지 않고, 오히려 적극 고발하도록 명령한다. 결국 효도를 장려한다는 통치이념에서 공자(유가)의 사상을 부풀려 내세우고, 충성을 위협할 만큼 지나친 경우엔 법가이론을 적용한 것이다.

따라서 부모 자식 사이의 범죄 은닉에 대한 공자의 정직 관념과, 그 역사적 수용 및 변천 과정을 제대로 살펴보고, 그로 인한 오해나 의문을 풀어야 하리라. 아울러 전통법문화의 외유내법外儒內法이나 양유음법陽儒陰法 정신도 눈여겨볼 필요가 있다. 안으로는 법가의 군주론으로 심지 박고, 겉으로는 유가의 효 윤리로 포장한 표리부동한 특색 말이다. 법가의 현실론과 유가의 이상론을 적절히 타협시킨 것이다. 다른 관점에서 보면, 전통은 인정人情과 천리天理의 중용 조화를 궁극의 이상으로 삼았다고 특징지을 수 있다.

대의멸친大義滅親: 위대한 정의는 친족도 멸한다!*

세습 왕조의 유풍遺風이 아직 완전히 가시지 않은 탓인지, 해방 이래 우리나라에는 줄곧 최고 지도층의 친인척 비리와 권력 남용의 추문이 끊이지 않고 있다. 북한에서는 40여 년의 1인 독재에 이어, 부자 세습을 거듭하여 3대 세습이라는 봉건전통을 재현하였다. 그 과정에서 온 인민은 기아에 허덕이는 가운데, 남북한 정치적·군사적 대결위기만 험상궂게 물결친다.

그런가 하면 남한에서는 신군부 독재에서 문민정부로 정권이 이양된 뒤에도, 군사정권에서 찾아볼 수 없던 온갖 권력형 비리가 공공연히 저질러졌다. 김영삼 정부 때는 아들이 소통령으로 행세하고, 고질적인 정경유착의 전형인 한보사건까지 불거져 나와, 국가의 정치·사회·경제를 송두리째 뒤흔들었다. 김대중 정부 시절에도 아들이 권력형 비리로 감옥에 들어갔고, 노무현 정부 때는 형님이 비리로 수감되었다.

갈수록 태산이라고, 잃어버린 10년을 외치며 청와대에 입성한 이명박 정권은 '소통정부'를 내세웠지만, 명실상반하게도 완전 고집불통으로 명박산성을 쌓으며, 미국산 광우병소고기 수입파동으로 전대미문의 촛불시위를 초래하였다. '각하! 네이밍(naming)이 잘못 되었습니다!'

---

* 이 꼭지는 본디 IMF 직전에 터진 당시 김영삼 대통령의 아들 소통령의 권력남용 사건과 한보사건에 즈음해 적어 발표한 시론인데, 1997년 4월 22일에 적은 초고를 바탕으로 다듬고 보충 손질해 덧붙인다.

라는, 간신의 재치 있는 아첨 덕분에 '대운하'를 '4대강 살리기'로 극적으로 '눈 가리고 아웅'하였다. 문수 스님의 소신燒身 공양과 법정 스님의 통탄스런 입적에도 아랑곳하지 않고, 대운하를 전제로 4대강 사업을 강행해 22조원을 강물에 모래성 파기로 퍼붓고, 대자연의 젖줄을 멋대로 파헤치고 유린하였다.

만사'형兄'통과 '최'고로 고분고분 '시중'드는 시녀를 내세워, 끝까지 철권鐵拳을 휘두르고 언론을 장악하기 위해 최후까지 처절히 발악하였다. 그 결과 형님과 '시중'과 아첨한 간신은 퇴임 전에 감옥에 들어갔는데, 또 특사로 풀어주었다. (철권鐵拳은 본디 전두환이 쿠데타로 등장할 때 미국의 시사주간지 'Times'인지 'Newsweek'의 표지에 사진과 함께 'Cheon's Iron Gloves'란 표제어로 실린 단어다. 당시 카투사KATUSA에 근무하던 친구가 가져 나온 원본에서 직접 보았다.)

민주화의 물결이 도도하던 1980년 말에, 12.12 내란으로 군사쿠데타를 일으켜 정권을 잡은 신군부 출신 전두환과 노태우는, 여러 재벌기업한테 천문학적 정치자금을 강요해 챙겼다. 둘은 문민정부 때 역사바로세우기 명분으로 사법심판을 받고, 죄형과 함께 불법자금의 추징을 선고받았다. 허나 그들은 자손만대 부를 세습하기 위해 교묘히 자금세탁하고 은닉·증여 등의 편법과 불법으로 미꾸라지처럼 법망을 피해왔다. 그러다가 박근혜 정권이 들어서면서, 정국 전환을 위한 '국민의 이목 돌리기' 전술을 펼치는 듯, 갑자기 전두환 특별법 개정에 따라 미추징금 추징을 위한 일가 재산 파헤치기가 대대로 벌어져, 그렇게 끄떡 않고 버티던 철권도 사실상 항복한 형편이다.

세계 각지에서 속속 일어나는 각종 천재지변과 전란의 소식은, 차라리 인간적인 동정과 연민이라도 얻을 수 있다. 하지만 자기 내부의 윤리도덕 타락과 비리부패로 인한 인재人災와 사회경제 위기는, 세인의 조소와 손가락질밖에 더 받을 것이 없다. 어쩌면 요즘이야말로 단군 이래 한민족이 봉착한 최대 최고의 존망存亡 위기인지도 모른다.

(그러나 사실 전통 철학사상에 따르면, 홍수·가뭄·무더위·추위·태풍 같은 천재지변도 '민심은 천심'이라는 천인감응天人感應 내지 천인합일의 동시성 원리의 규율 아래, 인간 사회의 실정失政과 그로 인한 민원民怨으로 비롯한다고 본다. 예컨대 역성혁명으로 주나라를 세운 무왕이 은나라의 현인 기자箕子에게 천하통치의 방도를 간곡히 자문하자, 기자箕子는 조선으로 옮겨오기 직전에 마지막으로 아홉 가지 왕도정치의 방도를 전해주었다. 그 '홍범구주洪範九疇'에 따르면, 정치가 광란에 빠지면 집중호우로 물난리가 잦고, 참람하면 가뭄이 심하며, 안일하고 향락에 빠지면 무더위에 허덕이고, 조급하고 촉박하면 강추위가 찾아오며, 어리석으면 태풍이 잦다고 일깨운다. 사실 심각한 기후변화의 온갖 원인도 모두 인간의 탐욕과 무지로 인한 실정失政 및 난개발 등이 아니겠는가?)

아무리 국가 민족에 무관심한 개인주의자라도, 자신의 생활 안정까지 위협하는 풍전등화의 현실 속에서는, 한겨레 운명 공동체의 현재와 미래에 대해 걱정하지 않을 수 없을 것이다. 그렇다고 특정 개인과 계층에 대한 불평과 비판만 너도나도 앞 다투어 일삼는다면, 자칫 별 소득도 얻지 못한 채 책임 회피와 전가로 국민의 불신만 키우고, 국가 위기상황을 더욱 장기적으로 악화시킬 것이다. 물론 진실을 밝히지 않고 모든 책임을 역사(평가)에 맡긴 채 적당히 덮어두려는 고식적 미봉책은 더욱 위험한 발상이다. 시대도 다르고 국민 의식 수준도

상당히 높아진 만큼, 당사자를 비롯한 전 국민이 솔직한 고백과 진심
어린 반성참회로, 슬기로운 해결 방책을 진지하게 고민하고 강구해야
할 것이다.

이러한 국가적 권력형 비리사건들을 어떻게 처리하고 얼마만큼 철저
히 해결하느냐에 따라, 21세기 통일 한국의 장래 청사진이 크게 달라질
것이다. 따라서 소아小我적이고 근시안적인 악습을 구태의연하게 되풀
이하지 말고, 거시적 대아大我의 차원에서 공평하고 광명정대하게
결단하고 혁신하는 용기와 슬기를 발휘해야 한다. 이러한 맥락에서
필자는, 사태를 발본색원할 수 있는 해결 방안의 모색에 도움이 될
만한 의미심장한 역사 귀감 두어 사례를 소개해볼까 한다.

중국 춘추시대 직전에, 위衛나라 장공莊公에게 총애하는 궁녀로부터
낳은 주우州吁라는 왕자가 있었다. 그는 태자가 아니면서도 총애를
믿고 사병私兵을 모아 거느리며 활개를 쳤다. 장공이 전혀 금하지
않자, 왕비는 후환을 염려해 그를 매우 꺼리며 싫어하였다. 이때 대신
석작石碏이 간언하였다.

"신하가 듣잡건대, 자식을 사랑함에는 의롭고 방정方正한 도덕으로
가르쳐, 사악함에 빠지는 일이 없도록 해야 합니다. 교만·사치·음란·
안일은 사악함이 비롯하는 근원인데, 이 네 가지가 생겨나는 것은
모두 지나친 총애와 방관 때문입니다. 장차 서자인 주우를 군주로
세우겠다고 결정했다면 그만이지만, 만약 그렇지 않다면 이는 환란의
계단을 쌓도록 내버려두는 일입니다.

무릇 총애를 받으면서도 교만하지 않거나, 교만하면서 자신을 낮추거나, 자신이 낮아진 후에 원한을 품지 않거나, 원한을 품고서도 자신을 절제할 줄 아는 자는, 지극히 드뭅니다. 또한 비천한 자가 고귀한 자를 방해하고, 젊은이가 웃어른을 능멸하며, 혈연이 소원疏遠한 자가 친근한 자를 대신하고, 새 사람이 본래 있던 사람을 쫓아내며, 소인이 대인을 능가하고, 음란한 자가 정의로운 이를 파괴하는 것은, 여섯 가지 거역(六逆)이라고 일컫습니다.

반면 군주가 정의롭고 신하는 복종하며, 부모는 자애롭고 자식은 효성스러우며, 형은 우애하고 아우는 공경하는 것은, 여섯 가지 순리(六順)라고 부릅니다. 순리를 배척하고 거역을 본받는 것은 재앙을 재촉하는 지름길입니다. 백성을 통치하는 군주는 마땅히 재앙을 힘써 없애야 하는데도, 도리어 이를 부추긴다면 이는 참으로 안 될 일입니다."

그런데 장공은 이 충간을 듣지 않았다. 석작은 자기 아들 석후石厚가 주우와 함께 어울리는 것을 금지했으나, 이 또한 어쩔 수 없었다. 이에 장공이 죽고 태자 환공桓公이 즉위하자, 석작은 환란을 예견하여, 늙었다는 핑계로 사직하고 물러났다.

환공 16년(魯 隱公 4년, B.C. 719)에 이르러, 마침내 주우가 환공을 시해하고 스스로 즉위하였다. 그러나 민심이 따라주지 않자, 그 부하인 석후가 자기 아버지 석작에게 민심수습과 사회안정 방책方策을 여쭈었다. 기회를 기다리던 석작은 마침내 때가 왔다고 판단하고, "주周 천자天子를 알현하고 조공을 바친 뒤, 천자의 승인을 얻으면 된다"고 자연스럽

게 대답하였다. 아들이 다시 천자 알현의 구체 방법을 묻자, 석작은
일부러 고무적인 대답을 들려주었다.

"진陳나라 환공桓公이 바야흐로 천자의 총애를 한 몸에 받고 있다.
진나라와 위나라는 전통 우호 관계가 돈독하니, 만약 진나라를 방문하
여 환공께 함께 회동하도록 간청하면 반드시 성원을 얻을 것이다."

이에 석후가 주우에게 이 방책을 보고하고, 직접 그를 수행하여
진나라 방문 길에 올랐다. 이때 석작은 사신을 급히 진나라에 보내
이 사실을 알리고 이렇게 부탁하였다.

"위나라가 지금 중대한 환란에 봉착해 있는데, 국력은 미약하며 소인은
늙고 힘이 없어서 어떻게 해볼 도리가 없습니다. 지금 귀국 방문 길에
오른 이 두 사람은 실로 저희 군주를 시해한 역적이오니, 이 기회를
잘 도모해 주시도록 감히 청하옵니다."

진나라 환공은 석작의 협조 요청에 응하여 그 두 사람을 붙잡은
뒤, 위나라에 스스로 와서 처리하라고 통지했다. 위나라 조정에서는
사신을 파견해 주우를 즉각 처형했고, 석작도 자기 가신家臣을 보내
아들 석후를 진나라에서 살해했다. 이에 『춘추좌전』을 기록한 역사가
는 그의 순수한 우국충정과 공평무사한 정의감을 극구 칭송하였다.

"석작은 충순忠純한 신하로다. 주우를 혐오하여, 마침내 그와 한패인

자기 아들 석후까지 함께 처형했구나. 옛말에 '위대한 정의는 친족도 죽인다(大義滅親)'고 하더니, 바로 이런 경우를 두고 일컫는 것이리라!"

여기에 인용한 '대의멸친大義滅親'은 오랜 역사 전통을 지닌 격언임을 알 수 있다. 위에서 소개한 내용은 다분히 정치적인 내란 사건이다. 이와 달리 순수하게 법률 재판의 차원에서 사법司法 정의를 주제로 '대의멸친'을 몸소 실행한 역사 사례도 적지 않다. 위의 사건보다 2백 년쯤 지난 뒤, 역시 『춘추좌전』 노魯나라 소공昭公 14년(B.C. 528)의 기록에는 다음과 같은 내용이 전해진다.

춘추시대 진晉나라에서 형후邢侯와 옹자雍子가 전답의 경계를 둘러싸고 서로 다투었다. 오래도록 풀리지 않아, 마침내 소송으로 번졌다. 때마침 담당 법관(理官)인 사경백士景伯이 초楚나라에 가고 없어서, 숙향叔向의 동생인 숙어叔魚가 법관 임무를 대리하게 되었다. 그런데 한선자韓宣子가 이전에 당해 소송을 맡아 옹자가 잘못했다고 선고한 적이 있었다. 허나 이번에는 옹자가 자기 딸을 대리 법관인 숙어에게 뇌물로 바치자, 숙어가 옹자의 편을 들어 형후가 잘못했다고 판결했다. 이에 형후가 노하여 숙어와 옹자를 조정에서 살해해버렸다. 그러자 한선자가 이 사건을 어떻게 처리할지 고민하다가, 그 죄책과 형벌을 숙향한테 문의하였다. 숙향은 다음과 같이 답변하였다.

"세 사람이 모두 같은 죄에 해당하니, 산 자는 처형하고 이미 죽은 자는 육시(戮屍: 시체를 다시 처형하는 이른바 부관참시)함이 마땅하다.

옹자는 자신의 죄책을 스스로 알면서 여색의 뇌물로써 정직(直: 승소)을 매수하였다. 숙어는 뇌물을 받고 진실과 다르게 오판誤判하여 소송을 팔아먹었다.(鬻獄) 형후는 국가 공권력을 무시하고 임의로 살인을 자행하였다. 그러니 세 사람의 죄악이 모두 똑같다.

자기가 실제로는 추악하면서 미명美名을 약탈하여 시비곡직을 전도시키는 짓은 혼미(昏)라고 한다. 뇌물을 탐하여 관직의 청렴 윤리를 파괴하는 짓은 먹탕(墨: 먹은 검고 더럽다는 뜻에서, 예로부터 탐관오리貪官汚吏의 상징으로 비유하고, 도적의 얼굴에 먹물로 자자刺字하는 묵형墨刑을 시행함.)이라고 부른다. 국가 공권력을 무시하고 거리낌 없이 살인을 자행하는 짓은 도적(賊)이라고 일컫는다.

하서(夏書: 夏나라의 역사기록)에 이르기를 '혼미와 먹탕과 도적은 각기 사형에 처한다'고 규정하였다. 이는 하나라 대법관인 고요皐陶가 제정한 형법이니, 여기에 따라 시행하는 것이 좋겠다."

이에 형후는 사형에 처하고, 옹자와 숙어는 저잣거리(市)에서 육시에 처했다. 이 사건에 대해 공자는 또 이러한 평론을 적고 있다.

"숙향이야말로 고인古人의 정직한 유풍을 간직한 선비다. 나라를 다스리고 형법을 시행함에 혈친血親에게도 숨김(隱: 눈감아 줌)이 없도다. 세 번이나 아우의 죄악을 거론하며, 조금도 덜어주지 않고 오직 의義로 말미암아 행하였으니, 참으로 정직(直)하다고 일컬을 지어다!

첫째, 평구平丘의 회맹會盟에서 그가 부린 재물 욕심을 책망함으로써 위衛나라의 부담을 덜어주어, 진晉나라가 포악(暴)하지 않게 되었다.

둘째, 노魯나라의 계손季孫을 귀환시킴에 그 속임수를 일컬음으로써 노나라의 걱정을 덜어주어, 진나라가 가혹(虐)하지 않게 되었다.

셋째, 형후의 쟁송사건에서 그 탐욕을 언급함으로써 국법(刑法)을 바로잡아, 진나라가 편협한 당파에 빠지지 않게 되었다.

더욱이 세 번의 언론으로 세 가지 죄악을 없애고 국가의 이익을 세 차례나 증대시켰으며, 친아우를 육시의 형벌에 처하여 그 명예가 더욱 영광스러워졌다. 그러니 참으로 대의大義를 실행하였도다!"

지금까지 인용한 두 고사는 모두 유가의 기본 경전인 『춘추좌전』에 나온다. '대의멸친'이 '대의명분大義名分'을 중시하는 유가의 중요한 사상임을 알 수 있다. 허나 이러한 사상은 단지 유가에게만 국한한 독점적 특허품이 아니다. 오히려 당시 제자백가에 널리 통하던 일종의 보편진리였다. 『여씨춘추』의 거사(去私: 사사로움을 없앰)편에는 묵가의 유명한 일화가 전해진다.

진秦에 거주하는 묵가墨家의 수령인 복돈腹䵍의 아들이 살인을 저질렀다. 혜왕惠王은 복돈의 나이가 많고 다른 아들도 없는 정상을 참작해, 법관에게 처형하지 말라고 명령했다. 그리고 이 사실을 복돈에게 알리고 자기 뜻을 들어 달라고 제안하였다. 허나 복돈은 이렇게 대답했다.

"묵가의 법에는 '살인한 자는 사형에 처하고, 상해한 자는 형벌에 처한다'는 규정이 있습니다. 이는 인명살상을 금지하기 위한 것입니다. 무릇 인명살상을 금지하는 것은 천하의 대의大義입니다. 왕이 비록 특별히 사면을 베풀어 법관으로 하여금 처형하지 못하도록 분부하셨다고 해도, 복돈은 저희 묵가의 법을 시행하지 않을 수 없습니다."

그리고 혜왕의 요청을 허락하지 않은 채, 마침내 자기 아들을 처형하였다. 이에 대해 『여씨춘추』의 역사가는 또 다음 같은 평론으로 높이 칭송하고 있다.

"자식이란 사람의 가장 가까운 혈육이다. 혈육의 사사로운 감정을 참고 대의를 실행하다니, 정말 묵가의 대가인 복돈은 '공'정公正하다고 일컬을 만하다."

물론 법을 제정하여 공포한 군주도 그 법을 지켜야 한다고 주장하는 법가法家에게, 이러한 '대의멸친'은 지극히 당연한 논리적 귀결이다. 특히 법가의 집대성자인 한비자韓非子는 몇 가지 역사 실례들을 들어, "위대한 법은 혈친도 주륙한다(大法誅親)"라는 유명한 명제를 제창하였다. 요堯임금의 아들 단주丹朱, 순舜임금의 아들 상균商均, 상商나라의 태갑太甲, 무왕武王의 아우 관숙管叔과 채숙蔡叔 등은 모두 성왕의 혈친이다. 그런데도 그들이 끝내 패가망신의 처형을 면하지 못한 것은, 한결같이 법을 파괴하여 국가와 백성에게 큰 해악을 끼쳤기 때문이라고 한비자는 역설한다.

역사가 전하는 몇몇 구체 사건은 다소 극단적인 특별한 예외라고 여길 수도 있다. 허지만 대의大義와 대법大法은 아무리 친근한 혈육의 정情도 봐주지 않는다는 원칙만은 분명한 역사철학의 정신이다. 이 사례들은 유가·묵가·법가의 철학사상에 공통으로 일관하는 전통을 실증하는 것이다. 특히 혈연의 인정人情과 윤리를 중시하는 유가의 가족주의 도덕관념에서조차도, 대의를 위해서는 혈친 감정을 단호히 끊어버린다는 철학사상이 눈에 띄게 두드러진다.

다만 무위자연을 종지로 내세우고 피세避世의 성향이 짙은 도가道家의 경우, 이러한 구체 사례는 직접 거론하지 않는 듯하다. 그러나 다소 관점을 달리하여, '대의멸친'보다 더 근본적인 명제를 도덕 차원에서 언급하는 사실이 눈에 띈다.

노자 『도덕경』에는 "하늘(자연)의 도는 사사로이 친함이 없으며, 항상 착한 사람에게 더불어 준다"는 명제가 나온다. '대의멸친'이나 '대법주친'이 인간 사회의 가치론 관점에서 주장하는 당위규범이라면, 노자의 이 명제는 자연세계의 인식론·관점에서 관찰하는 존재법칙의 모습을 띤다. 그러나 양자의 실질적 함의含義는 서로 통하며, 오히려 서로 안팎 관계에 있다고 보는 편이 나을 것이다.

이와 비슷한 사상은 유가의 경전이자 춘추시대의 역사서인 『좌전左傳』과 『국어國語』에도 나온다. "높으신 하늘은 사사로이 친함이 없이, 오직 덕 있는 자를 도와준다." 또 "하늘의 도는 사사로이 친함이 없이, 오직 덕 있는 자에게 내려준다."

한나라 사마천은 흉노에 투항한 이릉李陵을 변론한 죄로 궁형宮刑을 받았는데, 정의正義가 도리어 핍박당하는 현실에 울분을 머금고 울먹이며, 바로 노자의 이 구절을 화두 삼아 불후의 명작 『사기史記』를 저술한 걸로 유명하다.

물론 시대가 달라지고 가치관도 상당히 바뀐 현대사회에서, 이러한 이념이 문자 그대로 이루어지기를 기대하기는 다소 무리일 것이다.

그러나 시대와 지역·민족·문화를 초월하여 보편으로 타당한 절대 진리가 있다면, 거기에는 위에서 소개한 '대의大義'나 '대법大法' 또는 '천도天道'가 당연히 들어갈 것이다.

다만 구체적인 실현 방법과 정도만 시대정신에 따라 다소 달라질 수 있다. 모든 국민은 어떠한 신분과 지위를 막론하고 '법 앞에 평등하다'는 법치주의 헌법 정신은 어떤가? 바로 고대의 '대의' '대법' '천도'가 실현하고자 지향했던 '공평무사公平無私'의 이념을 그대로 계승하는 사상 전통이 아니겠는가?!

최고 권력층의 그릇된 자식 사랑이 빚어낸 교육·군사 제도의 왜곡

사실 우리나라 해방 반세기의 현대사는, 비록 자유민주주의 헌법의 이름으로 '법 앞의 평등'이라는 대의명분을 표방했지만, 실제로는 갖가지 부정비리의 특혜로 얼룩져왔다. 최고 권력층이나 그를 둘러싼 부유층과 특권층의 자녀들을 위해 온갖 교묘한 수단 방법을 총동원한 것이다. 특권의식과 특혜 분위기에서 최고 권력층의 친인척 비리와 법망 탈피현상이 일종의 관습처럼 여겨지는 것도 어쩌면 당연할지 모른다. 심지어 국가의 백년대계라는 교육과 국가안보의 방패이자 민족생존의 초석인 병역조차, 소수 특권층 자녀를 위해 자의적인 조령모개朝令暮改식 변덕으로 갈피를 잡지 못했던 것 아닌가?

박정희 때는, 1958년생인 박지만이 중학교를 입학하기 한 해 전에 중학교 입학시험이 없어지고, 고등학교에 입학하는 1974년 고교평준화 제도가 실시됐다. 박정희도 대학입시는 어떻게 손댈 엄두가 안

났는지, 아들은 육사에 진학하였다.

그런데 전두환 때는, 전면 과외금지 조치 속에 소수 권력층과 부유층 자녀의 비밀 특별과외 현상이 있었다. 필자의 고교 동창인 전 아무개는 서울대 수학과에 재학할 당시 전두환 딸의 과외에 나다닌다는 소문이 파다하게 퍼졌었다. 그래도 안심이 안 되었던지, 아니면 양심에 좀 미안했던지, 대학에 졸업정원제(130퍼센트 선발)를 도입하면서 입학정원 자체까지 대폭 늘렸다. 전두환의 딸이 서울대에 입학하기 쉽게 문을 열었다는 추측이 무성했다.

당시 3천1백 명 정도였던 서울대 정원은 갑자기 두 배인 6천여 명으로 늘어났다. 허지만 대학 입학 후 엄정한 학사관리로 졸업을 어렵게 한다던 호언장담은 어느새 살며시 사라지고, 몇 해 지나지 않아 졸업정원제마저 슬그머니 자취를 감추었다.

또 전두환·노태우 때는 난데없이 6개월 석사장교 제도를 한시적으로 시행하였다. 전두환·노태우의 아들을 비롯한 권력층 자제들의 병역을 집단으로 헐겁게 풀어주기 위해 도입한 불평등한 제도라는 비판이 거세지자, 얼마 뒤에 폐지하였다. 내 동기들도 석사논문 쓰자마자 경북 영천에서 특례훈련을 받고 전역해 반사적 혜택을 톡톡히 받았다. 당시 만성간염으로 병역을 면제받은 나는 친구들에게 위문편지를 여러 통 썼던 기억이 난다.

1974년 이래 꾸준히 평준화 범위를 넓혀 대부분 명문고가 사라진 뒤에는, 외국어고와 과학고 등 특목고를 대폭 신설하였다. 부귀권력층의 자녀들을 위해 교육제도를 집단적으로 왜곡·변질시킨 의혹이 아주 짙다. 아울러 아예 대학 본고사를 없애고, 수학 대신 영어를 강화하였

다. 부귀층 자녀들의 명문대 입학을 수월하게 하도록 대입제도 자체도
변질과 타락을 계속해온 것이다. 단순히 오비이락烏飛梨落이라는 우연
의 일치로 보기에는 주객관 정황이 너무도 교묘하다.

본고사 폐지와 수학 및 과학 비중의 현저한 감소는, 겉으로는 수험생
의 부담을 덜어주고 입시지옥을 해소한다는 거창한 명분을 내세웠지만,
사실은 신분세습의 고착화를 꾀한 교묘한 전술책략이다. 시골 출신이나
도시 빈민층의 자녀는 머리가 제아무리 우수해도 돈이 없어 과외나
학원보습을 받기 어렵다. 허지만 그들은 혼자 공부하더라도 수학이나
과학 점수를 상당히 높게 받아 국어나 영어의 약세를 만회할 수 있고,
서울의 명문대에 진학할 가능성이 제법 높은 편이다.

그런데 사회와 과학을 대폭 빼고 수학 비중은 크게 낮춘 뒤, 그
대신 영어 비중을 높이고 듣기시험까지 치르게 하였다. 그만큼 가난의
열세를 만회하기 어렵게끔, 높은 장애물과 깊은 함정을 이중으로 신설
한 것이다. 그래서 대학교육을 통한 신분변동의 길은 막히다시피 더욱
비좁아지고, 현대판 귀족신분 세습제가 점차 확고히 뿌리내리고 있다!

궁여지책으로 농어촌 학교장 추천입학제 등을 새로 도입했지만,
언 발에 오줌 누기식의 말단지엽책으로 또 다른 부정비리만 양산하는
느낌이다. 게다가 참된 대학의 자율은 옥죄어 죽이고, 정권의 입맛에
따라 춤추는 교육부의 온갖 땜질식 입시제도 난립으로, 이제 학교교육
은 사실상 죽었다. 필자가 2001년 대학에 부임한 이래 13년간 대학생들
의 수준과 성향 변화를 관찰하노라면, 참으로 안타깝고 아쉬운 느낌이
다. 미래의 희망을 과연 어디서 찾을까?

홍수에 둑 터진 봇물처럼 끊임없이 쏟아져 나와, 현대사를 얼룩지게 한 온갖 권력형 친인척 불법비리 사건들을 보라. 누구라도 벙어리 냉가슴 앓듯 저절로 말문이 막힐 것이다. 마치 "아이가 작을 때는 근심도 작지만, 자식이 클수록 걱정도 커진다"는 독일 속담을 증명하는 파노라마일까? 몹시 씁쓸하다.

실로 건국과 동시에 60여 년간 이어져온 특권의식과 특혜 분위기 속에서 쌓인 권력의 부정부패가, 극도에 이르러 마침내 저절로 곪아터진 것이리라. 따라서 윤리도덕적 책임까지 오로지 특정 개인에게 뒤집어씌우는 것은 몹시 불공평할 수도 있다.

그렇다고 사회 지도층의 정치사회적 책임전가 구실이 되어서도 안 된다. 당사자의 구체적 범법행위까지 인간적 동정과 정치적 타협으로 얼렁뚱땅 넘어가며 흐지부지하면 안 된다. 이는 참말로 나라의 불행이자 겨레의 절망이다. 세계화와 선진화는 부도어음이 되고, 21세기 통일한국도 모래 위에 누각처럼 헛된 꿈이 되고 말 것인가?

"고름이 살 안 된다"는 속담이 있다. 또 "호미로 막을 걸 가래로도 못 막는다"는 속담도 있다. 빚은 묵힐수록 눈덩이처럼 불어나고, 죄는 감출수록 납덩이처럼 무거워진다. 질병과 고민(죄악)은 털어놓을수록 좋다고 한다.

우리 몸은 병들어 이상이 생기면 피곤과 통증의 빨간 불로 위험을 알린다. 그 통증을 감추고 참거나, 심지어 진통제를 먹어 잠시 잊거나 자기를 속인다면, 마침내 속수무책으로 죽는 비참한 운명을 맞이할 것이다. 시기적절하게 필요한 치료나 수술을 과감히 실행하여, 생명의 위험을 예방하고 건강한 삶을 회복해야 한다.

미시적으로는 구체 증상에 따라 의약을 투여해 환부를 치료하면서, 거시적으로는 질병의 원인을 밝혀 발본색원해야 한다. 음식을 개선하고 체질을 바꾸며, 규칙적인 생활과 운동으로 생체리듬을 조화시키고, 나아가 마음을 활짝 열고 정신을 상쾌하게 쇄신해야 한다. 이것이 참된 건강을 되찾고 이상적인 삶을 꾸리는 정도正道다.

그릇된 혈연의 정으로 빚어지는 온갖 권력형 불법비리 사건들도, 이러한 질병치유와 건강회복의 차원에서 해결해야 한다. 미시적 관점에서 적법 조치로 사법정의를 실현하고, 거시적 관점에서 필요한 법제개혁과 사회 지도층의 철저한 의식혁명을 동시에 실행해야 한다. 그 길만이 국가 민족의 안정과 개혁·번영을 확보할 수 있는 유일한 정도일 것이다. 이것이 또한 온 국민의 열망이고 역사적 사명이기도 하다.

|여섯| 새로 듣는 장유유서

- 원로의 경험 지혜를 존경하고 사회적 약자를 배려하는 인권 존중의 미풍양속

위아래 질서는 어떻게 이루어지나?

남자와 여자가 만나 부부로 결합해 자식을 낳으면, 부모 자식의 친자 관계가 이루어진다. 그런데 자식을 둘 이상 낳게 되면, 시간(나이) 순서에 따라 언니(누나, 오빠)와 아우의 위아래 관계가 생긴다. 이러한 관계가 한 세대 더 되풀이하면, 나와 부모의 형제자매 사이에 3촌 관계가 나타난다. '숙질叔姪' 관계로 일컬어지는 '삼촌'에는, 본가 종친 쪽으로 큰아버지(백부)와 작은아버지(숙부)·고모가 있고, 어머니 외가 쪽으로는 외삼촌과 이모가 있다. 형제자매의 2촌이나 4촌 같이 항렬이 같은 수평으로는 나이의 위아래가 있고, 3촌(從)이나 5촌(再從) 같이 항렬이 다른 수직으로는 세대상의 위아래가 있다. 이 두 축이 엇갈리다 보면, 수직의 항렬은 높으나 수평의 나이는 낮은, 다시 말해서 늙은 조카와 젊은 삼촌이 있을 수도 있다.

부부를 핵심으로 하는 가정이 이처럼 세대를 거듭해 파생해가면, 자연스레 커다란 나무 모양의 가계도家系圖가 만들어진다. 이러한 대가족이 함께 평화롭고 원만하게 살아가려면 나름대로 어떤 약속과 규칙이 필요하다. 그렇게 존재하는 가족사회의 필요에 따라 자연스레 생겨나는 '질서'의 원형이 바로 '장유유서'라고 할 것이다.

거기다가 사람이 짐승과 달리 경험 지혜를 전수하여 체계적인 사회화를 촉진하는 '가르침'이 나타난다. 부모 자식 간에는 근친혈연으로 말미암아 지나치게 가깝고 끈끈한 애정과 그로 인한 원망과 미움의 감정이 직접, 그리고 한순간에 터져 나오기 십상이다. 그래서 서로 어린 자식을 바꾸어 가르치는 슬기로운 관습이 생겨났다. 이 관습이 더욱 정교하게 발전해 체계적인 교육제도가 문명의 핵심으로 자리 잡았다. 스승과 제자 관계가 등장한 것이다.

스승이란 조금 먼 친척이 맡을 수도 있지만, 혈연이 닿지 않는 남이 맡는 게 보통이다. 또 어린이나 젊은이의 연약한 몸과 여린 뜻을 단련하고, 제멋대로 터지기 쉬운 감정과 욕망을 다스려 남과 사이좋게 살아가도록 가르치기 위해서는, 나름대로 기강과 규율이 필요하게 된다. 그러려면 제자는 스승을 웃어른으로서 존경하고 잘 따라야 할 것이다. 여기서 사제 간에 필요한 기율도 장유유서에 합류하게 된다.

자, 이러한 존재적인 인간 사회의 형성과 그에 따른 당위적 규범 등장의 역사배경을 살펴보자. 그리하면 '장유유서'의 본래 목적과 참된 의미는 저절로 분명해질 것이다. 집안에서는 언니 누나나 삼촌·고모·이모가 어린 아우나 조카를 잘 돌보고 보살펴 어엿한 '사람'으로 자라게 도와준다. 집 밖에서는 스승이 제자를 잘 가르치고 일깨워, 몸과 마음이 떳떳하고 튼튼한 '성인'으로 깨어나도록 도와준다. 그에 대한 보답으로, 아우·조카·제자는 자기를 보살피고 도와주고 가르쳐주는 윗사람에게, 감사와 존경의 마음으로 잘 따른다. 이러한 인간관계가 바로 '장유유서'의 본령인 것이다.

그러니, 부모 자식 사이의 관계와 마찬가지로, 언니 누나나 삼촌·이모·고모는 먼저 따뜻한 사랑과 자애로 보살펴야 한다. 스승은 고상한 인격과 슬기로운 경험 지혜와 자비로운 마음으로 제자를 이끌고 가르쳐야 하리라. 그런 사랑의 베풂 없이 일방적인 존경과 복종을 먼저 요구할 수는 없겠다. 하물며 권위적 명령과 힘으로 어린이나 젊은이를 구박하거나 핍박한다면, 이는 어른의 자격도 없으려니와, 장유유서의 본질을 왜곡하고 아전인수로 악용하는 것이리라.

실제로 동아시아의 문명사에서 보아도, '장유유서'의 '서序'는 이러한 인간 사회의 자연스런 전개양상과 딱 들어맞음을 확인할 수 있다. 우선 문자학과 어원론의 관점에서 허신의 『설문해자』에 따르면, '서序'는 집안에서 당상堂上과 당하堂下의 경계를 구분 짓는 동서쪽의 담장이며, 이 담장을 기준으로 앞뒤와 위아래가 구분되는 '차제(次第: 차례)'와 위계의 질서를 가리킨다. '차제'는 본디 '차제次弟'로 썼는데, 유성음화로 '차례'가 되었다. '차次'는 둘째를 뜻하는 '버금'을 가리키고, '제弟'는 말할 것도 없이 '형兄' 아래의 둘째인 '아우'를 가리킨다.

학교 교육의 유래

한편 중국 고대 역사 기록에 따르면, '서序'는 '상庠'이나 '교校'와 함께 고대 향촌사회의 학교 명칭으로, 요즘 '학교學校'라는 명칭도 거기서 유래했다. 그 전에 전통사회에서 줄곧 학교의 대명사로 쓰인 '상서庠序'도 거기서 나왔다.

맹자는 고대에 상庠·서序·학學·교校를 설치해 젊은이를 가르쳤다고 전한다. 하夏나라의 명칭인 '교校'는 가르침(敎)의 뜻이고, 은殷나라의 명칭인 '서序'는 활쏘기(射)를 통한 무예와 정신 수련에 초점이 있으며, 주周나라의 명칭인 '상庠'은 양육(養)의 뜻을 지닌단다. 비록 (향촌)학교의 이름은 시대에 따라 다르지만, 하·은·주 삼대의 공통된 배움과 가르침의 주된 목적은 인륜을 밝히는(明人倫) 것이다. 학교에서 가르침을 통해 인륜이 밝혀지면, 일반 백성과 인민이 서로 친애하는 평화롭고 질서 있는 공동체를 이룰 수 있기 때문이다.('滕文公'上)

이러한 전통을 본받아 한漢나라 때도 군국郡國의 학교는 '학學', 현縣·도道·읍邑·후국侯國의 학교는 '교校', 향촌의 학교는 '상庠', 마을과 부락의 학교는 '서序'라고 불렀다. 중앙과 도읍의 '학學'·'교校'는 경전 가르치는 스승을 둔 고등교육기관이고, 지방의 '상庠'·'서序'에는 효경을 가르치는 스승을 두어 인민을 교화하는 기초교육에 치중했다고 한다.(『한서』, 卷十二, '平帝紀' 第十二)

조선시대에는 하나라 도(夏道)를 존중한 공자의 가르침을 받들어 따른 까닭인지, 향촌의 학교를 '향교鄕校'라고 불렀고, 최고 학교인 성균관의 본당本堂을 '명륜당明倫堂'이라고 불렀다. 물론 전통 학교에서 교육을 통해 밝힌다는 '인륜'이, 맹자가 말한 '오륜' 전반을 포괄함은 당연하다. 허나 학교 제도의 명칭과 역사 유래로 보자면, 오륜 가운데 특히 장유유서와 각별한 인연이 있다는 말이다.

이렇듯 장유유'서'는 학교 교육과 밀접한 관련을 지니고 있으며, 형과 아우 사이의 차례 및 사제 간의 질서가 주된 의미임을 알 수 있다. 맹자는 학교(庠序)의 가르침을 열심히 시행해 효제孝悌의 도리를 잘 펼치면, 머리 희끗한 노인이 길에서 무거운 짐을 이고지고 끙끙대는 일은 없을 것이라고, 왕도정치의 핵심을 거듭 밝힌다.('梁惠王'上편)

그러면 왜 맹자가 학교(庠序) 교육을 효제 도리의 선양과 노인 공경과 봉양에 초점을 맞추어 조명했을까? 맹자는 '상庠은 양養이다'고 풀이한다. 이 개념 정의에 대하여, 주자朱子의 『사서집주四書集注』는 한 걸음 더 나아가 '양로養老의 뜻'으로 명확히 한정한다. 게다가 맹자가 말한 인人'륜倫'은 질秩'서序'로 풀이하며, '오륜'이라는 인간 사회의 큰 윤리라고 부연 설명한다. 여기서 오륜의 장유유서는 이미 노인에 대한 젊은이의 일방적인 공경과 복종으로 확정된 게 아닌가? 그리고 주자가 살았던 송宋나라 때는 더욱 통치 이데올로기의 지배를 확고히 받은 게 아닌가?

그렇다! 주자의 성리학에는 이미 봉건 통치이념의 그늘이 짙게 드리워진 게 사실이다. 그게 유교를 국시로 내세운 조선에 들어와 주자가례로 보급되면서 더욱 활개를 친 건 분명한 역사적 사실이다. 그러나 맹자의 본의는 반드시 그렇지만은 않다. '상庠'을 풀이한 양養은, 본디 노인 봉양뿐만 아니라, 어린이 양육까지 함께 아우르는 쌍방적인 '부양'의 일반 개념이다. 다만 노인 봉양을 강조한 까닭은, 약육강식과 실력쟁패로 천하통일을 향해 겸병전쟁으로 치닫던, 문자 그대로 지극히 혼란스런 '전국戰國'시대의 사회 배경 속에서 찾을 수 있다. 맹자는 인간 성품의 선함을 믿고, 힘센 젊은이들이 간직한 착한 성품의 '실마리(四

端'를 잘 풀어, 그들의 '양심과 지성(良知)'이 잘 깨어나도록 돕는 교화에 초점을 맞춘 것일 뿐이다.

일단 어른과 노인들이 어린이와 젊은이를 측은한 마음(仁)으로 따뜻하게 보살피고, 시비를 올바로 가리는 안목(智)으로 선량하게 가르침을 전제로 삼는다. 상대적으로 혈기 왕성한 젊은이들이, 부끄러운 줄 아는 의로움과 사양할 줄 아는 예절로, 방탕한 욕망 감정을 다스리고 절제하도록 규범적 교화에 치중한 셈이다. 마치 부모의 자식 사랑은 자연스런 본능이고, 자식의 노부모 봉양은 물을 거슬러 올라가는 것과 같아서, 당위적 효도를 강조하는 것과 비슷한 이치라 하겠다.

한편, 맹자는 고대의 학교 명칭인 '서序'를 활쏘기(射)로 풀이한다. 그 까닭은 예로부터 활쏘기가 무예武藝뿐만 아니라 문례文禮를 함께 연마하는 문무겸비의 수양방법이기 때문이다. 특히 나이 순서에 따라 읍양揖讓하는 예절과, 자기성찰 위주의 정신집중, 그리고 활 쏜 결과 과녁 적중 여부에 따라 승자와 패자 사이에 위로와 벌주로 감정을 다스림 같이, 예의바른 경쟁을 통해 극기복례하는 효과적 실제수양이기 때문이다. 그것이 향사례鄕射禮로 정착하여, 향음주례鄕飮酒禮와 함께 향촌 공동체의 질서와 결속을 한층 다지는 양대 기틀이 되어왔다.

세 차원의 장유유서: 나이·벼슬·도덕의 위계질서

요컨대, 장유유서는 어린이와 젊은이에 대한 사랑과 보살핌을 전제로, 원로의 경험 지혜를 존경하고 사회적 약자를 배려하는 인권 존중의 전통 미풍양속이라고 할 수 있다. 어른을 존경함은 어른의 풍부한 연륜과 인생 경험에서 터득한 지혜와 넉넉한 관용 자비를 존경함이다. 그러한 귀중한 경험 지혜를 대물림해 시행착오를 줄이기 위하여, 선배는 후배한테 자상한 보살핌과 가르침을 베풀고, 후배는 선배를 존경하고 따르는 것이다.

이러한 사회화 학습과정이 '장유유서'의 인륜을 비롯한 모든 윤리도덕과 사회규범으로 체계화되어, 역사문화 전통을 이루어 내려오는 것이다. 물론 장유유서가 반드시 향촌 공동체에서 연장자 순으로 나열하는 위아래 질서에만 국한하는 것은 결코 아니다. 이는 일반 인민 대중을 위한 보통의 일반 질서일 따름이다.

장유유'서'는 크게 세 차원으로 나누어 볼 수 있다. 향촌에서는 나이를 (씨족 공동체에선 항렬도 포함) 기준으로 하고, 조정에서는 벼슬을 기준으로 하며, 또 천지신명이 함께하는 정신세계에서는 '도덕'이 가장 중요한 기준이 된다. 명목상 기준은 서로 다르지만, 세 경우 모두 각기 미묘한 차이를 보이는 '지혜'의 큰 틀로 아우를 수 있겠다.

우선 일반 사회생활에서, 반드시 그런 것은 아니지만, 나이는 대개 인생의 경험지혜와 비례한다고 볼 수 있다. 마찬가지로, 과거시험을 통해 선임하는 벼슬의 질서는, 이상적으로 지적 능력(身言書判으로 나타나는 실력)과 복덕의 순위에 따라 이루어지는 것이 보통이다. 물론 신언서판의 지적 능력이 반드시 도덕적 지혜와 일치하는 것은 아니겠지만, 세속적 의미에서 '지혜'로 불리는 게 보통이므로, 약간 다른 층위(차원)의 지혜로 보아도 괜찮을 것이다.

또 여기서 말하는 복덕이란, 『주역』에서 "착한 일을 하는 집안은 경사가 남아돈다"고 말한 적선 공덕을 가리킨다. 불교와 마찬가지로,

유교에서도 사회적 출세와 부귀의 밑천은 바로 복덕과 지혜의 겸비(福
慧雙修)라고 할 수 있다. 불교처럼 삼세(三世: 과거·현재·미래)인과를
직접 가르치는 것은 아니지만, 공자와 유교도 현세의 사회적 부귀의
질서에 복덕과 지혜의 인과를 은근히 암시하고 있다.

허나 진짜 높고 깊은 셋째 차원의 질서란, 정신적 깨달음의 수준에
기초한 도덕적 권위에 따라 숙연하게 서는 무형의 지혜광명 질서를
가리킨다. 불교는 만유의 생명을 육도 윤회의 중생과 성문·연각·보살
과 붓다의 열 가지 차원(위계)의 법계로 나눈다. 기독교는 하느님과
인간 사이를 매개하는 천사의 위계를 9품으로 나눈다. 모두 정신적
지혜광명의 차원에 따라 이루어지는 도덕의 위계질서를 뜻한다.

유교는 현실을 중시하여, 하늘과 신명이나 귀신에 대해 말하기를
좋아하지 않는다. 그렇다고 이러한 정신적 지혜광명의 위계질서를
부인하는 것은 아니다. 우선 크게 보아, 군자와 소인으로 나누기도
하고, 요순임금 같은 성왕聖王이나 성인聖人- 현인賢人- 일반 범부의
세 단계로 나누기도 한다. 이는 일반 언어관용에서도 흔히 확인할
수 있는 도덕적 위계질서다.

특히 공자는 군자와 소인의 차이를 이러한 도덕적 위계질서의 인식
여부로 나눈다. 군자는 셋을 경외하는데, 천명天命과 대인大人과 성인
의 말씀을 두려워한다. 반면 소인은 천명을 몰라 두려워하지 않고,
대인을 업신여기며, 성인의 말씀을 모욕한다.(『논어』, '계씨'편)

또 맹자는 제나라 임금이 무례하게 부르자 아프다고 가지 않고서,
군신의 예의를 저버렸다고 힐난한 귀족 대신한테 이렇게 반박했다.

"천하에 존귀한 게 셋이다. 조정에서는 벼슬이 으뜸이고, 마을에서는 나이가 으뜸이며, 세상을 보필하고 인민을 일깨움에는 덕망이 으뜸이다. 제나라 나이 어린 임금이 벼슬 하나 가지고 나의 나이와 덕망을 어찌 업신여길 수 있겠는가?"(『맹자』 '公孫丑'下)

한편 한漢나라 때 기록으로 정착한 『대대례기大戴禮記』라는 유가의 경전('本命'편)에는, 다섯 가지 큰 죄를 다음과 같이 열거하고 있다.

"천지(자연의 도)를 거역한 자는 죄가 5대代에 미치고, 문무文武 성왕을 모함(비방)하는 자는 죄가 4대에 미치며, 인륜을 거스른 (이른바 부모 살해와 같은 패륜) 자는 죄가 3대에 미치고, 귀신을 모함(터무니없다고 존재를 부정)하는 자는 죄가 2대에 미치며, 사람을 살해한 자는 죄가 자신(1대)에 그친다. 그래서 큰 죄악이 다섯 가지 있는데, 그 가운데 살인죄가 최하다.(가장 가볍다.)"

이 내용은 공자의 말씀을 기록하는 형식이기 때문에 '문무' 성왕만 언급했다. 하지만 실질 의미는 공자가 말한 '대인'과 '성인의 말씀'을 모두 포함한다. 후대 유교의 입장에서는 공자도 들어갈 게 자명하다.

물론 공자와 유가사상이 철학체계를 갖추어가며, '유교'로 발전하는 과정에서 등장한 '교리'라고 볼 수도 있다. 그러나 대부분의 고등종교와 철학에서 강조하는 도덕적 위계질서의 존재와 중요성은 주목할 필요가 있다. 불교에서도 부처님의 몸에서 피를 내거나 부모나 아라한을 죽이면, 무간지옥에 떨어지는 오역죄五逆罪가 된다고 경고한다.

이것이 유교의 오륜이 가르치는 장유유서의 심오한 의미라고 하겠다.

요컨대, 미풍양속으로서 존중할 장유 간의 질서의 핵심은 '지혜'에 있음을 주목해야 한다. 이점은 오륜과 오상五常을 차례로 대응시켜 보면 더욱 분명해진다. 맹자가 말한 인의예지仁義禮智의 사단四端에다 신信을 하나 덧보태, 다섯 가지 떳떳한 도리로서 '오상五常'이라 부른다. 이 오상을 오륜의 일반 순서인 부자·군신·부부·장유·붕우에 차례로 대비시켜 이해하면 저절로 드러난다.

즉 장유유'서'는 '지智'에 상응하고, 이는 바로 어른의 지혜를 바탕으로 이루어지는 위아래의 인륜 관계를 가리킨다. 선배 어른으로서 원로의 전형은 스승이고, 어린 후배로서 젊은이의 대명사는 제자다. 스승은 천리天理와 인정人情에 부합하는 풍부한 경험 지혜와 인생의 노하우 know-how를 많이 터득하고, 그걸 젊은 제자들한테 아낌없이 자상하게 전수하는 사랑을 실천한다. 그러기에 제자들이 스승을 존경하고 따르며 배우는 것이다.

현대 법치주의도 전통 미풍양속을 보호한다!

이러한 '장유유서'의 전통 윤리는 근대화 과정에서 공공질서와 미풍양속이라는 '공서양속公序良俗'의 이름으로 바뀌면서, 새로운 법치주의의 옷으로 갈아입게 되었다. 이와 함께 규범의 대상도 가족 내 위아래와 향촌사회의 선후배 및 사제 간의 수직적 인간관계에서, 일반사회의 수평적 인간관계까지 포괄하는 사회규범 및 윤리도덕 전반으로 확대한 걸로 볼 수 있다. 물론 구체적인 사회생활 현실에서 법을 해석 적용하는 사안 판결에까지 자주 등장하는 것은 아니다. 하지만 법문화의 기본 정신으로서, 일반 추상화한 헌법상의 대원칙과 개별법들의 입법 목적이나 규제 기준으로 자주 나타나는 법 원리라고 할 수 있다.

우선, 우리 헌법은 제9조에서 "국가는 전통문화의 계승·발전과 민족문화의 창달에 노력하여야 한다"고 대원칙을 선언하여, 장유유서를 포함한 공서양속의 보호 의지와 의무를 강조하고 있다.

물론 헌법에서 말하는 '전통문화'와 '민족문화'는 지극히 광범위하고 포괄적인 일반 추상 개념으로서, 장유 간의 질서만을 가리키는 것도 아니다. 오히려 전통적인 사제 관계의 인륜질서는 거의 사라지거나, 심지어 권위적이고 불평등한 봉건유물로 타도 당하는 현실이다. 사실 그래서 그러한 편견을 풀어주고, 장유유서를 비롯한 오륜의 본래진면목과 참뜻을 밝혀 알리고자, 이 글을 쓰는 것이다.

결론부터 말하자면, 대한민국의 건국정신을 담아 선포한 헌법에서 명문으로 분명히 선언한 대로, 장유유서의 고갱이와 진국은 우리가 제대로 가리고 밝혀 전통 민족문화의 정신으로서 계승·발전·창달하려고 노력해야 한다.

추상적인 최고 규범인 헌법의 지침 아래, 실생활에서 가장 근본이 되는 법률은 바로 민법과 형법이다. 그런데 민법은 제5장 법률행위의 기본 총칙으로서, 선량한 풍속 기타 사회질서에 위반한 내용의 법률행위는 무효로 한다.(제103조) 또 법령 중의 선량한 풍속, 기타 사회질서에 관계없는 규정과 다른 당사자의 의사(제105조 임의규정)나 관습(제106조 사실인 관습)은 적법하고 유효한 법원法源으로서 공식 인정한다. 그리고 형법은 '사회상규'에 어긋나지 않는 행위는, 법령이나 업무로

인한 행위와 마찬가지로, 정당한 행위로 인정해 처벌하지 않는다.(제20조 정당행위)

이 밖에 개별 법령에서 우리 법질서가 보호하는 '미풍양속'이나 '선량한 풍속'을 직접 보호법익으로 명시한 경우도 수십 건에 이른다. 대표적인 법령을 몇 개만 들어보자.

우선, 가사소송법의 목적은 인격의 존엄과 남녀의 평등을 기본으로 하고, '가정평화와 친족상조의 미풍양속'을 유지 향상함에 있다.(제1조) '인격의 존엄과 남녀의 평등'이라는 현대적 법이념을 내세우지만, 앞서 이미 살핀 대로 전통 예법도 밑바탕 본질에서 성현이 밝힌 존재의 법칙으로서 천리天理에 따르면, 모든 인격은 존엄하고 남녀는 평등함을 전제한다. 물론 '가정평화와 친족상조의 미풍양속'에는 부자유친과 부부유별 및 장유유서의 인륜이 함께 녹아 있다.

또 노인복지법은 국가와 국민이 '경로효친의 미풍양속'에 따라 건전한 가족제도를 유지·발전시켜야 한다고 규정한다.(제3조) 여기의 '노인복지'에도 부자유친과 함께 장유유서가 나란히 보호법익의 반열에 올라 있다. 근래 정치권에서 투표를 의식해 노인들의 환심을 사려고 '효도법' 제정에 관해 한바탕 뜨거운 논란을 벌인 적이 있었다. 지금도 노인복지 문제는 투표에 근거한 민주주의 속성상 여전히 중요한 주제(이슈)가 되고 있다. 근대화 이후 산업화와 정보화가 급진전하면서 가족이 해체되고, 전통 가족윤리가 담당하던 중요한 의무들이 국가의 복지책임으로 옮겨가는 새로운 모습이 나타나는 것이다.

한편, 풍속영업의 규제에 관한 법률은, 선량한 풍속을 해치거나 청소년의 건전한 육성을 저해할 우려가 있는 각종 서비스업을 '풍속영업'으

로 규정한다. 이 법은 해당 영업장소의 행위 등을 규제하여 미풍양속의
보존과 청소년의 보호에 이바지하기 위해 만들었다. 학교보건법은
학교의 보건관리와 환경위생정화를 통해 학생 및 교직원의 건강을
보호·증진하여 학교교육의 능률화를 꾀하기 위하여, 일정한 학교환경
위생정화구역 안에서 미풍양속을 해치는 행위 및 시설을 금지한다.
청소년기본법의 시행령은 '청소년에게 유해한 행위'로서 '청소년의
사행심을 조장하거나 미풍양속을 해치는 행위'를 규정한다.

그리고 '공공의 안녕질서 또는 미풍양속을 해하는 내용'을 금지하거
나 불허하는 규제조항이 여러 법령에 실려 있다. 전기통신사업법에는
불온통신의 단속 조항이 있다. 그 시행령에는 구체적 불온통신으로
'범죄행위를 목적으로 하거나 범죄행위를 교사하는 내용'과 '반국가적
행위의 수행을 목적으로 하는 내용' 및 '선량한 풍속 기타 사회질서를
해하는 내용의 전기통신'이 나열된다.

국가기술자격법시행령에서는 국가만이 검정을 독점하는 기술 자격
으로, 국민의 생명·건강 및 안전에 직결되는 기술자격, 사회통념에
반하거나 미풍양속을 해할 우려가 있는 기술자격, 고도의 윤리성이
요구되는 기술자격을 규정한다. 국제형사사법공조법에서는 공조共助
하지 아니할 제한 요건으로, '대한민국의 주권·국가안전보장·안녕질
서 또는 미풍양속을 해할 우려'를 규정한다.

이 밖에도 외국 문물의 무분별한 수입이나 반입을 거르는 여과지로서
'미풍양속'은 중요한 의미를 지닌다. 민사소송법에서는 외국판결이
갖추어야 할 효력 요건으로, '대한민국의 선량한 풍속이나 사회질서에
어긋나지 아니할 것'을 규정한다. 외국인투자의 자유화를 지향하는

외국인투자촉진법에서는 국가의 안전과 공공질서의 유지에 지장을
초래하거나, 국민의 보건위생 또는 환경보전에 해를 끼치거나, 미풍양
속에 현저히 반하는 경우 및 대한민국의 법령에 위반하는 경우엔,
외국인 투자를 제한한다.

외국간행물 수입배포에 관한 법률에서는, 공공의 안녕질서 및 미풍양
속을 보호하기 위하여, 국헌國憲을 어지럽히거나 국가안보 및 공공의
안녕질서를 해칠 우려가 있는 간행물과, 미풍양속 또는 청소년의 정서
함양을 해칠 우려가 있는 간행물의 수입배포를 금지한다. 공연법에서는
외국공연물이 국가이익이나 국민감정 또는 공서양속을 해할 우려가
있는 경우, 공연을 제한한다.

음반·비디오물 및 게임물에 관한 법률에서는, 외국음반이 '헌법의
민주적 기본질서에 위배되거나 국가의 권위를 손상할 우려'와 '폭력·음
란 등의 과도한 묘사로 미풍양속을 해치거나 사회질서를 문란하게
할 우려' 및 '민족의 문화적 주체성 등을 훼손하여 국익을 해할 우려'가
있는 경우, 수입의 추천을 금지한다. 영화진흥법시행령에서는 외국영
화가 '반국가적인 내용', '사회질서를 문란하게 하거나 미풍양속을 해할
우려', '외국과의 정상적인 국교 관계를 해할 우려'나 '국민의 일반정서
에 반할 우려'가 있는 경우, 수입추천을 금지한다.

이러한 여러 법 규정을 보면, '미풍양속'은 국헌·주권·국가안전보장
·공공의 안녕질서·헌법의 민주적 기본질서·국가의 권위나 민족의
문화적 주체성·국민의 일반정서·국민의 생명·건강 및 안전과 대등한
헌법상의 최고 가치임을 알 수 있다. 거꾸로, '선량한 풍속 기타 사회질
서를 해하는' 행위는 범죄행위나 범죄행위의 교사 또는 반국가적 행위

에 준하는 막중한 반가치反價値임을 확인할 수 있다. 미풍양속의 전통문화가 얼마나 엄청나게 중요한 법의 정신으로 발현하고 있는가?

물론 현대법에서 내세우는 '미풍양속'이나 '공서양속公序良俗'이 법적용의 현실에서 얼마나 제대로 실행되는지는 미지수다. 또 '장유유서'를 비롯한 오륜의 내용을 그대로 물려받은 것도 아니다. 다만 전통윤리의 근본정신을 헌법상 계승 발전하고 창달해야 할 전통 민족문화로 포섭하여, 현대적으로 새롭게 재해석하여 수용하고 펼쳐야만, 비로소 명실상부한 온고지신의 스승이 된다는 뜻이다.

요즘은 세상이 너무 피상적인 물질이나 재산에 치중한 나머지, '전통문화' 하면 눈에 보이고 귀에 들리고 손에 잡히는 기술·공예·음악·미술 작품들만 떠올리기 십상이다. 허나 물질화한 유물보다 더욱 귀중하고 근본적인 문화는, 바로 윤리도덕이나 철학사상 같은 훌륭한 정신문화다. 역사유물은 정신문화의 뿌리에서 자라고 피어난 꽃과 열매이기 때문이다. 따라서 역사유물과 정신문화가 조화롭게 잘 어우러져야 온전한 민족문화의 나무와 숲이 이루어짐을 명심해야 한다.

노약자 보호의 사회복지 전통

한편, 현실적 실효성이 별로 없는 이러한 법령상의 '미풍양속'이나 '공서양속'으로서 형식상의 전개보다는, 양적으로나 질적으로 갈수록 눈부시게 성장하는 실질상의 발전을 주목할 필요가 있다. 그것은 바로 공공복지의 차원에서 비춰보는 장유유서의 내용상 확대 변화다.

다시 말해서, 장유유서란 본디 신체적 강자·물질적 부자·정신적

현자·사회적 신분적으로 존귀한 자가, 약자·가난한 자·어리석은 자·
비천한 자들을 보살피고 도와주는 측면에서 비롯한다. 따라서 우리가
그 점을 주목하고 중시하여 새롭게 해석하고 계승·발전시킬 필요와
가치가 있는 것이다.

장유유서에서 어른과 스승을 앞세우고 존중하는 까닭은 두 가지다.
우선 그들이 경험 지혜와 자비로써 어리석은 젊은이를 보살피고 일깨워
주는 은혜에 보답하는 뜻이 있다. 하지만 그들이 나이 들어 기력이
노쇠하므로, 혈기왕성한 젊은이들이 보살피고 도와드려야 한다는 도의
적 규범 의미도 깃들어 있다.

부모가 어린 자식을 낳아 보살피고 기른 다음, 성장한 자식이 노부모
를 효도로 봉양하듯이! 부부가 각자 역할을 분담해 서로 자신의 장점으
로 배우자를 돕고 원만한 가정을 이루듯이! 종족이나 사회 전체의
공동체로 확대해서, 힘 있는 자는 힘을 베풀고, 재물이 넉넉한 자는
재물을 베풀며, 지혜로운 자는 지혜를 나누는 것이다. 바로 나눔과
배려의 솔선수범에 장유유서의 참뜻이 있다!

따라서 신분과 계층을 막론하고, 또한 시대와 공간·종족과 문화를
초월하여, 모든 사람은 서로 보완하며 원만한 인격 수양과 인생살이를
동시에 이루어간다. 각자 자신의 장점과 강점을 가지고, 남의 단점과
약점을 보살피고 도와주며 상부상조하는 것이다. 바로 이것이 장유유
서의 내재적 본질 의미를 새롭게 밝히는 창조적 계승 발전이다. 우주자
연의 에너지 순환과 마찬가지로, 사람을 비롯한 모든 생명체와 무생물
조차도, 서로 물물교환뿐만 아니라 끊임없는 심심교류心心交流 내지
정신교류精神交流를 통해 서로 발전과 성숙을 계속하기 때문이다.

사실 이러한 해석과 실천은, 아주 오래된 고대부터 최근에 이르기까지, 기나긴 역사 속에서 이미 널리 이루어져 왔다. 예컨대 주나라의 선조인 고공단보古公亶父는, 북쪽 오랑캐가 토지와 인민을 빼앗으려 침략해 오자, 그들이 원하는 것을 그들에게 내어주고 기산岐山 아래로 피난하였다. 그러자 백성들은 그를 어진이로 여겨 몽땅 따라와 큰 도읍을 이루었다. 과연 세심히 배려하여, 안으로 원망하는 노처녀가 없고, 밖으로 수심에 찬 홀아비가 없었다고 한다. 이어 문왕文王이 어진 정치를 베풀어 노인을 잘 봉양하자, 은나라 주紂임금의 포학무도를 피해 바닷가에 은둔하던 백이와 강태공 같은 두 원로 현인이 그에게 귀순하였다. 그래서 마침내 주나라 건국과 천하 통일의 기틀이 다져졌단다.(『맹자』, '梁惠王'下 및 '離婁'上)

이것이 맹자가 주장하는 왕도정치의 필수요건이자 인정仁政의 급선무인 '환과고독鰥寡孤獨'의 배려다. 맹자가 전하는 바에 따르면, 문왕은 기산의 인민을 다스릴 때 1/9의 경작세만 걷고, 물물교역이나 통행에는 조세를 물리지 않으며, 수렵어로를 금하지 않고, 죄인이라 할지라도 가족의 연좌책임은 묻지 않았다고 한다. 무엇보다도 아내 없는 늙은 홀아비, 지아비 없는 늙은 과부, 늙어서 자식 없는 독신, 부모 없는 어린 고아 등, 이른바 '환과고독'이라는 천하의 곤궁한 노약자들을 먼저 보살피는 어진 정치를 펼쳤다고 한다.(『맹자』, '梁惠王'下)

공자도 일찍이 신체적·사회적 약자에 대해 정중한 연민과 지극한 배려를 아끼지 않았단다. 눈먼 소경 악사樂師를 만나면, 그에게 계단과 자리를 손수 안내하여 앉게 한 다음, 누가 어디에 있고 누가 어디에 있는지 하나하나 소상히 알려주었다. 그리고 이러한 태도가 참으로

악사를 대하는 도리라고 제자들을 가르쳤다.(『논어』, '위령공'편)

그리고 부모나 친족의 상복을 입고 있는 자나 눈먼 소경을 보면, 비록 제아무리 허물없이 친근하거나 보잘것없이 비천하더라도, 반드시 자신의 용모를 단정히 하고 낯빛을 바꾸어 예의를 갖추었단다. 또 수레를 타고 가다가, 상복을 입은 자나 나라의 문서·전적典籍을 짊어진 자를 보면, 반드시 수레 앞 가로나무(橫木)에 정중히 손을 얹어 경의를 표시했다고 한다.(『논어』, '향당'편)

무엇보다도 공자가 품은 복지정책의 청사진을 한마디로 압축한 명구가 주목할 만하다. "늙은이는 평안하게 보살피고, 벗은 미덥게 보듬으며, 젊은이는 따뜻하게 품어주겠다!"(『논어』 '公冶長'편)

그래서 중국을 비롯한 우리나라와 일본·월남 등 동아시아 유교문화권 나라들은, 과연 환과고독鰥寡孤獨에 대해 수시로 은혜로운 복지정치를 베풀고, 가뭄·홍수나 지진·풍상風霜·질병 같은 천재지변으로 발생하는 이재민들에게는 적극적인 구휼정책을 시행하였다. 수천 년의 복지정책 역사가 눈부시게 빛나고 있다!

이러한 사회적 최빈곤층과 노약자들을 최우선해 보살피는 인도주의 철학사상과 복지정책은, 동아시아 각국의 수천 년 역사에서 가장 눈부시게 빛나는 훌륭한 왕도정치의 전통이다. 이는 또한 장유유서의 윤리가 가장 아름답게 꽃핀 전통문화의 정수精粹임에 틀림없다.

현대 복지국가의 복지정책이 본받고 계승·발전시켜야 할 훌륭한 전통 민족문화가 아닌가? 장애인에 대한 배려와 우대·노령연금·소년소녀 가장에 대한 지원·독거노인 돌봄·사회경제적 취약계층에 대한 지원 등, 현대의 거의 모든 사회복지정책이 노약자를 배려하는 장유유서의 미풍양속에 뿌리를 둔 것이다. 비유하자면, 수천 년간 자라온 거목의 뿌리에서 활짝 피어난 가지와 잎과 꽃이라고 할까?

물론 외국인 근로자나 이주여성들의 복지처럼, 옛날에는 전혀 생각할 수 없었던 새로운 가지가 돋아난 돌연변이도 있다. 거꾸로 시대 조류와 문명과 환경의 급변으로 이미 말라죽다시피 한 퇴화도 있다. 사회안전망 확보와 잠재적 사회불안의 해소를 위해, 옛날에는 과년한 노처녀 노총각의 짝짓기 같은 예방적 복지정책이 아주 중대한 국가적 급선무였다. 허나 지금은 만개한 개인의 자유에 묻혀 사라지고 없다.

사회주의 중국의 복지정책 실험 사례에 나타나는 귀감

한편, 주목할 만한 매우 흥미로운 사실이 하나 있다. 공산주의 이상사회를 꿈꾸며 공산혁명으로 세워진 사회주의 중국도, 건국 초기에는 농촌마다 전통시대의 복지정책을 계승하여 공산이념에 접목한 오보五保제도를 시행하였다. 오보제도란, 농촌마다 설치한 농업생산합작사가, 노동력이 부족하고 생활수단이 결핍된 사내社內의 홀아비(鰥)·홀어미(寡)·고아(孤)·독신자(獨)들한테, 그들이 감당할 만한 일거리를 마련해주고 생활을 적절히 보살펴주는 제도다. 마음 편히 먹고(吃: 음식) 입고(穿: 의복) 불 때고(燒: 연료) 가르치고(敎: 자녀교육) 죽을(葬: 장례) 수 있도록, 다섯 가지 기본 민생을 보장해주는 사회복지정책이었다. 의식주에다 교육과 죽음을 보장해, '요람에서 무덤까지'를 연상시키는 현대판 복지 청사진이다. 다만, 아쉽게도 질병에 대한 의료혜택이 빠져 좀 허전한 느낌이다. (참고로, 고대 인도의 불교에서는 '의식주衣食住'

에다 '의약醫藥'을 덧보태 사사공양四事供養으로 불렀다. 현대판 민생복지의 완전한 원형이라고 볼 수 있다.)

어쨌든, '능력껏 생산하고 필요껏 소비하는' 지상낙원을 꿈꾼 공산주의 사회에서는, 적어도 국가가 인민의 생로병사를 모두 책임지고 보장하는 게 당연한 이론적 귀결이자 기대일 것이다. 그러나 결집력이 강한 전통시대의 향약 공동체를 연상시키는 농촌합작사의 오보제도도 얼마 안 되어 변질을 겪었다. 사회주의 현대화 건설의 기치 아래 단행한 개혁개방으로 시장경제체제와 사유재산제를 대폭 도입하면서, 사적 자치의 법원리에 점차 떠밀려 본래 진면목을 잃어가고 있다.

예컨대 중국 상속법(繼承法)은 독특한 유증부양遺贈扶養 협의제도를 규정한다. 개인이나 단체가 특정 공민의 생전 부양과 사후 장례를 의무로 떠맡는 대신, 그 공민의 재산을 유증 받을 권리를 가지는 제도다. 전통 시대 대가족이나 결집력 강한 향약 공동체 내부에서 상부상조하던 불문의 관습이나, 사회주의 중국 초기에 농촌합작사에서 시행한 오보제도를, 현대판 사회주의 시장경제의 법치원리로 재포장한 것이다.

새로운 이 법 규정은 사회주의 시장경제의 등가교환을 전제한다. 이점이 가장 크게 눈에 띄는 변화다. 사적 자치의 법 원리에 비추어 보면, 누가 사후에 유산을 별로 남기지 못할 천덕꾸러기의 생계를 떠맡으려 하고, 또 그러길 기대하겠는가?

우리나라도 갈수록 고령화와 핵가족화가 심화되어, 자식의 봉양을 받지 못하는 노인층이 급격히 많아지고 있다. 그래서 스스로 노후대책을 강구하는 현명한(?) 자립형 사람들이 늘어나면서, '모기지'라는 신종 계약상품이 이미 출시되어 상당히 인기를 모으는가 보다. 퇴직

후 평생 축적한 밑천인 주택(부동산)을 금융기관에 맡기고, 임종 때까지 원리금과 부동산 가액을 계산해 매월 정기적인 생활비를 가불해 쓰는 것이다. 물론 사후에 그 부동산을 금융기관에 이양한다. 바로 중국의 유증부양협의제도의 자본주의식 변형물(버전)로 보아도 좋을 것이다.

한편, 현재 중국의 이러한 사회경제적 변화와 법치주의 확립의 배경에는, 좀 더 깊은 또 다른 정치경제적 고려가 깔린 것으로 느껴진다. 처음에는 계급혁명 기치 아래 정권을 탈취하고, 공산사회주의 이념으로 중국을 지배하려 했다. 허나 막상 정권을 거머쥐어 현실 정치를 펼쳐보니, 어디 뜻대로 이루어지는가?

소하蕭何가 유방劉邦에게 충고한 대로, "천하를 말 위에서 얻을 수 있지만, 말 위에서 다스릴 수는 없다." 그래서 중국도 이념과 노선을 중국 특색의 사회주의 초급단계로 수정하고, 사회주의 현대화를 명분으로 개혁개방과 사회주의 시장경제체제의 도입을 선언하면서, 국가의 사회보장 능력과 책임의 범위를 슬며시 한정한 것이다.

예로부터 "가난 구제는 나라님도 못한다"는 속담이 전해온다. 이미 사회주의 시장경제라는 명분으로 사유재산제가 급격히 확산하는 대세 속에, 국가가 그 많은 인민 군중을 어떻게 다 통제하고 책임진단 말인가? 그래서 중국은 "경제발전 수준에 상응하는 건전한 사회보장제도를 수립"하는 걸로 국가의 헌법상 직책을 한정하기에 이르렀다. 한편으로는 발전적 방향에서 사회보장을 법치로 보장하면서, 다른 한편으로는 제한적 차원에서 국가의 사회보장 책임을 적정 수준으로 한정하겠다는 속셈이다. 영리하고 교묘한 이중 의도가 엿보인다.

사실 우리나라는 국민의 직접투표로 권력을 선택하는 민주주의의 부정적 폐단이 극심해지고 있다. 중우衆愚정치로 타락하는 대표적인 현상 가운데 가장 뚜렷한 하나다. 표심을 겨냥한 무분별한 선심성 공약과 지나친 복지 확대, 그로 인한 국가예산의 심각한 불균형과 눈덩이처럼 기하급수로 불어가는 천문학적 규모의 나라 빚 문제다.

이웃나라 중국의 정책 변화는 우리도 타산지석의 귀감으로 눈여겨보아야 한다. 왜냐하면 자본주의와 사회주의라는 양극의 이념체제는, 서로 영향을 주고받으며 단점을 보완하고 장점을 증장시킬 때, 서로 건전한 발전을 지속할 수 있기 때문이다. 주지하듯이, 세계를 혁명의 도가니에 몰아넣은 소련과 동유럽의 공산주의가 붕괴한 가운데, 중국만 독특한 사회주의 시장경제라는 명분으로 자본주의의 장점을 흡수하여 획기적인 성장발전을 이루고 있다. 마르크스·엥겔스는 자본주의 종말을 예견하며 공산주의 기치를 높이 내세웠다. 헌데 그 경종에 자극받고 경각심을 곧추세운 서방세계는, '공공의 이념'을 도입하며 자본주의를 대폭 수정해왔다. 그 결과, 마르크스의 예상과 달리 무너지지 않고, 지금까지 순조로운 연착륙과 지속 가능한 발전을 누려왔다.

다만, 최근 수십 년 동안 신자유주의의 거대한 회오리 속에 휘말려온 서방 자본주의는, 현재 직면한 기형적인 금융경제의 극심한 폐해와 위기상황을 어떻게 풀어갈지가 가장 큰 문제다. 역사의 한 고비를 넘길 때마다, 풀린 듯이 보였던 크고 작은 문제들이, 사실은 눈덩이처럼 계속 불어나면서, 바다에 뜬 빙산처럼 98퍼센트의 몸통을 수면 아래 감춘 채 떠내려 온 것이다!

다시 한 번 역사와 철학의 경험 지혜를 되살펴보자! 사회주의 중국이 자본주의 시장경제를 도입해 숨통을 트고 활로를 찾았듯이, 고전 자본주의가 공산주의의 비판과 저주를 거울삼아 스스로 수정하여 생기를 되찾았듯이! 이제 갈대로 간 서방의 신자유주의 자본주의는, 사회주의 중국, 아니 동방의 전통 유교문화에서 새로운 활력과 생기를 되찾고 살길을 헤쳐 나가야 하지 않을까?

그 한 방편이 오륜의 새로운 해석과 활용이고, 장유유서의 정신을 새로운 복지사회 정책의 용광로에 녹여내는 지혜가 아닐까?!

고령화 사회를 위한 복지사회 윤리: 임진년 선거를 통해 본 우리 사회의 노소 간 세대 갈등

속담에 '내 배 부르니 종 밥 짓지 말라'고 한다. 또 '개구리 올챙이 시절 잊어버린다'고도 한다. 임진왜란 420년 뒤에 치른 2012년 총선과 18대 대선에서 연령별로 판이하게 갈라진 지지성향은 무얼 뜻할까? 산업화에 동참했거나 유신독재에 반대해 민주화 운동을 주도한 주인공들도, 이제는 대부분 나이 들어 안정된 자리와 명성을 얻은 중산층이 되었나 보다. 넉넉한 살림에 집도 장만하고 처자식 거느리며 배와 등이 뜻뜻해지니, 이제 '복지는 소비가 아니라 투자'라는 복지세 추가부담이 거추장스러워졌을까? 부동산 세금 좀 돌려주니, 집과 땅 가진 자들이 쌍수를 들고 환호하던 그 심리일까?

사실 그들은 민주를 바란 것도 아니었고, 독재를 반대한 것도 아니었을지 모른다. 단지 강물에 흘러든 물 한 방울일 뿐, 시대의 강물이 흘러가는 대로 그저 군중심리에 따라 흘러갈 뿐이다. 강물이 발원해 상류에 있을 땐 좀 맑고 깨끗했으리라. 이제 몇십 년에 걸쳐 몇 백리

몇 천리 흘러, 지류가 합해지고 강폭도 넓어져 수량이 많아지면서, 공장폐수니 축산분뇨니 흘러들어 유기물도 많아지고 혼탁해졌을 따름이다. 그래서 4대강 사업의 강행도 가능했으리라!

공자가 말한 대로, "비천한 사람(鄙夫)은…… 얻지 못했을 때는 얻으려고 안달이고, 이미 얻은 다음에는 잃지 않으려고 발버둥 치는데, 기득권을 잃을까 염려하다 보면 이르지(하지) 못하는 짓이 없다."

기득권 보호는 법의 기본 출발점이기도 하지만, 그게 지나치게 치우쳐 불공평해지면 사회불안과 혁명의 원인이 되기도 한다. 기득권 고수는 대개 극우 보수의 정치권력에서 극명히 잘 나타난다. 사실 알고 보면, 개개인이 추구하는 부귀공명도 모두 그러한 욕망 집착으로, 작게는 패가망신과 크게는 국가혼란의 화근이다. 개개인이 세금 몇 푼 적게 내려고 잔머리 굴려 잘못 선택하면, 국가 사회 전체의 불이익을 초래하여, 더 큰 파도가 우리를 덮칠 수도 있다.

일찍이 공자는 자신의 뜻을 묻는 자로의 질문에, "노인은 편안하게 해주고, 벗은 미덥게 대하며, 젊은이는 따뜻하게 품어주겠다"고 말했다.

누구나 몸이 늙어지면 평안하길 바란다. 노인의 보수 안정성은 인지상정이다. 헌데 늙었다고 자기 편함만 생각하며, 동포에 대한 믿음은 아랑곳하지 않고, 젊은 후손들의 장래를 따뜻하게 감싸 보살피지 않는다면, 인류사회와 국가민족과 집안의 장래 희망은 어떻게 될까? 로마를 비롯한 역사상 고도문명도 최후에는, 모두 그렇게 기득권 집착과 노인의 이기심이 함께 어우러져 옳지 못한 방향을 선택한 탓에 멸망한 건지도 모른다.

원양原壤이란 옛 지인이 건방지게 걸터앉은 채 공자를 맞이했다.

공자는 "어려서 공손하지 못하고, 커서 뜻(사상)을 펼침도 없으며, 늙어서 죽지 않으면, 이게 도적이다"고 꾸짖으며, 지팡이로 그 정강이를 쳤다. 역사상 많은 일화를 빚은 유명한 '노적老賊'의 어원이다.

기득권만 고수하려는 극우 보수층이 강성해지고 이러한 '노적'이 많아지면, 이른바 '멘붕' 사회가 된다. '정신(mental)붕괴'는 공동체 전체의 왕창 붕괴로 이어질 위험이 매우 높아진다. 중풍과 치매에 걸린 지혜로운(?) 노인들이 보기에는, 18세의 젊은이는 아직 젖비린내 나는 철부지 어린아이고, 투표시간을 2시간 더 연장하는 것은 혈세를 퍼붓는 공연한 국고예산 낭비일 뿐일까?

현대사회의 급속한 고령화가 비이성적 극단의 이기주의와 결합할 때, 인류 문명의 와해 위험은 최고조로 극도에 다다를지 모른다. 나도 과연 교수직의 기득권을 지키려고 노심초사해, 나도 모르게 '노적'의 무리에 빠져드는 것은 아닐까 반성해본다.

합리적 보수자로 자타가 공인하는 윤여준 선생의 대선후보찬조연설은 많은 사람들이 감명 깊게 공감했을 것이다. 산업화에도 민주화에도 전혀 기여한 바 없이 두 열매만 고스란히 따먹은 수혜자로서, 이제 더 이상 얻을 것도 잃을 것도 없다고 판단하여, 늦게나마 국가 민족을 위해 자신이 진 빚을 조금이나마 갚아주고 덜어보고자, 역사와 시대와 국민의 요청에 의하여 찬조연설을 수락하고 손수 글을 썼다는 내용 말이다!

물론 그 연설을 듣고도 산업화나 민주화에 '기여'한 노장층들은, 자기의 기득권과 노년의 평안을 지킬 자유와 권리가 있다고 투표했을 것이다. 그렇다! 우리 사회에는 윤여준 선생처럼 아무 기여도 없이 열매만 따먹은 빚진 수혜자가 별로 없어서 탈인 모양이다.

望春有感   봄을 바라며 문득 호쾌豪快한 느낌이 든다.
망 춘 유 감

深暗黑夜曉跟從   칠흑의 밤 깊은 어둠엔 새벽이 뒤따르고,
심 암 흑 야 효 근 종

酷寒嚴冬陽漸昇   한겨울 세찬 추위엔 햇볕이 차오르지만,
혹 한 엄 동 양 점 승

腐馬鈴薯芽不萌   썩은 감자는 싹 트지 아니하고,
부 마 령 서 아 불 맹

凍傷地瓜春不登   언 고구마엔 봄이 오지 아니한다!
동 상 지 과 춘 부 등

또래들의 만남

남녀가 만나 결혼하면 부부가 되고, 그 사이에 자녀가 태어나면 부모가 되어 부모 자식 관계가 이루어진다. 자녀가 둘 이상 태어나면 형제자매의 위아래가 생기고, 한 세대 더 내려오면 삼촌·사촌 등이 생긴다. 친족 간에는 세대 간의 수직적 위아래나, 같은 항렬이면 나이 상의 위아래가 저절로 이루어진다. 또 어린이나 젊은이를 가르치기 위해 학교에 보내면 스승과 제자라는 도의상의 위아래가 이루어진다.

가족 안팎의 어른과 아이 사이에 나타나는 포괄적인 '장유유서'의 인륜은, 가부장의 권위를 존중하는 전통사회에서 어느 정도 '위계질서'

* 이 장章의 글은, 2013년 12월 『전북법학』에 발표한 「전통법문화에서 신信의 윤리와 현대적 의미- 붕우유신을 중심으로」 논문을 바탕으로 내용을 대폭 보충하고, 가독성 높게 쉽게 손질하고 수정한 것이다.

의 속성을 띨 수밖에 없었다. 하지만 앞서 상세히 살핀 것처럼, 그 위계질서는 본디 일방적이고 절대적인 수직적 상명하복의 관계가 결코 아니다. 오히려 웃어른의 자상한 사랑과 솔선수범의 보살핌을 전제한 다. 적어도 동시이행을 기대하는 쌍방적이고 상대적인 관계다. 따라서 차라리 수평적 교류 관계라고 보는 편이 더 타당할 것이다.

그런데 자녀가 자라면서 집 밖에 나가 마을에서 놀거나, 또는 어린이 나 젊은이가 스승에게 배우기 위해 학교에 나가면, 대개는 비슷한 신분의 같은 또래들과 함께 어울리게 된다. 이렇게 만나 같이 놀고 배우며 사귀는 또래를 흔히 '벗'이나 '친구' 또는 '붕우朋友'라고 부른다. 따라서 '장유'와 거의 동시에 '붕우' 관계가 형성된다.

물론 밖에서도 엄밀히 따지면, 자기와 생년월일시까지 똑같은 사람 은 거의 없다. 어떤 면에서든지 약간의 차이가 나고 위아래가 생길 것이다. 허나 흔히 객지 벗은 위아래로 10년은 터놓고 친구가 된다는 속언이 있다. 집 밖에서 만난 사람은 서로 마음을 터놓고 통할만한 확실한 공통점이 하나만 있어도 친밀한 벗이 되기 쉽다는 뜻이리라.

그래서 공자도 "자기와 같지 않은 자는 사귀지 말라"고 거듭 일깨운다. 이따금씩 "자기만 못한 자와는 사귀지 말라"는 어감으로 풀이하면, 자기한테 이익이 되거나, 적어도 손해가 없는 벗만 가려 사귀는, 좀 이기적인 얌체 짓으로 오해할 수도 있다. 하지만 본래 의미는 뭔가 대등한 속성을 공유하는 또래가 벗의 핵심 특징임을 일깨운다. 바로 객관 중립의 붕우관이다.

이 '붕우' 관계야말로 '부자'나 '장유', '군신' 사이의 위계 관계와는 확실히 다르다. 오히려 '부부' 관계와 아주 흡사하여, 서로 가장 허물없고 대등한 수평적 교유交遊가 된다. 사실 '부부'는 가장 막역하고 대등한 전형적인 '붕우' 관계다. 예나 지금이나 부부는 가장 친근하고 대등한 벗에서 출발하여, 서로 원만한 인격의 완성으로 매듭짓는 보완 관계가 가장 아름답고 바람직한 이상이다!

그러기 위해서는, 벗이란 우선 같은 마을에서 나이부터 비슷한 또래가 만나고, 같은 학교에서 같은 스승 아래 함께 배우는 인연으로 저절로 이루어진다. 예전 같으면 신분이 같아야겠지만, 지금도 대체로 어떠한 의미에서든지 하는 일이 같아야 하리라. 무슨 공통의 관심사로 함께 모인 공동체라든지, 사회적 출신이 비슷해야 허물없이 잘 어울릴 수 있을 것이다.

무엇보다도 어려서 만난 벗이 평생토록 교유하려면, 둘 사이에 남달리 같은 마음과 뜻이 통해야 할 것이다. 부부 사이의 '동심원同心圓'처럼, 참된 '붕우'도 동지同志를 품고 그런 '동심원'을 이루며, 특히 남다른 믿음으로 서로 의지하며 의기투합해야 한다. 요즘말로 가치관이 같고 신뢰가 돈독해야, 한평생 변함없이 우정과 우의友誼를 다지고 지켜갈 수 있겠다.

참된 우정의 시험과 향연

그러나 세상사 어찌 그리 뜻대로 이상대로 잘 풀려가기만 하겠는가? 어렸을 적에 선친에게 들은 이야기다. 내 또래의 장년층은 누구나 익히 들었음직한 우정에 관한 고사다.

옛날에 한 부잣집 아들이 넉넉한 씀씀이로 친구들을 많이 사귀고 어울려 다녔다. 하루는 아버지가 아들한테 대뜸 말을 꺼냈다. "니가 사귀는 벗이 몇이나 쓸 만한지 한번 시험해보자!" 그리고 돼지를 한 마리 잡아 사람 시체처럼 거적으로 덮어둔 다음, 아들한테 "니 친구들을 찾아가서 니가 실수로 사람을 죽였으니, 남몰래 시신을 처리하고 사태를 수습하도록 도와달라고 부탁해보라"고 시켰다.

아들도 괜찮은 시험이라고 여겨, 아버지 분부대로 평소 사귀던 친구들을 차례로 찾아다니며, 각본대로 짜인 사실을 말하고 간곡히 도움을 요청하였다. 그런데 뜻밖에도, 평소 헤어지면 죽고 못 살 것처럼 그렇게 의기투합하여 어울리던 벗들이, 하나같이 이런저런 핑계를 대며 슬슬 뒤꽁무니를 빼거나, 더러 자기는 도와줄 수 없다고 냉정하게 딱 잘라 거절하는 것이었다. 아들이 사귀던 친구들을 하나하나 모두 찾아다녔지만, 어느 누구도 벗의 사고를 수습해 주겠다고 선뜻 따라나서는 이가 없었다. 이에 아들은 당황하면서도 겸연쩍어 기죽은 모습으로 아버지한테 돌아와 자초지종을 여쭈었다.

그러자 아버지는 아들을 데리고 자신의 친한 벗들한테 찾아가 부탁했다. "우리 아들놈이 잘못하여 그만 사람을 죽이고 말았다네. 도와줄 친구가 하나도 없으니 자네가 와서 좀 도와주게나." 그러자 아버지의 몇몇 벗들은 하나같이, "아, 그런가? 그러세! 어쩌다 그런 실수를?"라고 짤막하게 답하면서, 바로 따라나서는 것이었다. 그래서 아버지와 아들은 아버지의 벗들과 함께 집으로 와서 꾸민 각본을 사실대로 털어놓고, 잡아놓은 돼지고기를 안주 삼아 한바탕 흥겹게 잔치를 벌였다고 한다. (물론 이는 예로 든 옛날이야기에 불과하며, 요즘 실제 사건 같으면 아무리 친한 벗이라도 그런 식으로 동조해 가담하면 안 될 것이다.)

젊은 아들은 돈과 혈기로 고작해야 술친구만 사귀고 있었던 것이다. 속담에도 "술과 고기로 맺는 형제는 천 개나 되지만, 급하고 어려울 때는 하나도 없다"고 한다. 이러한 세태와 인심은 지금도 여전히 흔한 일이다. 물론 그런 벗을 사귀는 것도 온전히 자신의 책임이다. 평소 도의에 맞는 참된 우정을 가꾸는 것은 각자의 몫이다. 사실 선행으로 복덕을 쌓아야만, 급하고 어려운 때 천지신명이 돕는다고 한다. 아마도 아버지는 아들에게 그런 선행 복덕과 참된 우정을 일깨워주기 위해 그런 연극을 벌였을 것이다.

중국에서는 이런 술친구를 '주육붕우酒肉朋友'라고 일컫는다. 내가 대학원 석사과정 때, 당시 수교가 안 된 상황에서 어떤 특별한 경로로 귀화한 조선족 여학생이 대학원 사회학과에 특례 입학하여 다녔는데, 친구와 함께 중국어를 배우면서 조금 가까워졌다. 그 여학생이 고등학교에 입학한 남동생의 보습補習을 위해 가정교사를 소개해 달라고 해서, 당시 국문학과에 다니던 학생을 하나 소개해 주었다. 얼마 뒤 그 여학생은 나한테 농반진반으로 그 가정교사를 나의 '주육붕우'라고 빈정거렸다.

사실 나는 그와 별 교분은 없었으며, 한국고등재단의 한학연수장학생 선후기先後期로 알고 지내는 정도였고, 조국에 귀화한 젊은 동포의 서툰 학습도우미로 적합한 자질을 추천해 소개한 것이었다. '술과 고기'로 사교성이 뛰어난 그는 과연 어느 국책 연구원 교수를 거쳐 모교 교수로 발탁되었고, 사회에서 제법 능력을 인정받고 명성도 높은가 보다. 사실 이게 세간에서 아주 흔한 보편 현상이다. 그러니 늙은이나 젊은이나 그런 얄팍한 사교술과 처세술만 익히고 따르는 것이다. 그렇다고 만물의 영장인 인간으로 태어나, 어찌 눈앞의 이익과 출세에만 눈이 멀어 '참된 우정'을 저버릴 수 있으랴!

글자의 유래와 사회경제사로 보는 붕우의 참뜻

아주 오랜 옛날부터 우리 조상들도 이러한 참된 벗의 교유를 뼈저리게 절감하고 마음과 영혼에 아로새긴 듯하다. 상형문자이자 뜻글자인 한문으로 '벗'은 '朋友(붕우)'라고 부른다. 우선 '朋友'의 글자를 보면 '벗'이 어떤 사이인지 금방 뚜렷해진다.

'붕朋'은 똑같은 '月'자가 두 개 나란히 서 있다. '우友'는 언뜻 보기에는 감을 잡기 어렵지만, 사실은 오른손가락 세 개만 그려 '오른손'을 형상화 한 '크(우又)'자가 두 개 나란히 그려진 모습이다. '友'의 왼쪽 윗부분인 'ナ'의 위쪽 획을 왼쪽으로 좀 구부리고, '又'자의 위 수평 획을 오른쪽으로 펴 세우면, 두 글자 모두 오른 손가락 셋을 형상화한 삼지창 모양(크, 爿)의 글자가 된다. 즉 '友'자는 두 사람이 각자 오른손을 내어 두 개를 위아래로(갑골문과 금석문에는 옆으로) 나란히 포갠 모습이다. 두 벗이 똑같이 오른손을 내어 맞잡는 '악수' 내지 '제휴'의 교유 관계를 나타낸 다. 그래서 『설문해자』나 『주례周禮』의 주注에서는 '동지(同志: 뜻이 같은 사람)'를 '우友'라고 하고, 나아가 사이좋은 형제도 '우友'라고 불러 '우애'로 표현하게 되었다고 전한다.

한편, '붕朋'은 『설문해자』에서는 '鵬'(대붕새 붕)과 마찬가지로 '봉 鳳'의 옛글자(古文)로서, 봉새의 모습을 본뜬 상형문자라고 본다. 봉황이 날면 온갖 새가 따라 함께 나는데, 그 수가 만 마리에 이르기 때문에,

'붕당朋黨'의 의미로 쓰이게 되었다고 풀이한다. 그러나 이 해석은 좀 억지스러운 견강부회牽强附會로 느껴진다.

과연 근래 발굴한 갑골문과 금석문의 연구에 따르면, '朋'자는 복잡한 구체적 '鳳'자와는 눈에 띄게 다르다. 오히려 지금의 '拜'(절 배)자 비슷한 모습을 보인다. 천정 같은 막대기나 굵은 줄에 조개 세 개씩 꿴 꾸러미 두 개를 나란히 매달아 놓은 모습(拜)을 그린 것이라고 한다. 헌데 조개는 본디 원시사회부터 중요한 화폐로서 통용한 식량재산이다. (역사시대에 들어와서도 주로 실물화폐가 통용하였다. 漢나라 때는 짐승가죽이, 당송시대에는 비단이, 그리고 조선시대에는 베[布帛]와 함께 민간에서는 쌀이, 각각 물물교환을 매개하는 실물화폐로 쓰였다.) 그런 조개화폐를 한 꾸러미에 다섯 개씩 꿰어 두 꾸러미를 나란히 묶어 1朋으로 셈했다. 다섯 개를 다 그리면 글자가 번잡해지므로, 세 개만 대표로 그렸단다. (王延林 編著, 『常用古文字字典』, 上海古籍出版社)

여기서 다섯 개를 두 줄 나란히 포갠 것은, 다섯 손가락의 손 둘을 나란히 본뜬 것으로, 10진법의 원리를 상징할 것이다. 지금도 어촌에서는 굴비(소금에 절여 말린 조기)나 풀치(작고 가는 갈치) 같은 물고기를 열 마리씩 엮은 꾸러미 두 줄을 묶어 한 두름이라고 부른다.

'朋'자가 조개 세 개만 그린 것은, 마치 오른손을 나타내는 '又'자가 본디 다섯 손가락인데, 가운데 세 개만 대표로 그려 삼지창 모습을 한 것과 비슷하다. 노자가 "하나가 둘을 낳고, 둘이 셋을 낳으며, 셋이 만물을 낳는다"고 했듯이, 3은 만물의 직접적 원천으로 다수를 상징한다. 그래서 많은 무리를 나타내는 '衆'자도 본디 세 사람을 포개 놓은 '众'으로 쓰고, 현대 중국의 간체자도 다시 이 글자로 쓰고 있다.

그렇다면 '朋友'가 문자학의 어원에서 '조개' 꾸러미나 '오른손'을 두 개씩 나란히 늘어놓아 글자를 만든 까닭은 과연 무엇일까? 그 해답은 단순하고 소박한 원시사회 사람들의 일상생활 모습을 떠올려보면 조금 짐작할 수 있다. 마치 요즘 집단경기나 단체놀이에서 마음과 뜻을 모아 결속을 다지기 위해 '화이팅' 하는 것처럼, 집단 사냥이나 어로로 의식주를 해결하던 공동사회에서도, 힘센 오른손을 함께 나란히 내세워 한마음(一心)의 '협동'을 굳게 서약하거나, 노동의 결과 수확물을 똑같이 나란히 분배한다는, 공평한 '대동'을 상징하는 게 아닐까?

사실 원시시대 초기에는 사람들이 후대처럼 일반 추상적인 개념이나 철학정신까지 깊이 생각하지 않았을 것이 분명하다. 당시의 인지 수준이 그리 발달하지 못한 까닭도 있겠다. 하지만 원시사회의 사람들은 지극히 순박하고 후덕하여, 굳이 '한마음(一心)'이니 '같은 뜻(同志)'이니, 또는 '대동'이나 '평등' 같은 추상적 개념이나 관념조차 생각할 필요도 없이 자연스레 살았을 것이다.

노자나 인디언들의 지혜로운 일깨움처럼, 사람들은 어짊(仁)과 사랑을 잃은 다음에 그걸 그리워하며 노래하기 시작했고, 물이 귀해 물을 바라는 시와 노래를 외쳐댔을 것이기 때문이다.

언제부터 누군가 사사로운 탐욕심이 은근히 일자, 손을 내어 무언으로 다짐한 '협동'을 게을리 하고, 꾀를 피워 불로소득을 노리게 되었을까? 개인의 힘이나 (조직 안의 지위로 붙는) 권세나, 때로는 교묘한 말이나 속임수로 수확물을 더 차지하는 횡포를 부렸을지 모른다. 이러한 얌체 짓으로 손쉽고 편하게 횡재하는 자가 생겨나다니? 이를 본 다른 사람들은 불평불만을 느끼며 그를 미워하거나, 자신도 손해 보지 않으려고 그를 흉내 내기에 이르렀을 것이다.

무언의 전통으로 공동체의 평온한 질서를 유지하던 불문율이 그렇게 깨지기 시작했다. 사람들은 불평불만을 해소하고 공동체의 평화질서를 회복해 지키기 위하여, 이제는 구체적인 행위 잣대로서 규범을 세우고, 말이나 글로 서약해 대중에게 선포하기에 이르렀으리라. 그것이 인류 역사상 최초의 '예禮'나 '법法'이 되었을 것이다.

지역과 민족에 따라, 시대와 문명의 발전에 따라, 온갖 다채로운 예법禮法 문화가 꽃피기 시작하였다. 거기에 '뜻'과 '마음'과 '정신' 같은 추상적 개념이나 원칙·원리의 뼈대가 세워지고, 철학사상 같은 살도 붙어 아주 튼튼한 골격과 풍만한 육덕肉德을 갖추게 된 것이다.

대체로 춘추전국시대를 전후해 세계 4대 성인이 지구상에 내려오면서, 인류는 이른바 백화제방百花齊放과 백가쟁명百家爭鳴으로 일컬어지는 정신문명의 황금기를 맞이하게 된다. 이 시기에 인도에선 우파니샤드 철학과 불교가 차례로 꽃피고, 고대 그리스에선 소크라테스를 비롯한 철학사상이 전성하며, 중동에선 고대 이집트 문명과 메소포타미아 문명에 뒤이은 구세주로 예수가 등장한다.

그러나 사실 알고 보면, 이러한 찬란한 정신문명은 인류의 순박한 마음이 물욕에 물들고 도덕이 타락함으로써, 그 반동反動으로 원시반본原始反本의 반탄력反彈力, 다시 말해 원상회복하려는 운동의 힘이 저절로 일어나 펼쳐진, 자연법칙의 한 현상일 따름이다.

이야기가 좀 빗나갔는데, 다시 본래 화제로 돌아와 보자. '붕우朋友'는 원시시대에 똑같이 '손'과 '힘'을 내어 협동으로 사냥하고 조개 잡는 생산의 일을 하고, 그 수확물을 공평하게 똑같이 나누는, 대등하고 친밀한 인간관계인 '벗'으로부터 출발한 게 거의 분명하다. 나아가 물물교환의 시대에 이르면, 똑같은 손으로 똑같은 조개 꾸러미를 나란히 내놓아 맞교환하는 등가等價거래까지 뜻하게 되었을 것이다. 다시 말해, 원시사회 '붕우'의 초기 의미는 '동업同業'이나 '동사同事' 또는 '동무同務'로 볼 수 있다. 물론 당시 시대배경에서는 당연히 같은 출신이나 환경으로서 '동족同族' 또는 '동향同鄕'을 전제하겠다.

그러다가 후배의 조직적 사회화를 위해 교육제도와 함께 인륜예법 같은 사회규범이 갖춰지고, 그를 뒷받침하고 정당화하는 이론 틀로서 철학사상이 체계화되었으리라. 그런 춘추전국시대의 제자백가에 이르면, 같은 스승에서 배운 동문同門이나 동창同窓으로서 '동사同師' 관계가 '우友'이고, 뜻이 같은 벗이 '붕朋'이라고 정의하는 깔끔한 개념 대비가 나타난다. 이 시기에 발전한 '붕우'의 의미는 '동학同學'이나 '동지同志' 또는 '동인同仁'으로 정리할 수 있다. 물론 원시 초기의 개념인 '동업同業'이나 '동사同事'의 밑바닥에도, 이런 깊은 의미가 말없이 깔려 있겠다. 마치 물속에 푹 가라앉아 숨어 있는 빙산의 몸통처럼!

붕우유신 윤리의 역사적 출현

한편, 생산력과 교통의 발전으로, 멀리 떨어진 지역 간에 서로 잉여생산물을 교역하기 시작했다. 이러한 교역을 전담하여 교환가치의 차액인 중간이익을 전문으로 취득하는 사람들이 생겨나면서, 상업이 독립의 직업으로 분화했으리라. 장거리 무역은 어렵고 힘들며 위험하기 짝이 없어, 여러 사람이 함께 동업하여 대상隊商으로 행진하였다

거래 상대방과는 상호 이익을 위해 서로 절장보단(絶長補短: 긴 것을 잘라 짧은 것에 보태주는 상호 보완)하는 호혜 평등한 수평적 교역을 되풀이하면서, 나름대로 상업거래의 원칙과 규범이 관습법으로 자리 잡기 시작했으리라. 따라서 초기의 '동업'이나 '동사' '동무'로서 벗의 의미는, 후대에도 새로운 맥락에서 여전히 생기발랄하게 쓰였으리라.

그러나 상인은 직접 생산에 수고하지 않고 운송교역이라는 간접 노고로 부가가치를 창출한다. 이러한 상업의 특성상, 상인들은 자기의 상품을 좋고 귀한 것이라고 자화자찬하거나, 곧잘 과장 선전해 되도록 많은 값을 받으려고 교활한 잔재주를 부리기 쉽다. 그로 인해 온갖 속임수와 사기가 나타나게 되었을 것이다. (흔히 노인 죽고 싶다는 말과 노처녀 시집 안 간다는 말과 장사꾼 밑지고 판다는 말은 3대 거짓말이라고 하고, 장사꾼 거짓말하는 것은 나라님도 안다는 속담도 있다.)

특히 철기를 사용하고 마차가 등장하면서, 농업생산력 및 상업교역은 급속히 발전하였다. 이 시기는 약육강식과 겸병(兼倂: 침략 합병)전쟁으로 새로운 통일국가를 향해 치닫던 춘추전국의 역사배경과 겹친다. 자연스레 제자백가의 철학사상은 간사해진 인간심리와 상술商術을 일깨우고 비판하며 바로잡으려고 노력하게 되었으리라. (법가는 이러한 심리를 적극 역이용하여, 권력을 절대화하고 중앙집권을 획책하는 권모술수로, 진의 천하통일에 사상적 원동력을 제공했다고 평가받는다.)

마침내 '붕우유신朋友有信'이 인간 사회의 넷째 관계윤리로 출현했다! 생산력과 재화는 유한한데, 사람은 자꾸 많아져 생존경쟁이 치열해졌다. 이에 속마음과 겉행동이 서로 다르고, 말과 짓이 서로 다르며, 앞말과 뒷말이 서로 어긋나고, 심지어 서약도 부인하고 글로 쓴 계약서

마저 변조 또는 위조하는 사람까지 생겨났다. 온갖 표리부동의 속임수와 사기가 판을 치게 되었다. 이에 남남이 만나 서로 교유하는데 '믿음'이 가장 중요한 가치가 되었다. 서로 이롭자고 하는 온갖 대등한 교역과 거래에는 특히 '신뢰'가 필수불가결의 전제가 되었다.

"미더운 말은 아름답지 아니하고, 아름다운 말은 미덥지 아니하다." 노자의 유명한 통찰이다. "교묘한 말과 번지르르한 낯빛 보이는 사람 치고 어진 이가 드물다." 공자의 안타까운 탄식이다. 이것만 보아도, 속임수와 과장으로 넘치는 춘추말기의 사회상을 엿볼 수 있다.

특히 공자의 제자 중에 말 잘하는 재아는, 낮에(또는 화려한 그림으로 둘러싸인 침실에서) 잠자면서, 돌아가신 부모님께 대한 3년상의 예법은 너무 길다고 불평불만을 쏟아댔다. 그것도 3년간 예악을 놓으면 예악이 무너질까 염려스럽다는 허울 좋은 명분으로 투덜거렸다. 그래서 공자는 자신이 본디 사람 말을 믿었는데, 재아를 보니 말만 들어서는 안 되겠고, 반드시 행실을 본 다음에 믿어야겠다고 크게 탄식했다.

공자의 열락군자와 맹자의 군자삼락

하여 공자는 제자들을 문학·행실·충실·믿음(文行忠信)의 네 덕목으로 가르쳤다. 특히 자신의 마음을 바로잡는 '충忠'과 남에 대한 '신信'을 최고 주된 가치로 중시했다.(『논어』, '學而' 및 '子罕'편) 『논어』에 보면 도처에서 인간관계의 윤리를 역설하면서, 특히 '벗'의 중요성을 거듭 강조하고 있다.

용어상의 특징을 보면, 공자가 살아생전부터 '붕우朋友'라고 썼는지,

아니면 공자 사후에 제자들이 기록하는 과정에 자기들 말투로 적었는지
는 자세히 알 수 없지만, 『논어』에는 이미 주로 '朋友'라는 합성단어로
적혀 있다. '友'는 '벗하다'나 '교유하다'나 '벗으로 사귀다'는 뜻의 동사나
동명사 형으로 주로 쓰인다. 더러 '현우賢友'나 '회우會友'처럼, '友' 앞에
관형어나 동사가 붙어 특별한 숙어나 관용어를 이룰 때도 쓰인다.
'朋'을 홀로 쓴 경우는 거의 없으며, '학이'편의 첫 구절이 유일한 용례.
먼저 『논어』 '학이'편의 맨 첫 구절을 보자.

"배우고 때때로(또는 때 맞춰, 제때) 익히면 또한 기쁘지 아니한가?(학습
이외에도 기쁜 일은 얼마든지 있을 수 있음을 암시) 벗이 먼 곳에서 찾아와
(함께 교유하며 절차탁마)하면 또한 즐겁지 아니하겠는가? 남들이 알아
주지 않아도 서운하지 않으면 이 또한 군자가 아니겠는가?"

이 구절의 내용은 공자의 '열락군자悅樂君子'라고 부를 수 있다. 흔히
'기쁠 열悅'은 자기 마음 안의 내면적 희열을 가리키고, '즐거울 락樂'은
뜻이 같은 벗과 교유하며 밖으로 피어나는 쾌락(정신이 통쾌한 즐거움)
을 가리킨다고 풀이한다. 그리고 한대漢代 유학자들은 이러한 『논어』
구절을 근거로, '붕朋'을 같은 스승(同師) 밑에서 함께 공부한 동문同門동
학으로 보는 듯하다.
허나 공자는 일정한 스승 없이 누구든지 스승으로 여기고, 불치하문不
恥下問의 마음가짐으로 널리 배웠다. 이러한 공자의 겸허한 학습정신을
염두에 둔다면, '붕朋'은 도덕에 뜻을 두고 진리를 닦는 도반道伴과
덕려德侶 같은 동지同志동학을 가리킨다고 봄이 더 자연스러울 것이다.

"아침에 도를 들으면 저녁에 죽어도 좋다"고 말한 그 도반을!

그리고 이 구절과 대비하여 『맹자』의 이른바 '군자삼락君子三樂'을 살펴보면, 두 성현의 미묘한 차이를 느낄 수 있다.

"군자는 세 즐거움이 있으나, 천하의 왕 노릇은 그 안에 끼지 않는다. 부모님이 함께 생존하시고, 형제가 탈 없으면 첫째 즐거움이요. 위로 하늘을 우러러 부끄럼이 없고, 아래로 땅을 굽어 사람들한테 창피함이 없으면 둘째 즐거움이다.(윤동주의 '서시' 첫 구절은 여기서 시상을 따온 것임.) 천하의 영재를 얻어 교육하면 셋째 즐거움이다. 군자는 세 즐거움이 있으나, 천하의 왕 노릇은 그 안에 끼지 않는다."

공자의 '군자열락'은 자기 내면의 수양으로서 학습의 기쁨과 학습을 공유하고, 절차탁마할 동지로서 벗과 교유의 즐거움에 초점이 맞춰진다. 그밖에 세속인간의 시비선악 평가는 전혀 아랑곳하지 않는 초연함이 돋보인다. 세인들을 선동해 좋고 싫음을 부추기는 팔풍(八風: 이익·손실·명예·불명예·칭찬·비난·즐거움·괴로움)에 전혀 흔들리지 않는 불교 수행자나, 시비선악의 분별선택을 초월하여 무위자연의 존재법칙에 노니는 선승禪僧이나 신선의 부동심 경지를 연상시킨다. 결국 오륜 가운데 수평적인 '나'와 '벗'의 붕우교유가 주된 관심사다.

반면, 맹자는 부모의 무병장수와 형제의 무탈을 첫째로 꼽았으니, 수직적인 '부자'와 '장유'의 인륜이 초점이다. 셋째로 든 영재교육은 '사제'의 세대 간 전수로서, 역시 수직적 '장유'에 해당한다. 둘째는 자기 내면수양의 떳떳함에 초점이 있는 듯하다. 허나 초월적 '하늘'에 부끄럼 없음은 놔두고라도, 아래로 '세간사람'에 창피가 없다고 말함은 이미 남의 시선을 의식하고 있다. 명예와 불명예, 칭찬과 비난의 외래적 평가 바람에 의존해 흔들려, 이미 초연한 무위자연의 궁극 도덕과는 한참 거리가 멀고, 당위로 노력하는 현인의 경지에 머무는 느낌이다.

흔히 공자는 성인이라 일컫는데, 맹자는 아성亞聖이라고 부른다. 그 이유를 알아차릴 수 있는 중요한 실마리가 여기 있다. 즉 공자는 천인합일의 수평적 경지에 올라 무위자연의 존재법칙에 노닐지만, 맹자는 천인합일을 향해 올라가는 수직적 당위규범의 경지에 머물러 있는 것이다. 맹자와 중용의 표현을 빌자면, 공자는 하늘의 도(길)인 자연스런 성誠의 경지에 이르렀고, 맹자는 그 성誠을 생각하고 그 경지를 향해 나아가는 과정에 있는 셈이다.

공자의 붕우관

다음으로 공자의 붕우관朋友觀을 좀 살펴보자. 공자는 벗을 사귐에 믿음과 신뢰를 최고로 중시하였다. 자로가 스승님의 뜻을 여쭙자, 공자는 늙은이를 평안하게 보듬고, 벗을 미덥게 감싸며, 젊은이를 따뜻하게 품어주는 게 정치의 이상이라고 밝힌다. 남과 사귀는 벗의 교유에서 믿음이 가장 귀중한 가치다. 하여 좌구명左丘明처럼 공자도, 교묘한 말과 번지르르한 낯빛과 지나친 공손으로 꾸미거나, 어떤 사람을 원망하면서도 그 원망을 감추고 그 사람과 사귀는 따위의, 허위와 가식을 매우 부끄러운 수치로 여겼다.(『논어』, '公冶長'편)

그러한 가르침을 받들어, 공자의 수제자들도 '붕우유신'을 각별히 전하고 있다. 증자는 하루 세 번(또는 세 가지) 자신을 반성하였다. 그 잣대는, "남을 위해 일을 꾀함에 충실하지 않았는지, 벗과 사귐에 미덥지 않았는지, 스승의 가르침을 제대로 익히지 않았는지?"였다. 또 자하는 아내의 어진 덕성을 미색 대신 중시하고, 부모를 섬김에 능력을 다하며, 임금을 섬김에 목숨을 바치고, 벗과 사귐에 말에 믿음이 있는 걸 참된 배움의 필수조건으로 여겼다.(『논어』, '學而'편)

물론 이렇게 굳건한 믿음을 지킬 만한 벗은, 예나 지금이나 그리 많지 않으며, 그래서 잘 가려 사귀어야 한다. 거듭 밝혔듯이, 벗의 사귐은 대등한 수평관계가 필수요건이다. 하여 유유상종類類相從의 원리에 따라 자기와 비슷하게 통할만한 대등한 도덕인격을 잣대로 벗을 신중히 선택해야 한다. 그래서 공자는 '충忠'과 '신信'을 핵심으로 삼아, '자기와 같지 않은 사람은 벗하지 말라'고 거듭 역설한다. 벗의 사귐이 위아래로 쏠리면, 아무래도 물 흐름처럼 일방통행의 상하주종 관계가 저절로 이루어지고, 내가 벗한테서 배울 게 없기 때문이다.

주지하듯이, 사람이나 사물이나 가까이하는 것끼리 서로 훈습하고 물들기 마련이다. 숯을 만지면 검어지고, 인주를 손대면 빨개진다. 마찬가지로 향을 싼 종이는 향기나 나고, 생선을 묶은 새끼줄은 비린내가 난다. 공자도 어짊을 배우고 실행하려면, 자기가 사는 나라에서 어진 대부를 가려 섬기면서 어진 선비를 가려 사귀라고 충고한다. 마치 장인(匠人: 기술자)이 자신의 일을 잘하기 위해서는, 반드시 먼저 연장과 도구를 잘 들게 준비해야 하는 것처럼, 구체적 비유로 추상적 지혜를 밝혀 일깨운다.(『논어』, '衛靈公'편)

한편, 공자는 즐거움의 손익損益을 세 가지씩 들어 대비한다. 이로운

즐거움에는, 절제된 예악禮樂을 즐김과, 남의 선행을 즐겨 말함(인도함)
과, 수많은 어진 벗을 즐겨 사귐이 들어간다.(『논어』, '季氏'편) 왜냐하면
군자는 예악 문화로 벗을 모아 사귀되, 벗을 통해 인의仁義 도덕을
서로 보완하여 인격을 완성하기 때문이다. 그래서 벗을 사귐에는 사실
대로 충실하게 일러주고, 도덕으로 착하게 잘 인도해야 한다. 만약
그게 안 통하면 차라리 그만둘지언정, 억지로 강행하여 스스로 모욕을
당하거나 모멸감을 느껴서는 안 된다.(『논어』, '顔淵'편)

　사람이 너무 허물없이 굴면, 진짜 큰 허물이 생기기 쉽다. 군신
간의 수직적 상하 관계뿐만 아니라, 붕우 간의 수평적 대등 관계도,
부부관계처럼 어느 정도 공경심과 거리감을 유지해야 한다. 설사 도리
와 선익善益에 부합할지라도, 사람이 너무 자주 만나고 부대끼다 보면,
서로 귀찮아지고 서먹해지며, 때로는 모욕을 불러일으키기 십상이다.
(『논어』, '里仁'편) 피를 나눈 형제간에는 화목하게 즐거워야 하지만,
남남이 도의로 만난 벗 사이에는 서로 간절한 믿음으로 부지런히 격려함
이 선비의 중요한 덕목임을 잊어서는 안 된다.(『논어』, '子路'편)

　물론 그렇게 절친하고 존경하는 벗 사이에는, 아무리 비싸고 귀한
의식주라도 서로 아낌없이 함께 나누는 우정이 자연스레 뒤따를 것이
다. 이른바 재물의 통용通用은 우정의 사소한 지엽일 따름이다. 용감하
기로 짝할 자가 없던 자로는, 귀한 말이나 마차나 가볍고 따뜻한 가죽옷
을 벗과 함께 써서 닳아지더라도 아쉬움과 여한이 없겠다고 자부했다.
(『논어』, '公冶長'편)

　그런 우정은 벗을 믿음으로 감싸겠다는 공자의 회포에 비하면, 오히
려 낮은 물질적 교유일 뿐이다. 공자도 벗이 죽어서 돌아갈 곳이 없으면

자기 집에 와서 초상初喪을 치르게 했다. 허나 벗이 주는 선물은, 비록 말과 마차처럼 아주 귀한 재산이라도, 제사 지낸 뒤 복을 나누는 뜻에서 베푸는 고기(祭肉)가 아니면, 결코 공손히 절하고 받지는 않았다.(『논어』, '鄕黨'편) 아무리 절친한 벗일지라도, 그만큼 물질적 선물과 정신적 예의는 깍듯이 구분해 지켰다.

전통사회의 혼례: 신뢰의 예법 문화

오륜의 '붕우유신朋友有信'으로 대표되는 이러한 공자의 우정관은, 정체에 가까울 정도로 더디게 발전한 전통사회에서, 2,500년 가까이 동아시아 인민들 마음속에 확고히 뿌리내렸다. 좁은 의미의 고유한 개별 우정에서, 점차 넓은 의미의 보편적 대인 관계로 확장하면서, 사회 전반에 걸쳐 모든 인적 교유와 물적 교류의 밑바탕에는 '믿음'이 변함없는 기본 윤리로 자리 잡은 것이다. 특히 대부분 불문의 예법 관습에 따르던 민사 거래 관계에서는, 개인 간의 일회성 교환이나 일시적 융통뿐만 아니라 직업상의 꾸준한 상거래에 이르기까지, 대등한 벗 사이의 믿음이 목숨만큼 귀중한 최고의 기본 원칙이 되었다.

친한 이웃 사이에는 말 한마디로 급박한 어려움을 융통해주기 다반사였다. 토지나 가옥 같은 부동산을 거래할 때는, 가까운 이웃들을 증인으로 입회시켜 계약서를 썼다. 개성상인들의 활약에서도 잘 나타나듯이, 직업적인 통상 거래에서는 순전히 차용증이나 어음 같은 '신용' 하나로 외상 거래나 거액의 자금 대출을 하기도 하였다. 향촌사회에서는 동족 부락이나 농어촌 마을 단위로, 공동의 신뢰를 바탕으로 각종 계契나

두레 같은 협동조직으로 상부상조하며 살아왔다.

또 우리 조상들은 고대부터 근친끼리 혼인하면 종족이 번성하지 못한다는 경험지혜를 깨달았고, 우생학적 이유에서 동성금혼의 예법을 일찌감치 확립하였다. 교통통신이 발달하지 못한 동성촌락 중심의 농경사회에서, 족외혼으로 가계家系의 번성을 꾀하던 혼인질서도, 순전히 상호 신뢰의 바탕 위에 이루어진 것이었다.

특히 혼인질서는 집안의 연합체인 나라(國家: 나라와 집안의 뜻이 합쳐진 낱말!)의 기강에 아주 중요했다. 일찍부터 다른 일반 민사거래와는 달리, 나라의 '율령'에서 명문으로 직접 규정했다. 이제『당률소의唐律疏議』(고대의 율령을 집대성한『당률』과 그에 대한 공식 주석 및 문답을 함께 실은 국가편찬 법전으로, 현재까지 온전히 전해지는 最古의 법전)의 호혼률戸婚律에 실린 혼인법의 몇 규정을 차례로 살펴보자.

첫째 규정 : "딸을 시집보내기로 허락하여 이미 혼서까지 받아놓고서 (사전에 신랑이 나이 많거나 어리거나 질병이나 장애가 있거나 양자나 서자인 줄 알고 괜찮다고 계약하고서는), 나중에 물리려는(파혼하는) 경우에는, 곤장 60대를 때리고 혼인은 당초 약속대로 행한다.(남자 집에서 물리는 경우 처벌하지 않지만, 청혼의 예물은 돌려주지 않는다.) 비록 혼인을 허락하는 서신 교환은 없을지라도 청혼의 예물을 받았으면 또한 마찬가지다.(친척이나 손님 접대를 위해 베푼 술과 음식은 원칙상 제외하되, 청혼의 예물로 술과 음식을 대접한 경우에는 포함한다.) 만약 다른 사람한테 다시 혼인을 허락한 경우에는 곤장 1백을 때리고, 이미 다른 사람과 결혼하였으면 도(徒: 징역) 1년 반의 형벌에 처한다.

그와 결혼한 다른 사람도 먼저 정혼한 사실을 알았으면, 도(징역)
1년에 처한다. 여자는 떼어내 먼저 정혼한 남자에게 시집보내되, 먼저
남자가 결혼을 원하지 않으면, 청혼 예물을 되돌려주고 나중 혼인을
법대로 인정한다."

비록 남존여비의 가부장권 영향이 짙게 드리워져 시대적 한계가
뚜렷하지만, 집안 사이의 사사로운 혼인 약속도 '신의성실의 원칙'에
따라 반드시 지켜야 함을 알 수 있다. 혼인의 예법에서는 먼저 '청혼의
예물(빙재: 娉財) 교환'을 신표로 삼는다. 따라서 설령 청혼 및 허혼許婚의
문서(婚書) 교환이 없더라도, 한번 예물을 받으면 혼인의 합의는 확실히
이루어진다. 이를 지키지 않으면, 사적으로는 혼서에 의한 집안 간의
약속과 믿음을 어기는 불법행위가 되고, 공적으로는 국가의 율령규정과
공신력을 어기는 명백한 범죄가 된다.

물론 불법행위에 대한 손해배상과 범죄행위에 대한 처벌은, 당시
가부장적 봉건 통치이념에 따라 현격히 달랐다. 남자는 형사처벌을
면제하고, 예물 포기라는 민사상 손해배상으로 응징할 뿐이다. 반면,
여자는 곤장 60부터 징역 1년 반에 이르는 형벌과 함께, 약정대로
혼인하라는 원상회복 명령을 부과했다. 이는 남녀를 차별하는 몹시
불평등한 예법으로, 인류의 문명 발전 과정을 보여주는 역사유물의
한 단면이다. (영미 같은 선진국에서도 노예제 폐지와 남녀평등 선거가
실현된 지 불과 150년 내지 100년밖에 안됨을 상기하라!)

둘째 규정 : "혼인에서 (嫡庶·長幼·尊卑·大小 등에 관한 당초 약속과

달리) 여자 집안에서 엉뚱한 사람을 내세워 결혼하려 거짓을 무릅쓴
경우 도(징역) 1년에 처하고, 남자 집안에서 그런 경우에는 1등급을
가중해 1년 반에 처한다. 약속과 다른 혼인이 아직 이루어지지 않은
경우에는 본래 약속대로 혼인하고, 이미 이루어진 혼인은 이혼시킨다."

이는 신랑 신부의 신원身元과 관련하여, 당초 약속(계약)을 어기고
엉뚱한 사람을 내세우는 결혼 사기극에 관한 규정이다. 예컨대 서자나
장애자나 과년한 처녀 총각이나 과부를 살며시 혼인시키기 위해, 적자
나 젊은 아우나 처녀를 내세워 정혼한 다음, 신랑 신부를 바꿔치기하는
수법을 가리킨다. 이는 혼담이 오가는 단계에서 약정한 구두계약 사항
이지만, 혼서婚書에 신랑 신부의 사주단자가 오가므로 사문서 위조나
계약서 위반에 해당한다. 또한 사후 배신이 아니라 사전 무신無信의
계획적인 사기극이므로, 엄중히 처벌하며 무효로 선언하고, 당초 약속
의 이행을 강제하는 것이다. 그런데 특기할 사항은, 앞서 정혼과 파혼에
관한 규정에서 남존여비로 남자 쪽에 매우 유리한 권한을 부여한 법에
상응하여, 여기서는 남자 쪽의 책임을 무겁게 묻는 균형추가 눈에
띈다. 일방적인 권력 관계가 아니라, 형평 정의를 꾀하는 합리적이고
합정合情적인 입법 의지가 돋보이는 대목이다.

요즘 농어촌 노총각이나 장애자들이 결혼을 못해 동남아 처녀를
사실상 매매혼 비슷하게 데려오면서, 전통율령의 이 규정에 해당하는
사칭이나 배신의 중매가 적지 않은 듯하다. 인도적으로나 국제외교상으
로 문제가 되는 현실에 만감이 교착한다. 적절한 규제가 필요하리라.

셋째 규정 : "처가 있으면서 다시 처를 취한 자는 도(징역) 1년에 처하고, 여자 집안은 1등급 감경하여 곤장 1백을 때린다. 만약 속임수로 취한 경우에는 도(징역) 1년 반에 처하고, (속아서 혼인한) 여자 집안은 처벌하지 않는다. 어떤 경우도 이중혼인은 모두 이혼시킨다."

요즘 우리는 흔히 전통 혼인법이 '일부다처제'라고 오해하는데, 적어도 예법 규범상으로는 엄연히 '일부일처제'였다. 물론 첩을 돈 주고 살 수 있어서, 사실상 '일부다처제'라고 우길지 모른다. 허나 처와 첩은 엄연히 다른 신분이다. '일부일처다첩제'라고 말할 수 있을지언정, '일부다처제'라고 정의할 수는 없다. '정처正妻'는 오직 한 여인뿐이다. 처가 있으면서 없다고 속여 다시 정식으로 취하는 중혼重婚은 옛날부터 아주 엄벌에 처했다. '평생의 대등한 벗'으로서 처에 대한 신뢰를 저버리면서, 선량한 처녀의 순진한 기대와 신뢰를 거짓으로 꼬여내는 막중한 배신이기 때문이다.

여기서도 우월적 지위와 권한을 누리는 남자를 엄중 처벌하고, 아내가 있는 줄 모르고 속아 결혼한 여자는 면죄하는 형평성이 돋보인다. 특히 중혼의 원천무효 법리를 관철하여, 어떠한 경우에도 강제로 이혼시킨다. 또, 강제 이혼 전에 중혼의 유효를 전제로, 가상假想의 친인척 관계 사이에서 빚어진 간통이나 범죄도, 근친상간이나 범죄로 가중처벌하지 않고, 일반인 사이의 평범한 간통이나 범죄로 처벌한다. 이러한 철저한 법리해석은 매우 훌륭한 전통법의 정신이다.

넷째 규정 : "처를 첩으로 낮추거나 노비를 처로 삼은 자는 도(징역)

2년에 처하고, 첩이나 객녀(客女: 部曲)를 처로 삼거나 노비를 첩으로
삼은 자는 도(징역) 1년 반에 처하며, 모두 원래대로 바로잡는다."

이 규정은 물론 전통사회의 근본 기강인 신분질서를 어지럽히지
못하도록, 귀천의 명분을 엄격히 고수하는 법이다. 그러나 다른 한편으
로는, 오직 하나뿐인 '정처正妻'의 신분을 보장함으로써, 지아비의 아내
에 대한 규범적 신뢰를 엄격히 요청하는 규정이다. 이 범죄의 주체는
지아비에 국한하며, 이 조항 또한 권한에 비례한 책임 부과의 형평성이
돋보인다.

이상의 『당률소의』 내용은 부부윤리를 직접 규정한 게 아니라, 부부
가 되기 전 단계에서 대등한 남녀 관계로서 부부가 되는 과정에 지켜야
할 적정 절차를 밝힌 것이다. 또 부부는 본디 대등한 신분의 남녀가
만나 결합하는 이상적인 '붕우' 관계의 전형이다. 특히 문당호대門當戶
對의 비슷한 집안 사이에, 장차 사돈이 될 가부장끼리 주혼자主婚者로
나서서 혼인합의를 한다. 따라서 '부부유별'이 아니라, '붕우유신'의
관점에서 볼 수 있다. 하여 전통사회의 사적 자치 영역에서 공적으로
요청하는 믿음의 윤리로서 '신의성실의 원칙'을 살펴본 것이다.

간통죄와 배임·횡령죄의 배신

전통사회에서 결혼 과정에 쌍방의 대등한 믿음을 요구하고, 믿음을
저버리고 약속을 어기는 죄를 처벌하는 율령을 살펴본 김에, 현대
들어 아주 큰 논란거리가 되고 있는 간통죄의 본질 문제를 한 가지

짚고 넘어가자. '부부' 관계는 가장 허물없고 대등한 수평적 교유交遊로서, 사실상 가장 막역하고 대등한 전형적인 '붕우' 관계라고 했다. 부부는 가장 친근하고 대등한 벗에서 출발하여, 상호 보완으로 원만한 인격 완성에 이르러야 가장 아름다운 이상이기 때문이다.

따라서 부부는 그 어느 붕우 관계보다도 철저하고 완벽한 인격적 신뢰를 바탕으로 몸과 마음이 하나로 결합해야 한다. 그래서 흔히 부부는 '일심동체一心同體'라고 한다. 또 혼인은 두 사람이 하나의 둥근 동심원同心圓을 이루는 '여보餘補' 관계라고 일컬었다.

그런데 자유연애와 남녀평등, 그리고 여성의 사회경제적 지위 향상으로 말미암아, 남녀의 성관계는 결혼으로부터 해방되었다. 기혼 부부의 잦은 외도·간통과 이혼도 급속히 늘어나고 있다. 그러한 사회현실을 반영해, 개인의 성적 자기결정권(자유)을 존중해야 한다는 명분으로, 간통죄의 폐지론이 꾸준히 줄기차게 대두해왔다.

법규범이 사회경제 현실과 특히 규범의식의 현실을 제대로 반영해야 하는 관점에서 보면, 간통죄 폐지론은 아주 합당하고 일리 있는 주장 같다. 그렇다고 규범이 현실을 충실히 반영해 그대로 따라가기만 한다면, 정의나 공동선을 지향하는 규범으로서 기본 사명은 깡그리 사라질 것이다. 따라서 득실을 잘 저울질해 균형 있는 판단과 결정을 내려야 한다. 예컨대 사회 전반에 걸쳐 공공연히 활개 치는 도둑과 사기를 들어보자. 아무리 단속해도 그치지 않는다고, 법으로서 실효성이 없는 절도죄나 사기죄를 폐지하자는 사람은 아무도 없다.

그러나 한편, 낙태는 의사들의 도움으로 공공연히 엄청난 규모로 저질러지는데, 실제로 낙태죄로 처벌받는 사람은 전무한 형편이다.

그래서 이제는 종교적 족쇄인 낙태죄를 풀어, 규범과 현실의 일치를 꾀하고, 임신모를 양심의 가책에서 해방시켜 주자는 주장이 만만찮다. 성적 자기결정권을 연장하여 출산까지 여성이 결정할 수 있도록 자유를 주자고 한다. 태아의 생명권이나 태아 아버지의 기대권은, 여성의 자유 앞에 휴지처럼 구겨져 쓰레기통에 내버려져도 좋은가?

그런데 여성의 심리는 참 미묘한가 보다. 연애의 자유와 혼전 성교의 자유, 낙태의 자유는 쌍수를 들고 적극 환호하는 듯한데, 오직 간통죄의 폐지만은 강력히 반대하는 분위기다. 남자들이 거침없이 '바람' 피울 구실과 계기가 될 수 있다는 우려 때문이란다. 어차피 남녀평등으로 맞바람 피우고 이혼하면 되는데도 말이다. 논리적 일관성도 없고, 법률적 원칙성도 없으며, 인간의 존엄성도 없어 보인다. 권리에 따르는 의무와, 자유에 따르는 책임은 도대체 어디로 증발해 버렸는가? 여기서 필자가 지적하고 싶은 핵심은 그게 아니므로, 이쯤해서 그치자.

핵심은 간통죄의 처벌 근거를 둘러싼 문제다. 현행 형법은 '강간과 (성)추행의 죄'(예전에는 '정조에 관한 죄'로 명명했는데, 어감이 안 좋다고 바꾼 것임)와 별도로, 간통죄를 '성 풍속에 관한 죄'로 규정하고 있다. 강간의 죄악은 개인의 신체자유 및 성적 자기결정권을 침해함에 있다. 허나 간통죄는 쌍방합의에 따른 것이므로, 상대방의 신체 및 성적 자유 침해는 없다. 그런 연유에서 전통법문화의 유풍을 이어받은 건지, 간통죄가 선량한 미풍양속을 침해하는 짓이라서 처벌한다는 것이다. 근데 여기에 중대한 법리적 오류 내지 함정이 있다.

즉 모든 범죄는 원칙상 범죄 피해자인 상대방의 법익을 보호하고, 그 침해를 보복하거나 보상함에 처벌 근거가 있다. 물론 피해자가 반드시 자연인으로서 개인에 국한하지는 않는다. 때로는 국가나 기업처럼 조직이나 법인이 피해자가 될 수도 있다. 하지만 그 구성원 전체의 이익이 침해당해서 처벌한다는 게 자연스런 법리다.

간통죄는 배우자 있는 자를 범죄의 주체로 한정한다. 헌데 간통으로 말미암아 간통자의 배우자가 입는 피해를 전혀 아랑곳하지 않고, '성(미)풍(양)속'이라는 집단적인 공공의 법익을 내세운 것이다.

정작 '성(미)풍(양)속'을 가장 크게 해치는 영리 목적의 매음(매춘, 창녀기생)은 형법에 처벌 규정이 없다.(특별법으로 처벌함) 헌데 그러한 매음을 주선하거나 음란물을 제작·유포하는 행위와 간통죄는 '성 풍속'을 위반하는 죄로 규정한다. 참 이해하기 어려운 입법체계다. 결혼과 가족이라는 사회의 단위세포를 보호함에, 전체적인 사회풍속을 뭉뚱그려 바탕에 깐 집단(전체)주의 발상이다.

물론 전통사회에서도 간통죄를 처벌함에 배우자의 혼인순결권 침해를 직접 내세우진 않았다. 그야말로 통치이념의 차원에서 오륜삼강이라는 국가기강 내지 사회질서 전체를 해치는 걸로 보고 있음이 틀림없다. 그렇다고 자유민주주의를 내세우는 현대법치주의 국가에서 그대로 물려받아 입법함은 좀 이상하다. 간통으로 인해 파괴되는 혼인의 순결 및 가정의 행복, 그로 인해 배우자가 당하는 정신적 고통은 어떻게 보호할 건가? 그거야말로 간통죄가 보호해야 할 첫째 법익인데, 그걸 간과하고 있다!

왜냐하면, 부부는 믿음을 바탕으로 사귀는 벗 가운데, 최고 순수하고 가장 친밀하면서도 항구적인 인간관계기 때문이다. 부부유별은 바로 붕우유신의 꽃이다. 믿음의 꽃을 오래 아름답게 유지하기 위해서 '유별'

의 거리감(존경심)을 강조한 것뿐이다. 신뢰가 없는 남녀 관계란, 하룻
밤 육욕에 탐닉하는 화류정花柳情은 될지언정, 몸과 마음이 하나로
합쳐지는 인격적인 결합으로서 혼인은 아니다. 사회가 일부일처를
바탕으로 하는 혼인의 규범을 공인하여 유지하는 것은, 부부간의 그러
한 기본 신뢰를 전제로 하기 때문이다.

따라서 사회의 미풍양속으로서 혼인제도와 성 풍속을 보호하는 것은,
혼인 당사자들의 상호 신뢰를 보호하기 위함이다. 그런데 배우자에
대한 혼인의 순결의무를 도외시하고 애매모호한 '성 풍속'으로 포장함
은, 간통죄의 본질을 오해하거나 호도하는 중대한 잘못이다. 결혼이라
는 게 서로 상대방을 믿고 자신을 맡기며, 한평생 서로 의지하자고
결합하는 것이 아닌가? 그러면 결혼만큼 묵직한 신임과 신뢰를 바탕으
로 맺어지는 인간관계와 합의(계약)는 없을 것이다.

그런데 근대화 과정에서 '신분에서 계약으로'라는 허울 좋은 미명에,
사람들의 귀와 마음이 홀린 탓일까? 결혼 같은 인간적 관계는 '신분'으로
치부하고, 재산거래 같은 물질적·경제적 관계만 '계약'으로 편협하게
착각한 걸까? 그래서 결혼은 계약이 아니고, 법이 보호해야 할 법익의
범주에서 슬그머니 빼버린 것일까?

그건 근대화 과정에서 발달한 중상주의를 기반으로 한 '자본주의'와,
그에 대한 반발로 봉기한 '공산사회주의'의 체제의 핵심본질에도 그대
로 삼투하였다. 자본주의는 문자 그대로 '자본(밑천)'이라는 물질경제를
지상 가치로 삼아, 오로지 황금만능주의로 치닫는다. 그러다 보니 인간
적 요소는 하찮아지고, 돈과 재물로 대표되는 소유권 보호와 거래
안전을 최고의 보호법익으로 삼았다. 자본주의에 대한 반발로 일어난

공산주의도, 그 철학 바탕인 '변증법적 유물론'에서 나타나듯이, 물질을 기초로 세워진 교조주의다. 자본주의를 초월한 게 아니라 그 반발이다. 결국 그 기초 전제를 인정하고 답습하여 조금 다른 방향을 제시한 것일 뿐이다.

그러다 보니, 자본주의고 공산주의고, 법에서 범죄로 처벌하며 보호하는 법익은 소유권과 거래라는 물질경제가 주류를 이룬다. 그래서 절도·강도·사기를 비롯한 전통적인 재산 범죄 외에, 횡령과 배임, 유가증권이나 신용에 관한 죄들이 대폭 늘어났다.

그 가운데 '타인의 재물을 보관하는 자가 그 재물을 횡령하거나 그 반환을 거부한' 횡령죄와, '타인의 사무를 처리하는 자가 그 임무에 위배하는 행위로써 재산상의 이익을 취득하거나 제3자로 하여금 이를 취득하게 하여 본인에게 손해를 가한' 배임죄가 대표적인 죄다. 5년 이하의 징역이나 1,500만 원 이하의 벌금에 처하는 중죄다. 그에 비하면 2년 이하의 징역에 처하는 간통죄는 경범죄다.

형법학에서 배임죄의 전형으로 거론하는 사례로 이른바 이중매매가 있다. 형법학자들에 따르면, 매매계약을 체결한 물건을 제3자에게 다시 판다고 계약하면, 실제 계약이행 여부와 관계없이 그 순간 배임죄는 성립한다고 한다.

물론 결혼한 자가 다시 결혼하는 중혼은 민법상 금지하고, 이에 어긋난 혼인은 취소할 수 있다. 중혼은 대체로 상대방을 믿게 하고 이를 기화로 음욕을 채우는 혼인빙자간음죄에 해당하거나, 이혼 후 재혼하는 과도기에 절차상의 흠으로 생기는 경우가 많다. 혼빙간의 경우 적극적인 배신과 기망을 바탕으로 이루어지나, 후자의 경우 수속

절차상 우연히 생기는 사례가 많다. 혼인신고까지 성공하는 중혼은
사실상 거의 불가능하다!

반면, 간통은 중혼보다도 훨씬 자주 널리 일어나면서도, 부부간의
신뢰 관계를 완전히 깨뜨리는, 아주 심각하고 중대한 배신행위다.
자신의 인격과 인신을 배우자한테 결혼으로 전속시켜 놓고서, 다시
남한테 고스란히 통째로 내주는 '이중매매'에 속한다. 배임죄의 이중매
매 같으면, 자신을 내주겠다고 언약만 해도 배임죄로 처벌받아야 할
판이다. 물건이 아니라 인격과 인신人身이라고 해서, 배신죄도 아니고
배임죄도 전혀 아니란다. 참 해괴한 논리다.

재산과 물건이 사람보다 훨씬 귀중하고, 보호할 법익도 훨씬 크다는
논리다. 사람의 몸과 생명이 토지나 가옥 같은 부동산보다 훨씬 덧없고,
심지어 어지간한 동산보다도 그 수명(존재 기간)이 아주 짧기 때문일까?
하지만, 어떻게 말끝마다 인간의 존엄성과 인권을 내세우는 근대 자유
민주주의 법치주의에서조차, 인간의 가치가 재물의 가치만도 못하게
형편없이 초라해졌단 말인가?

사실 배신이나 배임은 '상대방의 신임을 저버린다'는 의미에서 완전
히 같은 뜻이다. 신信은 믿는 것이고, 임任은 자신이나 재물이나 일을
맡기는 것이다. 믿어야 맡기는 것이므로, '신'과 '임'은 거의 같은 의미의
일관된 개념이다. 그래서 흔히 '신임信任'이라고 부른다. '신용信用'도
비슷한 용어다. 사람을 쓴다는 것은, 그 사람됨을 믿고 전적으로 그의
일처리에 맡긴다는 말이다. 사람에 관한 한 '임任'과 '용用'은 같은 뜻이
다. 그래서 '임용'이라고 부른다.

아주 오래전부터 전해오는 옛말에도, "의심하면 맡기(쓰)지 말고,

한번 맡기(쓰)면 의심하지 말라(疑則勿任[用], 任[用]則勿疑.)"고 한다. 또 "믿는 사람은 의심하지 말고, 의심하는 자는 쓰지 말라(用人不疑, 疑人不用.)"는 잠언도 있다. 믿을 신信자의 반대말인 의심할 의疑자로 바꿔, 부정적 관점에서 말한 격언이지만, 신임과 신용의 관계를 적확히 드러내는 명언이다. 관리 임용이나 일반인의 교유에서도 이렇듯 신임과 신용이 중요할진대, 하물며 한평생 백년해로하기로 결혼한 부부간에 믿음을 저버리고 간통하는 허물이 어찌 크고 무겁지 않겠는가?

물론 부부의 금슬이 깨지고 혼인 관계가 파탄에 이를 정도로 믿음이 깨어져 불화가 심하다면, 쌍방의 합의나 재판으로 이혼하는 것은 가능하다. 이는 간통과는 별도의 문제다. 그리고 한순간 잘못으로 진흙탕 수렁에 빠졌더라도, 곧 헤어 나와 시궁창 더러움을 씻고 배우자의 용서를 받아 정상적인 결혼생활을 계속할 수도 있다.

그렇지만 간통이 개개인의 성적 자기결정권 및 행복추구권의 당연한 표현이고, 형법이 개인의 인신 및 인격의 자유에 간섭할 수 없으니, 당사자 간의 계약자치 원칙에 따라 민사해결에 내맡기자는 논리는 매우 궁색하다.

더구나 집안일에 국법이 간섭할 수 없다고? 예전에는 부부간에 욕설(모욕)은 죄도 아니고 이혼사유도 안 되었다. 허나 요즘은 부부간에도 폭행죄와 강간죄를 인정한다. 더구나 하찮은 재물도 이중으로 매매계약을 체결하면 배임죄로 처벌하는 판이다. 헌데 유독 간통죄만은 개인의 자유와 당사자 자치에 맡기자고 한다면, 그 논리는 도대체 어디에 근거하는지 도무지 아리송하다.

근대 민법의 원칙과 신의성실의 철학

앞서 살핀 전통 혼인예법의 오랜 관습은, 백여 년 전에 급속히 불어 닥친 근대화의 물결에 휩싸여 통째로 침몰한 듯하다. 이미 망각의 강을 건너가 역사의 저편으로 사라지고, 박물관에 전시되는 화석유물로 나 느껴질지 모르겠다. 동아시아 여러 나라 가운데 특히 우리나라는 베트남과 함께 한문을 거의 배우지 않는 특이한 역사단절로 말미암아, 한문사료로 된 옛날 법전을 해독하거나 관심 가진 사람이 거의 없다. 그래서 전통 역사문화는 더더욱 까마득히 잊히고 있는 신세다.

허나 실상을 깊이 살펴보면, 근대화 과정에서 합리성과 합정성의 바탕 위에 알게 모르게 현대법 속으로 녹아들어 이어지는 전통예법도 적지 않다. 사실 시간과 공간을 초월하여 동서고금에 보편으로 공통하 는 법의 일반원칙이 있기 마련이다. 진리의 일반보편성과 법의 정신으 로 일컬을 수 있는 그 어떤 것 말이다. 따라서 예법의 구체 조문이나 개별적 제도규정은 나라마다 시대마다 조금씩 다르고 더러 판이하게 느껴질지라도, 가장 깊은 밑바탕에 깔려 흐르는 근본정신과 기본 원리 는 대체로 상통하는 법이다.

붕우유신에서 비롯한 대등한 개인 사이의 믿음 윤리도 또한 마찬가지 다. 역사적 대전환기를 맞이해 동아시아 각국의 법은 서양법을 대폭 계수(繼受 : Reception)하면서 근대화를 겪었다. 그 과정에서 관습예법 중심의 전통 민사규범은, 자세하고 방대한 성문의 민사법 체계로 탈바 꿈한다. 상거래의 급속한 발전과 기업의 번창으로 말미암아, 상법이 민법의 특별법으로 독립하였다. 산업화에 이어 정보화로 급속히 치닫는 시대발전의 추이에 따라, 새로운 특별법이 꾸준히 파생하고 있다.

그런데 모든 사법私法 체계에서 최초의 근본 모체는 민법이다. 그리고 민법의 첫째가는 기본 원리는 바로 대등한 당사자 사이의 '신의성실의 원칙'이다. 이는 사법 관계뿐만 아니라 공법 관계까지 포함하여, 모든 법률행위의 기본 원칙이다. 근원적으로 보면 이는 전통 예법 문화의 '붕우유신'의 윤리까지 이어지는 유구한 정신생명이다!

다시 말해서, '붕우유신'의 믿음윤리는 현행 민법 제2조의 '신의성실'의 원칙으로 이어져 생명의 불꽃을 활활 밝히고 있다. 비록 표현형식은 근대법문화의 언어로 '권리의 행사와 의무의 이행'의 관점에서 규정하지만, '신의에 좇아 성실히' 행해야 하는 대원칙은 실질상 전통예법의 '믿음윤리'의 현대판일 따름이다.

또 민법 제1조는 민사에 관하여 법률에 규정이 없으면 관습법에 따르고, 관습법도 없으면 조리條理에 의한다고 법원法源을 규정한다. 이 조항의 '관습법'과 '조리'도 넓게 봐서 전통예법의 믿음윤리에 들어간다. 상사商事에 관하여 상법에 규정이 없으면 차례로 상관습법과 민법의 규정에 의한다는 상법 제1조의 법원法源 조문도, 대등한 거래 관계로 확장된 '붕우유신'의 신용윤리를 바탕으로 이해할 수 있다.

그러면 붕우유'신信'이 '신의信義 성실誠實'로 바뀌게 되는 과정과 의미는 어떻게 풀이할 수 있을까?

우선 '신의 성실'은 공자가 자기 자신을 다스리고 제자들을 가르칠 때마다 핵심으로 내세운 '충신忠信'에 상응한다. '충忠'은 '성誠'이나 '실實'과 비슷한 의미로, 서로 어울려 '충성' '충실' '성실'과 같은 비슷한 의미의 단어를 이루기 때문이다. 다만 공자의 '충신'이 앞뒤로 자리바꿈만 한 셈이다.

'충忠'은 글자 그대로 '중심中心'이다. 본디 자기 마음 한가운데를 바로잡아 지키는 줏대를 가리키며, 대내對內적 구심성求心性을 띤다. 반면, '신信'은 자신이 밖으로 남한테 뱉은 말을 지키는, 대인對人적 대외對外적 원심성遠心性을 지닌다. 따라서 '충신'은 자기 내면의 중심을 바로잡는 극기克己를 통해, 밖으로 남한테 믿음을 지키는 복례復禮를 병행하여, 안팎으로 균형이 잡힌 인격수양을 뜻한다.

공자가 스스로 거듭 강조한 '충신忠信'은, 공자의 일관一貫된 도道의 양면인 '충서忠恕'로도 표현할 수 있다. '충'의 짝이 되는 '서恕'는 글자로 풀면(破字), 같을 여如와 마음 심心이 된다. '마음 같다' 함은 바로 남의 마음을 내 마음과 같이 미루어 헤아려주는 '배려'를 뜻한다. 남(상대방)이 모자라거나 잘못했을 때, 내가 그 자리에 있었더라면 어떠했을까 생각하는 역지사지易地思之의 마음으로, 남의 처지를 헤아리고 이해하는 것이다. 거기서 '용서容恕'의 미덕도 나온다.

일찍이 공자가 자신의 도는 하나로 관통한다고 말하자, 제자인 증자는 공손히 '예'라고 긍정했다. 공자가 나간 뒤 주위의 제자들이 무슨 뜻이냐고 묻자, 증자는 "스승님의 도는 충서忠恕일 따름이라"고 부연 설명한 적이 있다. 음과 양이 함께 어우러져 태극을 이루듯이, '충'과 '서'가 함께 어우러져 원만한 진리의 완성을 향한다는 뜻이다.

도의 통일적 일관성을 포괄하는 '충서忠恕'에 대한 역대 유학자나 주석가의 해설이 다양하다. 요컨대, 자기 마음의 중심을 흔들림 없이 바로잡고, 남의 마음을 자기 마음처럼 헤아려주는 배려의 미학이, 군자의 도인 '충서忠恕'의 단순명료한 핵심이다. 남의 마음을 내 마음과 같이 헤아리는 '서恕'는, 남한테 뱉은 내 말의 믿음을 스스로 지키는 '신信'과 상통하는 실질 의미를 함축하는 것이다.

이것이 공자와 유가의 핵심 진리인 중용의 일면이기도 하다. 따라서 '신의'와 '성실'도 자기 내면의 성실성을 바탕으로 남한테 신의를 지키는 일관성의 관점에서, 양자가 서로 보충하여 원만한 완성을 지향하는 맥락으로 이해할 수 있겠다. 바로 공자의 '주충신主忠信' 정신을 근대 자유 평등한 시민사회의 대등한 거래 관계에 맞게끔, 새로 풀이한 법치주의 판본이 신의성실의 원칙이라고 하겠다.

다만 현재 세간의 일반적 언어관용과 실질의미로 보면, '신의信義'와 '성실誠實'은 대체로 상통하는 동의어의 반복이다. 마치 '공평公平'과 '무사無私'가 같은 뜻의 되풀이이듯이.('公'자는 'ㅿ'〔私의 원형〕를 등지다 〔八: 北, 背〕는 會意문자임) 즉 '권리의 행사'와 '의무의 이행'에 상응하여, 비슷한 단어를 보충적으로 되풀이해 강조한 작문화법으로 보아도 무방하다. 왜냐하면 '신信'은 사람(亻)의 말(言)을 지키고 행함을 뜻하며, '성誠'은 사람의 말(言)을 행하여 그대로 이룸(成)을 뜻하기 때문이다. '실實'은 열매 알맹이로, 텅 빈 쭉정이나 허탕·거짓이 아니라는 뜻이니, '성誠'과 '실實'도 동의반복인 셈이다. 한문漢文과 중국어에서 '신信'과 '성誠'은 모두 똑같이 '진실로'라는 뜻의 부사로도 쓰인다.

그럼 이제 용어상 아주 중요한 변화의 의미를 살펴보자.

왜 붕우유'신信'이 '신의信義'로 바뀌게 되었을까? 한문은 본디 모습을 본뜬(象形) 뜻글자(表意文字)로 고립어다. 글자 하나마다 독립의 완전한 의미를 지닌다. 따라서 '믿을 신信'자 하나만 써도 충분한데, 나중에 복잡하고 다양하게 분화한 상황이나 의미를 각기 따로 구분해 표현하기

위해, 두세 글자를 붙여 하나의 단어로 쓰기 시작했다. '붕우'같이
공자 때 이미 쓰인 단어도 있고, 당-송-원-명-청나라를 거치면서 사회
발전과 함께 적잖은 단어가 속속 등장했다. 특히 근대 들어와 서양어를
번역하면서 뜻을 조합해 새로 만든 단어들이 아주 많다.

'신의信義'라는 조합어는 이미 『공총자孔叢子』나 『후한서後漢書』 같
은 서적에 '신의군자信義君子'와 같은 단어로 나오는 걸로 보아, 아주
오래 전부터 널리 쓰인 듯하다. 물론 '신信'과 '의義'의 독립 의미를
나란히 함께 지닌 복합어로 말이다. 근대에 이르러 기독교의 전래와
함께 루터파 교회를 '신의교信義教'로 번역한 용어도 흥미롭게 눈에
띈다. 기존의 교조화한 가톨릭교회에 반발하여, 오로지 예수에 대한
'믿음'을 바탕으로(말미암아) 진리(敎義)를 선양한다(因信稱義)는 취지
(宗旨)에서 붙여진 명칭이라고 한다. 불교의 선종이나 교종 같은 분류법
을 본떠, 루터파를 아예 '신의종信義宗'으로 번역하기도 한다.(『辭海』,
上海辭書出版社, 1979년 縮印本)

그런데 이 '신의信義'라는 단어는 본디 『논어』에 직접 근거가 나오는
아주 뜻 깊은 철학적 단어다. 이러한 어원을 성찰한다면, 근대 민법
및 법치주의의 기본 원리인 '신의성실의 원칙'도, 공자와 유가의 가르침
인 붕우유신의 정신과 얼마나 깊숙이 일맥상통하는지 느낄 수 있다.
동서고금을 일관하여 회통하는 일반보편의 정신생명이, 얼마나 미묘
하고 섬세하게 우주 만유에 두루 퍼져 이어져 있는지, 놀라지 않을
수 없다. 마치 제석천의 인드라망처럼, 아니 가까이는 우리 몸에 세포
구석구석까지 두루 퍼져 있는 핏줄과 신경망처럼 말이다!

정의로운 믿음이라야 지킬 가치가 있다!

유자有子는 공자와 생긴 모습부터 아주 비슷하고 학식도 출중하여, 공자 사후 제자들이 문중 대표로 공자의 뒤를 잇도록 추대하였다고 전해진다. 그런 유자有子의 말이 『논어』에 실려 있는데, 거기에서 '신의信義'의 최초 어원이 솟아나온다.

> "믿음이 옳음에 가까우면 그 말을 되풀이할 수 있고, 공손함이 예절에 가까우면 부끄러움과 욕됨을 멀리할 수 있으며, 의지함에 친한 이를 잃지 않으면 으뜸으로 삼을 만하다.(信近於義, 言可復也; 恭近於禮, 遠恥辱也; 因不失其親, 亦可宗也.)"

'신의'의 최초 어원인 첫 문장만 요즘말로 쉽게 풀이하자면, 정의에 가까운 약속(信)이라야, 다시 말해 약속(信)이 정의로워야, 그 약속(信)을 지키기 위해 그 말을 되풀이하고 관철할 수 있다는 뜻이다. 의롭지 못한 불의의 말을 불쑥 내뱉어 놓고서 고치기는커녕, 단순히 맹목적인 형식적 믿음(信)을 구실로 내세워, 그 말을 관철하려 고집한다면 어떻게 될까? 자칫 큰일을 망가뜨릴 수도 있을 것이다. 바로 그런 경종을 담고 있는 가르침이다.

정의롭지 못한 믿음은 말 그대로 맹신(盲信: 눈먼 믿음)이나 미신(迷信: 미혹한 믿음)이나 심지어 광신(狂信: 미친 믿음)이기 때문이다. 예나 지금이나 형이상학적 하늘이나 절대자에 대한 믿음이, 자칫 이러한 사이비의 늪으로 잘못 빠질 수 있는 가능성은 역사 경험에서 숱하게 찾아볼 수 있다. 이러한 그릇된 사례는 대개 인간의 어리석음(무지몽매)과 연약(무능)함과 그로 인한 공포와 겁심怯心에서 유래한다.

예전에 어느 전자제품 광고에, "순간의 선택이 십년을 좌우한다"는 명제가 나와 인구에 회자한 적이 있다. 그런데 그 말을 본뜬(패러디한) 건지, "옳지 못한 믿음은 평생을 망친다"는 말도 한동안 바람결에 떠돌았다. "나라와 겨레를 구하기 위해 마지못해 총칼을 들고 나섰다"는 군사쿠데타 주동자의 강변에 대해, 의롭지 못한 사이비 명분이 나라와 겨레의 역사와 미래를 망친다는 빈정거림의 풍자로 들렸다. '정의'라고는 눈꼽만큼도 전혀 없던 총잡이들이, 되레 파출소와 관공서마다 현관에 '정의사회 실현'을 크게 내걸었었다. 그 구호를 보고 사람들은 한동안 '정의'라는 말을 듣기만 해도 매스꺼워 구역질이 나올 정도였다.

요즘도 정치권이나 경제계는 물론, 크고 작은 조직사회 전반에 걸쳐서, 으레 '적법절차'나 '절차정의' 같은 형식적 법치주의를 거창한 명분으로 내세우는 의롭지 않은 분들이 아주 많으시다. 자신들의 떳떳하지 못한 권력 의지와 이익 확보를 집요하게 관철하기 위해, 생떼와 억지를 부리는 착하지 못한 분들도 도처에 널려 계시다. 최고 지성이라는 대학과 정의의 최후 보루라는 사법부도, 심지어 가장 숭고하고 거룩한 양심사업이라는 종교계조차도 결코 예외는 아닌 듯싶다. 어쩌면 세상 모두가 막가파를 닮아 막말을 일삼으며 최후 종말을 향해 치닫는지, 극악무도하고 극도로 혼란한 말세를 방불케 한다.

그러므로 '믿음'은 반드시 '옳음'과 떳떳함과 '의로움'을 전제로 하는 '신의'라야 한다. 심지어 '의로움'조차도 '올바름'을 전제로 하는 '정의正義'를 말하지만, 세상의 의롭지 못한 분들은 이미 이 '정의'조차 몽땅

254

더럽히지 않았던가? 심지어는 '정의'마저 시대와 지역에 따라, 나아가 사람에 따라 각각 다르다며, 극도로 주관적 상대주의를 내세우기 일쑤다. 사람들의 정신과 지성을 흐리멍덩한 회의론과 불가지론의 늪에 빠뜨리기는 물귀신 작전도 서슴지 않는 것이다.

상대성과 주관성도 정상적인 평균인의 건전한 양심과 지성을 바탕으로, 일반보편성의 잣대에 비추어보아야 한다. 어느 특정한 광적인 극단 상황을 일반화하여, 자기와 집단의 이익을 포장해서야 되겠는가? 정말 하늘도 두렵지 않고, 자기 양심에도 찔리지 않는 걸까?

또 하나, '신信'과 '의義'가 하나로 결합하는 중대한 시대적 배경과 정치적·사회경제적 의미가 있다. 온갖 정치적·사회적·경제적 조직과 단체들이 수없이 난립하면서, 조직 내부의 구성원 사이에 알게 모르게, 크고 작은 위계 관계와 위계질서가 형성되기 때문이다. 이들 사이에는 너무나 방대하고 치밀한 권위주의 질서가 확고부동하게 서 있어, 단순한 믿음윤리로만 자율로 규제하기가 어려운 편이다.

자유와 민주와 평등은 이미 허울 좋은 말잔치에 지나지 않는 경우가 다반사다. 엄밀하게 말하면, 비록 옛날 같은 가부장적 신분사회의 노예제는 사라진 지 오래 되었지만, 시대 변화에 따라 권력이나 자본을 바탕으로 하는 온갖 변형된 모습의 새로운 '노예제'가 부활하여, 세상 사람들을 은밀히, 아니 공공연히 지배하고 있지는 않은가?!

본디 아주 허물없이 대등한 같은 또래의 벗 사이에도, 의롭지 못한 말이나 일에는 우정이란 미명으로 맹목적 믿음을 고집하거나 강요해서는 안 된다. (사실 엄밀히 살피자면, 벗 사이에도 나름대로 나이나 능력이나 신분에 따라, 미세한 위아래나 선후의 우열이 생겨 미묘한 영향을 미치기 마련이다.) 벗의 믿음도 '의로운 믿음'이어야 마땅하거늘, 하물며 이미 대등하지도 못하고 자유로운 의지에 의해 자발로 맺어갈 수도 없이, 주어진 주객관 상황에 의해 떠밀려 어쩔 수 없이 맺어지는 위계 관계나 '갑을' 관계는 오죽하랴?

'의로움'이란 본디 임금과 신하 사이의 권력 관계에 평화로운 질서유지를 위해 필요한 윤리다. 사람이란 흔히 동물 같은 욕망 덩어리인 육신에, 지혜광명의 혼불인 정신이 깃든 이중적 생명체라고 한다. 그래서 보통 인간을 수성獸性과 신성神性의 복합체라고 부른다.

그 때문일까? 사람은 제멋대로 할 수 있는 자유나 권력이나 위세 같은 조건이 주어지면, 자칫 방종으로 넘치고 방탕으로 휩쓸리기 쉽다. 특히 지위가 높고 위세가 크고 권력이 강할수록, 범람 가능성은 더욱 커진다. '절대 권력은 절대 부패한다'는 고금의 격언이 이를 증명하는 역사적 경험 지혜의 정화다.

그러므로 '군신유의'의 윤리는, 임금이 더할 나위 없이 존귀한 신분으로 절대 권세를 자기 마음대로 휘두르지 못하도록, 권력 남용을 예방하는 제방이다. 옳지 못한 명령으로 인민을 강요해 나라를 도탄에 빠뜨리고 세상을 어지럽히지 못하도록 마련한 사회 안전망이라고 할 수 있다. 허나 절대 권력에 대한 절대 통제는 보장하기 어렵다. 어디까지나 임금의 건전한 양심과 선의지를 일깨워 자발적 자율 규제를 기대할 뿐이다. 군신유'의'는 그런 당위적 윤리도덕이다.

'신의'는 붕우나 군신 사이뿐만 아니라 모든 인간관계에서 나란히 필요한 두루치기다. 하지만 그 관계의 특성에 따라, 군신 사이에는 무엇보다도 '의로움'이 긴요하고, 벗 사이에는 특별히 '믿음'을 강조하는 것이다. 그런데 근대에 들어서, 겉으로는 사회 전체의 이념(이데올로기)으로 자유 평등의 민주 법치를 표방하면서도, 속으로는 온갖 실질상의 위계 관계와 위계질서가 삼엄히 즐비櫛比하는, 표리부동의 이중적체계가 널리 퍼지게 되었다. 그래서 단순히 '신信'이나 '의義' 하나만으로는 어딘지 허전한 느낌이 들고, '신의信義'를 나란히 일컬어야 비로소온전한 안정감을 느끼는가 보다.

예컨대 몇몇 나라를 제외하면, 자유민주주의를 누리는 현대 국가에서는 그 어디서도 '대통령(President)'이나 '총리'를 옛날의 '황제'나 '왕'같은 임금으로 생각하지는 않는다. 하물며 장관이나 국회의원이나판검사 같은 고위직 공무원을 옛날의 삼정승이나 육조판서나 원님처럼떠받들지도 않는다. 하지만 여전히 그들은 사실상 막강한 권력과 존엄한 위세를 자랑하고, 많은 사람들은 현실적으로 껌벅껌벅 굽실거리며기죽는다.

따라서 위나 아래나 똑같이 '믿음'과 '의로움'으로 함께 정신을 무장해야 한다. 각계 사람들이 자신의 사리사욕을 위해 뇌물을 주고받으며,공동체 전체의 공익과 정의를 아랑곳하지 않고 해치는 것은, '신의'가몽땅 잊히고 없어졌기 때문이다. '신의'의 둑이 무너져 죄악의 홍수가봇물 넘치듯 범람하는 것이다.

대통령과 장관을 비롯한 행정부 관료뿐만 아니라, 입법부의 국회의원이나 사법부의 법관도, 정의를 잊고 부패해 타락하는 경우가 흔하다.형식적인 조직 체계상으로는 대통령이나 행정부에 직속하지만, 특정한 목적과 임무를 부여받아 독자적인 권력과 기밀보안을 누리는 정보기관이나 군대 내부의 권력은, 가히 신성불가침의 절대 권력을 무소불위

로 휘두르기도 한다. 국회의원의 온갖 이권 개입이나 청탁·정치자금
수수도, 신의를 저버린 아주 진부한 부패상이다.

형평정의를 법의 궁극이념으로 지향하는 사법부조차도, 삼성에버랜
드 사건에서처럼, 공공의 정의나 국민의 보편적 법 감정보다는 형식적
법논리와 절차를 내세워, 재벌 봐주기를 넘어서 아예 편들어 두둔하기
도 한다. 퇴직 후 화려한 영입을 염두에 둔 암묵의 이심전심일까?
그런가 하면, 석궁 사건 같이 조직의 권위와 명예에 조금이라도 흠이
될 만한 도전에 대해서는, 즉각 조직 전체의 단결된 의지를 과시하며,
일벌백계의 괘씸죄로 단호히 응징하기도 한다. 영화 '부러진 화살'에서
주인공이 되뇐 것처럼, '재판이 아니라 개판'인지도 모른다.

요즘은 삼권분립이 아니라, 언론 권력과 시민운동(NGO) 권력을
덧보태 '오권분립'이라는 말이 나돌고 있다. 언론이 부패를 방지하고
권력남용을 비판하는 '빛과 소금'으로서 객관 공정한 사회적 책임을
망각한 지 오랠까? 특정 이익집단과 한통속이 되어 '빨치산'적 당파주의
에 스스로 뛰어들어 헤어나지 못하고 허우적거리며, 나라와 겨레의
공공이익과 정의를 크게 해치는 짓도 서슴지 않는 모습을 보라.

최근 북한의 3대째 권력 세습을 계기로 불거진 남북한의 기세 싸움에
서, 일부 언론의 무분별하고 노골적인 비방과 모욕으로 빚어진 개성공
단의 파국사태를 보라! 사회적으로는 얼마나 엄청난 긴장과 스트레스
의 해일이 밀어닥쳤으며, 또 경제적으로는 쌍방 모두 얼마나 막대한
손해를 입었는가?

노동조합을 비롯해 순수한 목적과 의도로 출발한 온갖 비정부 공익단
체들도 예외는 아니다. 조직화와 더불어 돈과 권력이 붙으면서, 돈과

자리를 둘러싼 권력 다툼으로 더럽혀지고, 국민 혈세로 지원해주는 정부보조금을 물 쓰듯 낭비하는 부패와 도덕 불감증에 빠지기도 한다. 때로는 조직의 권력을 유지·강화하거나 자기 감투를 보전하기 위해서, 투쟁을 위한 투쟁이나 비판을 위한 비판이 난무하기도 한다. 일반 공무원뿐만 아니라 어지간한 교수 월급보다 훨씬 많은 연봉을 받으면서도, 수많은 비정규직 노동자들은 외면하고 배제한 채, 자기네들끼리 취직까지 세습하는 불의도 판치고 있다.

이 모두가 공신성과 정의라는 두 날개를 균형 있게 온전히 유지하지 못해, 스스로 나락으로 떨어지는 타락상이다. 수평적 붕우유신과 수직적 군신유의가 동시에 나란히 교차하여, 온전한 좌표를 올바로 세워야 할 필요와 이유가 시급하게 절박한 소이所以다. 반듯하게 균형 잡힌 '신의'의 좌표 안에 사회의 모든 인간관계가 각자 적재적소에 자리매김(定位)하여야, 비로소 나라기강과 사회질서가 똑바로 설 수 있다. 한겨레의 평화통일과 공동번영도 그 바탕 위에서 이루어질 수 있다.

이익을 보거든 의로운지 생각하라(見利思義)!

믿음이 의로워야 한다면, 하물며 이익은 더더욱 의로워야 하리라! 그래서 '주지 않는 것을 취하지 말라'는 종교계율에 덧붙어, '이익을 보면 의로운지 생각하라(見利思義)'는 도덕원칙이 따라다닌다. '견리사의見利思義'란 명제는, 공자가 '국가 민족의 위태로움을 보면 목숨을 바친다'고 말한 '견위수명見危授命'과 함께, 완성된 인격체(成人)의 요건으로 내세운 유명한 성어다.(『論語』, '憲問'편) '취득을 보면 의로운지

생각한다(見得思義)'는 공자의 명제도 같은 뜻이다. 『좌전左傳』 소공昭
公 28년(B.C. 514)에 "이익에 거처함에는 의로운지 생각한다(居利思
義)"는 말이 등장하는 것을 미루어 보면, 이는 춘추시대에 이미 보편화
한 잠언이었다.

부귀는 사람마다 갖고 싶은 욕망이지만, 정당한 도로써 얻지 않으면
거기에 머물지 않는다. 반면 빈천은 사람마다 싫어하지만, 또한 정당한
방법에 의하지 않고서는 구차히 거기에서 벗어나려고 하지 않는다.
이것이 공자의 기본 생활철학이다.(『論語』, '里仁'편) 의롭지 못한 부귀
는 공자에게 '뜬구름'과 같았다. 응분의 공로를 세우거나 정당한 대가를
치러 의롭게 취득하여, 사람들이 그 취득을 싫어하지 않아야만, 도덕적
으로 정당하고 사회적으로 인정받는 합법 취득이다. 요즘말로 '각자에
게 각자의 몫'을 나눠주는 배분적 정의의 관념이 바로 공자의 '견리사의'
정신이다. 그래서 먼저 어려운 수고를 다한 뒤에 노력의 열매를 취득해
야 한다. 그래야 덕을 숭상하는 것이고 인仁이라고 공자는 말하였다.
(『論語』, '雍也', '顔淵'편)

확실히 공자는 도덕의 관점에서 '의義'를 강조하고 '리利'를 경시하는
경향이 강했다. 그래서 흔히 공자는 의義와 리利를 군자와 소인의
구별 표준으로 삼아, 공의公義에 편중하여 사리私利를 지나치게 경시했
다고 비판 받는다. 특히 후대 유학자들에게 편협한 악영향을 끼쳐,
개성과 자유의지를 억압하고 창조적인 노동생산발전을 저해했으며,
수많은 지식분자들로 하여금 실제에 힘쓰지 않고 공리공담에 빠지도록
이끈 주범이 되었다는 공격도 받는다.

물론 개인의 사회(전체)에 대한 도덕책임을 강조한 점은, 민족의

이익과 단결을 유지한 척추가 되었고, 안빈낙도安貧樂道하면서 생사를 초월한 불굴의 의지와 강인한 절개의 전통으로 이어져, 수많은 애국지사를 낳았다는 긍정적 평가도 있다.

공자 사상의 전반적 특성상, 이익보다는 도의를 더 근본적이고 숭고한 가치로 중시한 점을 부인하기는 어렵다. 또 공자 사상이 후대의 편협하고 고루한 유학자나 선비들한테 자기합리화의 구실로 악용되는 부작용도 적지 않았다. 허나 공자는 경제적·물질적 이익을 결코 무시하거나 부정하지는 않았다.

다만 인仁과 서恕의 원리에 비추어, 나의 이득으로 말미암아 필연적으로 뒤따를 남의 손실도 함께 배려하자는 것뿐이다. 그러한 쌍방거래의 원리가 "이익을 보면 의로운지 생각하라"는 명제로 표현된 것이다. 요즘말로 공자는 "권리를 보(주장하려)거든 의무도 생각(이행)하라"고 역설한 것일 따름이다.

이러한 공자의 합리적이고 정의로운 이익취득 관념을 올바로 알아듣는다면, 굳이 농공상의 근면한 생산활동이나 정당한 거래행위까지 공자가 부정하거나 억제했다고, 터무니없는 비난을 퍼붓지는 못할 것이다. 절대 권력의 추종자들은 공자의 의리義利 관념을 오용 내지 악용하여, 백성의 사리私利보다 국가에 대한 공의公義가 절대 우선한다고, 그릇된 선공후사先公後私를 선전하기에 안성맞춤이었으리라.

전통법문화에서 서양과는 달리 권리보다는 의무 본위의 법의식이 뿌리 깊게 발전한 요인의 하나도, 바로 그러한 통치이념의 장구한 역사적 왜곡에 내재하지 않았을까? 공자는 명명백백하게도 '의'무는 뒷전에 두고 권'리'만 내세우는, 일방통행의 이기주의를 부정했을 따름이다. 그런 얌체 짓은 공자의 인仁과 서恕의 법 원리에도 정면으로 어긋날 뿐만 아니라, '동시이행의 항변권'으로 대등한 교환(거래)을 요구하는 근대법의 기본원칙에서도 결코 용납하지 않는다!

회사와 기업의 신의성실 윤리

이제 눈길을 조금 돌려, 수평적 붕우유신이 근대화 과정에서 가장 크게 확장된 상거래 분야에 초점을 맞춰보자. 민법의 기본 원리인 '신의성실의 원칙'이 특별법인 상법에 삼투하여, 특히 회사와 기업의 사회윤리의 핵심으로 매우 중요하게 떠오르기 때문이다.

옛날 자급자족의 고대사회에는, 벗이나 이웃이 바쁘거나 어려울 때 서로 돕고 품앗이하던 인정과 예의로 넉넉했을 것이다. 점차 잉여생산물이 쌓여 자기가 모자라거나 필요한 물품과 서로 맞바꾸던 물물교환의 시기만 해도, 아마 '믿음'이니 '신뢰'니 '보상' 같은 개념도 없이 그저 순박하게 필요한 만큼 나누고 바꾸었을 것이다.

그러다가 공간이나 시간의 틈새로 말미암는 부가가치가 커지면서, 그 차이를 노리거나 꾀하는 거래가 생기고, 점차 직업으로서 상거래가 등장했을 것이다. 사실 물물교환과 상거래야말로 대등한 개인 간의 공정한 교환무역으로, 전형적인 '붕우유신'의 확대 발전이다.

수천 년에 걸쳐 긴 세월 동안 느리게 점차 발전해오던 전통사회의 상업은, '사농공상'의 관용어에서도 나타나듯이 가장 천시 받던 직업이었다. 그 주된 이유는, 실질적 노동생산에 참여하지 않으면서 교활하게 시세 차익이나 노리고, 이익을 위해서는 물불을 가리지 않고 수단 방법을 총동원하여, 거짓과 과장도 서슴지 않는 그릇된 '상술商術' 때문이었다. 다시 말해서 대등한 벗과 이웃 사이의 정직한 믿음을 저버리는 좋지 못한 '심술心術보' 탓이다.

오죽하면 장사꾼 거짓말하는 줄은 나라(임금)님도 안다는 속담이 전해올까? 그래서 전통율령에는 시장을 담당하는 관서에서 상인들의 저울과 됫박 같은 도량형을 정기로 점검하고, 이를 위변조해 속이는 짓은 엄단했다. 뿐만 아니라, 온갖 종류의 사기와 위조의 죄도 구체로 자세히 규정해 처벌했다.

맹자도 지적하듯이, 직업에 따른 마음씀(用心)의 심술心術은 하늘과 땅 차이로 크게 벌어진다. 예컨대 창이나 화살을 만드는 사람은, 자기 창이나 칼이 어떠한 방패나 갑옷도 다 꿰뚫도록 날카롭고 견고하게 만든다. 반면, 방패나 갑옷을 만드는 사람은, 어떠한 창칼이나 화살도 모두 거뜬히 튕겨나가도록 튼튼히 만든다.

아주 비슷한 전쟁무기를 만드는 일이지만, 한 사람은 날마다 자기 창칼이나 화살이 사람을 잘 쓰러뜨리기를 바라는 마음으로 일하고, 다른 사람은 자기 방패나 갑옷이 사람을 잘 보호하길 바라는 마음으로 일한다. 애당초 그 일을 하는 사람들은 모두 똑같이 평범한 수공업장인 匠人에 지나지 않지만, 두 사람의 마음은 날이 갈수록 각각 사랑(仁)과 살기로 물들어 완전히 딴판이 된다.

맹자는 관棺을 만드는 장의사와 굿을 하는 무당도 마찬가지라고 말한다. 장의사는 관이 많이 팔려나가길 고대하며 누군가 죽기를 은근히 바란다. 무당은 미신일지라도 아픈 사람이 낫기를 바라는 마음으로 푸닥거리한다. 요컨대, 사람의 본성은 그 실마리로 보면 모두 똑같이 어질지만, 직업에 따라 각기 다른 마음 씀이 쌓이다 보면 후천적 심성함양은 천양지차로 갈라지므로, 직업 선택에 매우 신중해야 한다.

마찬가지 이치로, 맹자는 시세 차익을 노리는 장사꾼의 심술을 꼬집는다. 장사꾼은 좀 더 많은 이곳을 얻기 위해서, 시장에서 높은 둔덕(壟)에 올라가 사방을 두루 둘러보며, 어느 쪽 값이 싸고 어느 쪽 값이 비싼지 살핀다. 그리고는 가장 싼 곳에서 물건을 사서 가장 비싼 곳에 갖다 팔아, 그 자리서 시세 차익을 얻는다는 것이다.

아무런 생산노동도 하지 않은 채, 다만 이곳저곳 눈치만 살펴 순박한 농부와 수공업자를 우롱愚弄하고 앉은 채로 횡재하는 것이다. 그래서 사람들이 그자를 '농단壟斷'이라 부르고 천시했다고 한다. 이것이 요즘 흔히 말하는 불공정 거래의 전형인 독과점으로, 지금도 중국에서는 '독점'을 '농단'이라 부르고 엄격히 규제한다.

상거래는 본디 물이 높은 데서 낮은 데로 흐르듯, 고기압에서 저기압으로 바람이 불 듯, 물자가 흔한 곳에서 귀한 곳으로 자연스레 흐르면서 운송비용과 품값을 건지는 자연계 순환의 하나다. 예컨대 해안에는 소금과 물고기가 많고 곡식이 적으며, 내륙 평야는 곡식은 남아돌면서 소금과 물고기는 귀하다. 그러니 두 곳의 남는 물자가 서로 역방향으로 흘러들어 맞바꾸면, 두 곳의 주민도 유익하고 중간에 물자를 운송해 교역을 중개하는 상인도 이롭다. 말하자면 윈win-윈win-윈win 게임(경제활동)인 셈이다.

허나 서로 유익하고 이롭자고 하는 순수한 목적과 기능으로 자연스레 생긴 교역은, 차츰 견물생심의 유혹 탓에 탐욕을 부리게 되고, 어느새 인위적인 조작과 과장이 끼어들기 시작하였다. 그리하여 온갖 거짓과 속임수가 판을 치고, 믿음과 정직과 진실은 자취를 감추게 되었다. 더러 가뭄·홍수·태풍·혹한·질병 같은 천재지변이나 전쟁 같은 변란으로 물가가 등귀하면, 매점매석과 농단으로 상거래의 위력은 더욱 실감났을 것이다.

박지원의 『허생전』을 한번 보자. 허생이 선비로서 돈 못 벌어온다고 바가지 긁는 아내의 푸념에 시달리며 견디다 못해, 마침내 유생의 허세와 거짓 위신을 내팽개치고 생업의 일선에 뛰어든다. 배운 게 글뿐인 한낱 백면서생이 생활전선에 뛰어들어 할 게 뭐가 있겠는가? 제수祭需용 과일을 매점매석하고 제주도 말총(선비들이 쓰는 갓의 원료)을 독점하여, 큰돈을 벌어 섬나라 율도국에 들어가 잘 먹고 잘살았다는 이야기로 끝맺는다.

임진왜란과 병자호란을 거치면서 민생은 도탄에 빠지고 국가재정은 피폐해졌는데, 유생들은 생업은 외면한 채 글공부한답시고 당쟁이나 일삼는 나라꼴을 상상해보라! 그러한 조선 중후기 시대상황에서, 실사구시와 이용후생의 실학을 크게 진작시키려는 지적 계몽운동으로 쓴 소설이리라.

저자인 박지원이나 서생인 허생도 물론 『맹자』를 통달했을 테고, 직업에 따른 심술의 향방과 농단의 비천함을 잘 알았을 것이다. 그럼에도 불구하고 안팎의 주객관 사정이 더 이상 특별한 뾰쪽 수가 없으니, 항우처럼 산을 뽑아낼 힘과 제갈공명처럼 신출귀몰한 지혜를 겸비한들 현실을 어찌하랴?

조상들의 제사와 선비들의 체통 유지에 집착하는 소인 유생들을 상대로, 멋지게 한판 독점 농단의 상술을 시원하게 펼친 다음, 구질구질

한 현실에서 홀연히 자취를 감추는 초탈의 수법으로, 자신도 울적한
스트레스를 확 날려버리고 독자도 울분을 풀어 카타르시스에 이르길
기대했는지도 모른다.

유가의 경제원리 – 정덕正德의 바탕에 우뚝 선 이용후생과 실사구시

말이 나온 김에 실사구시와 이용후생의 실학을 잠깐 이야기해보자.
'유교에 자본주의의 싹(萌芽)이 있는가 없는가?' 이를 두고 세계의
석학들이 한바탕 대논전을 벌인 걸로 기억한다. 필자가 대학원 다니던
1980년대 중후반에 이미 자본주의 맹아론萌芽論이 설왕설래한 것이다.
사회과학적 논쟁에 별로 소질과 흥미가 없었던 탓에, 당시에는 그다지
관심을 갖지 못했다.

　제법 오랜 세월을 두고 중문학 부전공과 한학연수장학생 및 대만
유학을 거치면서, 사서삼경 등 유가의 원전을 공부하고 세상에 조금씩
눈을 뜨면서, 나는 공자와 유교의 경제사상을 어렴풋이나마 조금씩
알게 되었다. 공산주의도 몰락해버리고, 자본주의마저 신자유주의의
절벽에서 밑도 끝도 없는 공황의 나락으로 떨어지려는 마지막 절체절명
의 위기상황에서, 어쩌면 공자의 경제학이 지구와 인류를 구원할 수
있는 거의 유일한 희망의 빛이겠다는 직감이 든다. 자본주의의 싹이
중요한 게 아니라, 인본주의 경제철학이 중요한 것이다.

　그러한 희망에 대한 강력한 뒷받침은 여러 곳에서 감지할 수 있다.
일찍이 근대화에 성공한 일본에서는, 공자와 유가의 가르침에 바탕을
둔 인의仁義의 정신 아래 이익을 추구해 크게 성공한 상인들이 많았단

다. 홍콩이나 대만이나 동남아 화교 중에도, 공자의 의로운 이익을 바탕으로 상권을 형성해 세력을 크게 떨치고 있는 상인들도 많다. (좀 더 자세한 내용은 21세기 벽두에 KBS에서 중국·일본·베트남의 협조 아래 특별 기획해 제작한 "유교 2,500년의 여행" 4부작 중 제3편 '빠르고 좁은 길-의義'편을 시청하시라!)

최근에 중국식 사회주의 시장경제를 내세워 개혁개방에 박차를 가하는 중국은, 소련식 공산사회주의도 아니고 영미식 자본주의도 아니며, 문자 그대로 중국식 유교식 자본주의 실험이라고 느껴진다. 그들이 궁극으로 지향하는 '공산주의'는 『예기』 '예운禮運'편에서 공자가 설한 유가의 이상사회인 '대동大同'이다. 지금 사회주의 초급단계로 자처하며 전면 건설을 외치는 '소강小康' 사회는, 바로 '대동'의 아래 단계인 '소강小康' 그대로다.

아울러 공자에 대한 복권과 유교의 대대적 부흥을 꾀하는 온갖 정책과 운동이 중국 안팎으로 물결쳐 넘친다. 2008년 북경올림픽 개막식에서 보여준 공자 제자들의 위용을 기억하는가? 근래 중국에서는 초등학생들 사이에 독경讀經과 송경誦經 운동이 펼쳐져, 『논어』를 암송하는 어린이가 벌써 수백만에 이른다고 한다.(지금은 이미 천만 단위일 듯하다.) 또 공자의 고향 산동 곡부曲阜를 중심으로 세계 유상儒商 대회가 매년 열린다고 한다. 공자와 유가의 정신을 바탕으로 기업경영과 상업에 새로운 지도정신(리더십)을 찾고 있다.

잘 알려졌듯이, 애플과 스마트폰의 혁신으로 세계적 경영돌풍을 일으킨 스티브 잡스도 산스크리트문자인지 한문인지 동양의 서예에서 디자인을 배우고, 서양의 최고 경영자나 지식인 중에는 동양의 명상수행으로 영감을 얻어 괄목상대할 크나큰 성공을 이룬 사람도 적지 않다. 상투적 표현으로 '온고지신', 그야말로 아주 오래된 미래의 이야기다.

먼저 '이용후생利用厚生'은 『고문상서古文尙書』 '대우모大禹謨'편에 실려 있고, 『춘추좌전』 문공文公 7년(B.C. 620)에 진晉나라 각결卻缺이 조선자趙宣子에게 개진한 정책 건의에도 나온다. 그 내용은 이러하다.

천자는 덕으로 선정을 베풀어야 하는데, 정치의 핵심은 인민을 잘살게 하는 양민養民에 있다. 양민의 요체는 물(水)·불(火)·쇠(金)·나무(木)·흙(土)의 오행五行에다 곡식(穀)을 보탠 여섯 가지 자원(6府)과, 이러한 천연자원을 올바른 덕(正德)으로 이롭게 써서(利用) 인민의 삶을 풍요롭게(厚生) 하는 세 가지 일(3事)에 달려 있다. 여섯 자원(6府)과 세 일(3事)을 합해 아홉 가지 공덕(9功)을 이루면, 인민이 잘사는 선량한 덕정德政이 된다.

여기서 가장 중요한 핵심은, '천연자원 → 이용 → 후생'의 연결고리의 밑바탕에 대전제로 깔린 '정덕正德'의 정신이다. 천연자원을 개발하고 곡식을 생산하는 '이용'의 단계에는, 과학기술의 도움으로 여러 가지 이로운 도구와 기계장치를 쓴다. 또 이를 값싸게 골고루 나누어 편리하고 윤택한 삶을 영위하게 하는 '후생'의 단계에서는, 배분의 경제학과 유통의 상술을 발휘한다.

하지만 아무리 훌륭한 이용후생이라도, 정의로운 믿음과 어진 덕성이 없다면, 오히려 미사일과 핵무기보다 더 흉악한 괴물로 둔갑할 수 있다. 노벨이 화약을 발명하고 아인슈타인이 상대성원리를 발견한 것이, 본디 사람을 죽이고 지구를 파멸시키려고 한 것일까? 요즘 천민자본주의와 신자유주의의 모습도 마찬가지일 뿐이다.

또 노자는 "있는 게 이롭고, 없는 게 쓰인다(有之以爲利, 無之以爲用.)"는 유명한 '이용利用'의 철학을 남겼다. 눈에 보이는 유형의 하드웨어가 이로운 도구요 수단이지만, 참된 귀중한 쓰임새는 보이지 않는 무형의 소프트웨어라는 것이다. 말하자면 상대적 현상세계에 사는 인간의 현실생활에는, '본체'보다 '작용'이 더 중요한 철학인 셈이다.(노자『도덕경』5천여 자에 '쓸 용用'자가 21번이나 쓰인다.)

예컨대 그릇을 보자. 흙이나 유리로 빚은 형체가 있어 이로운 그릇이 된다. 허나 정작 우리가 밥이나 물을 담아 쓰는 곳은, 그릇의 형체로 둘러싸여 이루어진 텅 빈 공간이다. 컴퓨터나 스마트폰도 하드웨어보다도 소프트웨어가 더한층 유용하고 값비싼 가치임은 새삼 말할 나위가 없다. 생산기술자보다 경영자가 훨씬 높은 연봉을 받는 이유도 그 때문이리라.

마찬가지로, 경제나 과학기술이 제아무리 풍요한 물질생활을 제공할지라도, 정작 제대로 된 윤리도덕과 정신이 없다면, 졸부들의 행태처럼 천민자본주의의 나락에 떨어지고 말 것이다. 모든 기업경영과 상거래에서 붕우유신의 의로운 믿음이 필요한 이유다. '정덕'을 슬며시 빼버리고, 오로지 '이용'과 '후생'만을 내세운 성장 발전과 분배 위주의 경제정책만으로는, 국민의 참된 복지와 행복은 결코 다다를 수 없는 사막의 신기루일 따름이다. 생명복제와 관련하여 그 엄청난 논쟁과 우려가 따르는 것도 그 때문이다.

다음으로 '실사구시實事求是'는 '이용후생'보다 조금 뒤인 『한서漢書』 하간헌왕河間獻王 전기에 나온다. 글자 그대로 철저히 객관 사실에 근거하여 올바른 진리와 정의를 추구한다는 뜻이다. 그래서 '실학實學'

이라고 이름 붙였다. 이는 학문 연구뿐만 아니라, 정치경제와 일상생활 전반에 걸쳐 필요한 삶의 기본자세다. 실사구시의 실학정신은, 아마도 미국 건국 초기에 창의적인 개척바람을 일으켰던 프론티어 정신 (frontier spirit)이나, 그 모티브가 되었을 청교도 정신(puritanism)과 비슷하거나 일맥상통하지 않을까 싶다.

그런데 근대 산업자본주의 이래, 사람들은 뜬구름 잡듯 붕 뜬 허영에 사로잡혀, '투자'라는 미명 아래 '투기'를 일삼고, '복권'이란 미명으로 합법으로 '도박'하며, 개발이란 명분으로 땅을 지지고 볶아(炒地皮 : 차오띠피, 부동산 투기를 일컫는 중국어) 왔다. 더욱이 '믿음'과 '신용'을 전제로 경제의 피와 윤활유 역할을 한다는 '금융'조차, 제아무리 명석하게 통달한 전문가조차도 알 수 없고 귀신조차 통곡할 만한 파생금융상품을 개발하여, 전 세계를 휘청거리게 뒤흔들고 있다.

온갖 방법과 형태로 부풀려진 거품경제는, 히말라야보다 더 높고 바다보다 더 깊고 허공보다 더 커져서, 가히 우주를 꽉 채우고도 넘칠 만한 위세다. 사람의 마음은 좁게 쓰면 바늘 끝 하나도 용납하지 못하고, 크게 쓰면 우주를 감싸고도 남는다고 하더니, 인간의 어리석은 시꺼먼 탐욕심도 마찬가지인 모양이다.

마음이라는 보배인 심보心寶를 잘 써야 하는 절실하고 긴요한 이유다. 벗이나 이웃 사이뿐만 아니라, 현대사회의 모든 경제 거래에서도, 단순히 그럴듯한 미명으로서 '믿음'이나 '신용'이 아니라, 정직하고 의로운 믿음과 진실한 신용으로서 신뢰할 만한 '신의성실'의 근본정신이, 모든 벗들의 교유와 민상사 거래의 밑바탕에 깔려야 하는 이유기도 하다.

경세제민 – 경제의 참뜻

이제 기업들은 진짜 돈 잘 버는 길을 걸어야 한다. 실사구시의 기업정신과 이용후생의 민생경제를 되살리며, 참된 신뢰에 바탕을 두고 견리사의見利思義의 정신으로 의로운(떳떳한) 이윤을 추구해야한다. 그리고 사회에서 번 이익의 일부를 사회에 환원함으로써, 양심적인 분배의 윤리를 실천궁행해야 한다. 이것이 유가의 이용후생 원리고, 세상을 경륜하고 백성을 구제한다는 '경세제민經世濟民'의 참뜻이다.

'경세제민'은 중국에서 '경륜제세經綸濟世'라고도 부른다. 본디 '경륜經綸'은 누에고치에서 명주실을 자아내 생사生絲를 가지런히 정리하는 걸 뜻하는데, 국가대사를 섬세하게 잘 처리함을 가리킨다. '제민濟民'이나 '제세濟世'는 태풍 홍수로 범람한 물에 빠진 인민이나 세상을 건진다는 뜻으로, 세상 인민을 두루 이롭게 다스리는 선정善政을 가리킨다.

어느 시대나 의식주 민생안정이 첫째가는 급선무다. 하여 경세제민이 요즘 말하는 물질경제에 우선 치우치는 건 사실이다. 허나 물질적인 의식주 민생에만 그친다면 참된 '경제'가 못 된다. 예전에 백성의 질병을 치료하고 건강을 지켜주는 한의원이나 한약방의 이름에 '제민濟民'이 많이 들어갔다. 또 불교에서 중생을 탐진치貪瞋癡 삼독의 번뇌바다에서 건져 마음의 질병을 치료하는 걸 '제도濟度'라고 부르는 걸 기억하자. '경세제민'은 사실 '홍익인간弘益人間'과 상통하는 개념이다. 천하인민을 위해 국가를 잘 다스리는, 포괄적인 선량한 통치를 뜻한다!

사실 '경제'의 원어인 영어 '이코노미(economy)'의 어원적 의미를 살펴보아도 경제의 본래 기능을 짐작할 수 있다. 'economy'는 고대

그리스어로 '집(house)'을 뜻하는 '오이코스(*oikos*)'와 '관리하다(manage)'
를 뜻하는 '네메인(*nemein*)'이 합쳐진 '오이코노모스(*oikonomos*)'
(householder manager)나 '오이코노미아(*oikonomia*)'에서 유래했다고
한다.(Webster's New Collegiate Dictionary) 말하자면 'economy'는 '집
안관리'에서 출발한 것이다. 물론 의식주 민생의 유지관리가 첫째가는
주요 임무일 것이다. 하지만 의식주 물질경제가 전부는 아닐 것이다.

　그리고 물질경제의 관리라 할지라도, '가계家計'의 기본 원칙은, 수입
에 맞춰 지출하는 '양입위출量入爲出'과, 흉년 등 비상상황을 대비한
유비무환의 저축을 위한 '절약'일 것이다. 이건 동서고금을 막론하고,
사고할 수 있는 두뇌의식을 지니고 어느 정도 인생의 경험 지혜를
터득한 정상적인 성년이라면, 누구도 쉽게 실행할 일반보편의 이치다.

　그래서 영어 'economy'의 기본 의미에도 '절약'이라는 뜻이 있다.
또 중국 사전에서도 '경제經濟'의 개념 정의에 '경세제민'의 고전적
의미와 함께 '절약'이라는 뜻도 나란히 싣고 있다.(『辭海』, 上海辭書出版
社, 縮印本)

　『예기』 '왕제王制'편에 보면, 일찍이 고대 중국에서도 나라를 다스리는
기본 경제원칙은 '양입위출量入爲出'을 위주로 해서, 국고에 이미 들어온
조세수입을 헤아려 그 범위 안에서 지출을 배정하여 썼다고 전한다.
거꾸로 국가재정 지출예산을 미리 편성해, 그에 맞춰 백성들한테 조세를
부과하는 '양출제입量出制入'은, 『한서』 '식화지食貨志'에 구체 사례가
나오고, 당나라 때 양염楊炎이 양세법兩稅法을 건의할 때 제시했다고
전한다. 국가의 특별한 재정수요가 있을 때 예외로 동원했을 가능성이
있지만, 기본원칙은 세입에 맞춰 세출을 짜는 것이 분명하다.

헌데 현대 우리 사회는 가정이나 나라나 온통 겁 없는 빚 살림 투성이다. '외상이라면 소라도 잡아먹는다'는 속담이 상징하듯이, 우선 공짜로 먹고 쓰고 보자는 심리도 일찍부터 싹튼 것은 틀림없다. 특히 게으르고 이기적인 사람들에게, 우선 먹기는 곶감이 확실히 달콤할 것이다. 그러나 요즘 대책 없이 불어나는 가계빚과 회사채·국채 규모를 떠올리면, 참으로 한심하고 먹먹해진다.

직접투표를 통한 민주주의의 가장 크나큰 부작용과 폐해가, 바로 인기영합을 위해 선심공약을 남발하고, 그로 인해 무분별한 대형 국책 사업이나 복지정책의 추진으로 국채가 급증하는 것이다. 게다가, 임기 중 업적의 수치화에 집착한 나머지, 많은 정책과 경제가 왜곡되고 부실화·공동화의 나락에 떨어지는 것이다. 미국의 파생금융상품 파동에서 보듯이, 이제 거품경제는 세계적 시대 조류가 된 듯하다. 이러다간 언젠가 모두 한꺼번에 왕창 폭삭 무너지고 말 것이다.

더구나 지금 세계적인 주류 경제학과 정치인의 경제관도 뭔가 좀 건전치 못한 심한 병리 현상을 보이고 있다. 가장 고전적인 가정의 농업경제를 보면, 자연환경과 기후의 변화에 따라 매년 작황은 풍년과 흉년을 오르락내리락할 것이다. 이게 제행무상諸行無常이라는 만고불변의 자연의 진리다.

그런데 인간 사회는 이를 거부하고, '경제 살림'에서 한없이 오르막만 계속되길 바라는 탐욕으로 터질 듯하다. 해 뜨는 날이 있으면 비 오는 날도 있고, 구름 끼고 바람 부는 날도 있는 법이다. 기업경제든 나라경제든 세계경제든, 호황이 있으면 불황도 있고, 성장 발전기가 있으면 휴식 조절기도 있어야 한다. 폴짝 뛰기 위해 움츠리는 개구리처럼,

또 2보 전진을 위해 1보 후퇴하는 전략처럼, 경제도 잠시 후퇴하여 재도약의 반탄력을 준비하는 때도 있는 게 아닌가?

인플레이션이 멈칫하면 디플레이션도 있어서 숨고르기 하는 게, 세계경제와 인류 건강한 경제체질을 위해 당연하고 유익한 변화 아닐까? 언제까지 종이돈을 몽창 찍어내며 양적 완화를 통해 억지로 경기를 부양하며, 치솟는 물가와 곤두박질하는 화폐가치는 어떻게 다스리려는가? 거품이 커지고 커지다가 허공을 가득 채우고 더 불어날 여지가 없으면, 자연히 알아서 멈추고 해결되리라 믿는 걸까? 아니면 신神의 은총이나 '보이지 않는 손'의 선의를 기대하는 것인가? 이제 천지 재창조에 버금가는 '블랙홀'의 소용돌이에 빨려들기만 기다리는가?

경영의 참뜻

'경제' 말이 나온 김에 '경영經營'이란 단어도 한번 살펴보자. 영어 '매니지manage'는 흔히 '관리管理'의 뜻으로, 아마도 생산관리·인사관리·재무관리·업무관리 등 기업의 관리를 총괄하는 개념일 듯하다. 근데 왜 '관리'라고 옮기지 않고, 하필 '경영'이라고 번역했을까? 공공 행정관리는 기업과 영역이 다르고 영어로도 다르므로, 굳이 경영이 아니라고 여겨 따로 번역한 듯하다.

헌데 한자어 '경영經營'의 어원적 배경설화를 보면, 사실 '행정'을 '경영'이라고 번역해도 괜찮음 직하다. '경영'의 출전은 『시경』 '대아大雅' 영대靈臺 시에서 유래하는데, 그 요지는 이러하다.

은나라 말기에 주周나라 왕업의 기초를 다진 문왕의 어진 덕망이 여러

제후와 인민을 감화시켰다. 문왕이 영대라는 왕궁을 세우려고 터를
잡고 측량하여 건설하려 하자, 뭇 백성이 스스로 몰려와 부지런히
일하여 며칠(기약한 날)이 안 되어 완성하였다. 그런데 건설작업에
서두르지 말라고 당부해도, 인민들이 아들처럼 몰려와 제 일처럼 해치
웠다는 내용이다.

여기서 '경經'은 터를 헤아려 측량한다는 뜻이고, '영營'은 꾀하여
건설한다는(군대 진'영'의 뜻도 여기서 나옴) 뜻으로 도모함을 가리킨다.
단순한 관리보다는 훨씬 주도면밀하고 치밀한 설계와 도모가 필요한
창의적 정신작용으로, 창업이나 개국 같은 개척적인 건설작업을 두고
일컫는다. 요즘 기업경영도 단순한 유지관리에 그치지 않고, 공격적인
전략으로 적극적이고 진취적 확장발전을 일삼으니, 의미상 크게 어색한
점은 없어 보인다.

다만 '경영'의 원시출전에서 필자가 좀 더 강조하고 싶은 주안점은,
바로 자율성과 자발성의 인간경영이다. 문왕의 어진 덕망이 백성들을
감화시켜, 시키지도 않았는데 아들처럼 스스로 몰려와 고된 건설작업
을 기꺼이 해치웠단다. 심지어 힘들 테니 너무 서두르거나 무리하지
말라고 만류하며, 부디 천천히 하라고 당부해도, 전혀 아랑곳하지 않고
자기 일처럼 해서 기일 안에 끝마쳤단다.

바로 그 자발성의 인간경영을 본받자는 뜻이다. 우리 기업도 이렇듯
친가족처럼 인간경영을 한다면, 노사갈등으로 인한 엄청난 사회비용
을 크게 줄이고, 화기애애한 작업 분위기에서 생산성과 업무효율이
훨씬 높아질 것이다.

예전에 필자가 서울대에 다닐 때, 경영대생들이 영어로 'Human

Management'라고 적힌 과티(학과 티셔츠)를 입은 걸 보고, '쟤들이 뭘 아는가 보다, 아니면 요즘 새로운 경영흐름이 그런가?' 라고 생각한 적이 있었다. 그때 경영대생들이 지금 한국의 국공영기업 및 온갖 기업의 경영을 주름잡고 있을 텐데, 그들이 입었던 '인간경영'의 구호는 허울 좋은 빈껍데기에 지나지 않았단 말인가?

일본·대만·홍콩·싱가포르 같은 동아시아 각국의 유수 기업들은, 이러한 유가적 인간경영으로 크게 번창하는 사례가 적지 않다는 데……. 어찌하여 우리나라만 유독 그렇게 문어발식 재벌경영과 강성 노조의 극심한 노사갈등으로, 엄청난 사회경제적 비용을 치러야 하는 지? 안타깝기 그지없다!

'경제經濟'와 '경영經營'이라는 말은, 본디 그렇게 심오한 공자의 가르침과 고상한 유가의 정신을 실현하고자 형상화한 단어다. 실사구시의 포부와 이용후생의 이상, 견리사의·경세제민·홍익인간의 정신, 그리고 인본주의 경영철학을 모아 담은, 인류 대동사회의 청사진을 상징하는 표제어다.

이제 그 청사진을 명실상부하게 펼쳐 실현하는 일은, 앞으로 새로운 이상사회를 꿈꾸는 우리 모두의 몫이다. 그 한가운데 기업인과 경제인과 경영인뿐만 아니라, 노동자와 소비자를 포함한 사람 모두가 함께 서 있다. 정의로운 믿음으로 아름다운 동반자(벗) 관계를 유지하면서, 그 축을 지탱하면서 흔들림 없이 고요하고 힘차게 돌리는 것은, 우리 모두의 사명이자 책임인 것이다!

재벌비리의 폭로, 정의인가 배신인가? - 법조인의 신의[*]

2007년에 삼성 법률고문 출신 김용철 변호사가, 네 차례 기자회견을 통해 삼성의 구조적 비리를 철저히 폭로하여, 세상이 크게 떠들썩했다. 근데 잘했다고 용기를 북돋우는 찬탄 못지않게, 개인 약점을 들추며 법률전문가로서 기업비밀을 누설한 배신자라고 비난하는 수군거림도 요란했다. 게다가 당시 대한변협에서는 변호사로서 직업윤리를 저버렸다고 징계를 거론하였다. 심지어 '전라도 배신'을 비난하며 왕건의 '훈요십조'까지 언급하는 악성 지역감정도 떠돌았다고 한다.

삼성이 세계 유수의 기업으로 국위와 국부를 크게 선양하고 국가경제 발전의 일등공신이라는 사실은 자타가 공인할 것이다. 허나 그것도 노동자의 피땀 어린 수고와 소비자인 국민의 성원이 있어서 가능한 일이다. 얼마 전에 이건희 1인을 위한 특별사면만 해도, 이미 전통왕조 시대의 임금이 내린 특전보다 훨씬 과분한 특혜로 구설수에 올랐다.

하물며 게다가 기업의 공공성과 사회적 책무를 도외시한 엄청난 구조적 비리까지 도대체 기업비밀로 보장한단 말인가? 나아가 주식 공개한 기업을 대주주 경영자 일가의 소유물처럼 동일시한단 말인가? 세상이 아무리 황금만능주의 시대가 되었다고 해도, 어떻게 공公적 윤리와 사私적 비리를 가리지 않고, 신의信義와 배신背信도 분간하지 못한단 말인가?

---

[*] 김용철 변호사의 삼성비리 폭로 사건에 대해 전남대 법대 김동호 교수의 자문을 받아, 한겨레신문 2007년 12월 4일(火) 33면 '왜냐면'란에 실은 "비리 폭로, 배신이냐 정의냐?"란 시론을 손질한 것이다.

우선, 전문법조인 출신인 김동호 교수의 견해를 들어보면, 변호사는 신분지위에 따라 법적 의무도 판연히 달라진다. 개업변호사가 법률사무소 운영자로서 고객의 의뢰를 받아 독자적으로 수임사무를 처리할 때는 고객의 비밀을 철저히 지켜야한다. 허나 기업의 피용자로서 법무부서의 직원인 변호사는 대개 경영자의 지시명령에 복종할 의무가 있지만, 어디까지나 정당하고 합법적 범위 안에 국한한다. 따라서 일반 고객의 비밀유지 의무와 기업비밀유지 의무는 법적 성격이 다르다.

그러므로 적어도 변협에서 변호사윤리 위반을 이유로 징계를 운위하는 것은 얼토당토않은 비전문가적 망언이란다. 지켜야 할 법조윤리는 망각하면서, 집단이익을 위해 기업비리를 두둔하는 적반하장으로 의심받을 만하다. 아마도 당시 대한변협 집행부의 출신성분에 문제가 있었던 것 같다.

또 믿음(信)에 대해 일반인들이 공사公私를 분간하지 못한 채 크게 오해하고 있다. 전통 윤리에서 믿음은 우선 대등한 벗 사이에 지켜야 할 도덕(朋友有信)이다. 개업변호사로서 고객의 수임을 받은 대등한 계약 관계의 경우, 이러한 믿음은 대개 지켜야 하리라. 허나 대기업의 한 직원으로 고용된 법률전문가는, 명령에 복종하는 주종 관계의 성격이 강하기 때문에, 오히려 "군신 간의 도의(君臣有義)"에 가깝다.

근대법의 이념 가운데 첫째로 꼽히는 '정의正義'가 그것이다. '믿음(信)'은 법의 이념에서 '법적 안정성'의 요소로서, 거래의 안전과 선의의 제3자 보호를 위한 법 자체의 공신성公信性에 이어진다. 어디까지나 실체적 정의가 첫째고, 법적 안정성은 부차적 절차정의다.

민법이 기본 원리로 선언한 '신의성실의 원칙'은 바로 '믿음(법적

278

안정성)과 정의'를 함께 아우른 법이념이다. 정의로운 약속을 저버리는 식언도 신의가 아니지만, 정의롭지 못한 관계에서 믿음만 지키라고 요구해도 '신의'가 아니다.

예컨대 공공성이 전혀 없는 순수한 사적 자치의 계약일지라도, 도박이나 인신매매는 사회정의(公信)에 반하기에 민법상 무효일 뿐만 아니라, 형사상 범죄로 처벌한다. 그런 믿음은 지킬 필요가 없는 사신私信이며, 오히려 지켜서는 안 되는 중대한 죄악이다.

하물며 공공성이 큰 대기업 내부에서 불의의 죄악을 오랫동안 은밀히 조직적으로 저질러 왔는데, 국가 사회와 기업 자체의 건전한 번영을 위해 대규모 구조적 비리를 공개한 것이 어째서 비난받을 배신인가? 정부기관이나 공기업의 비리부패는 포상과 신분보장을 내걸어 내부고발을 장려하지 않는가!

중국(대만 포함)에선 아무리 작은 회사라도 모두 '공사公司'라고 부른다. '국가 사회의 공公을 위해 공公적으로 맡은 산업'이란 뜻이다. 하물며 삼성 같은 대기업이 '공사公司'가 아니랴? 기업 내부의 고용 관계에서 요구하는 사신私信은 소신小信이고, 기업 자체가 국가 사회에 지켜야할 공신公信은 대신大信이다. 공신公信이 사신私信에 앞서고, 대신大信이 소신小信보다 중요함은 말할 나위 없는 윤리도덕이다.

일찍이 공자의 제자 유자有子는 "믿음이 정의에 가까우면 말을 반복할 만하고, 공경이 예절에 가까우면 치욕을 멀리하며, 의지함에 친근할 만한 이를 잃지 않으면 종주宗主로 삼을 만하다"라고 말했다. 즉 정의로운 믿음(계약)은 실천으로 지켜야 하고, 예절에 지나친 공경은 치욕을 부르므로 비굴하게 아부해서는 안 되며, 의롭지 못한 사람한테 빌붙으면 자신의 영혼을 팔아먹게 된다.

맹자도 "대인이란, 말함에 반드시 믿음을 지키려(얻으려) 애쓰지 않고, 행함에 반드시 과감하게 관철하려(결과를 얻으려) 집착하지 않으며, 오직 정의로운 말과 행동만 할 따름이다"고 역설한 적이 있다. 믿음은 정의를 기초 전제로 지켜져야 하기에, 예로부터 '신의信義'라고 일컫는 것이다. 바로 "의로운 믿음"과 "미더운 정의"를 칭송하고 실천하라는 뜻이다.

공자는 "잘못이 있으면서 고치지 않는 게 진짜 잘못"이므로, 잘못이 있으면 안으로 스스로 반성 비판하고, 남들이 알게 드러내며 고치기를 거리끼지 말라고 가르친다. 잘못은 알아차리고 고치면 사라진다.

이러한 성인의 가르침에 비추어 보면, 김용철 변호사의 참회와 비리 폭로는, 인격 수양의 정도正道와 고귀한 신분의 사회 책무(noblesse oblige)에 부합한다. 또 진정 국가 사회와 삼성 자체를 사랑하고 위하는 어진 마음에서, 온갖 비난과 위협을 무릅쓰고 고귀한 용기를 발휘한 의거(義擧: 捨生取義)라 칭찬할 만하다. 『중용』에서 말하는 지인용智仁勇 삼달덕(三達德: 세 가지 통달한 덕)을 고루 갖춘 군자행이다.

대권후보로 나섰던 이명박이 온갖 부정비리의 의혹에도 불구하고, 오로지 '경제 살리기' 구호 하나 때문에 높은 지지율로 당선했던 현상이나, 대기업의 엄청난 구조적 비리를 폭로한 사람을 도리어 배신으로 매도하고 역사와 지역감정까지 들먹이는 여론 행태를 보노라면, 국민 정신이 멍들고 민족정기가 쇠퇴하는 것은 아닌지 몹시 걱정스럽다.

이명박 정권은 5년으로 끝났지만, 50년처럼 길게 느껴졌던 임기 동안에 그가 저지른 엄청난 재앙은, 국민 모두가 앞으로 얼마나 오래오래, 얼마나 참혹하게 감당해야 할지 아무도 모른다. 순간의 선택이 미래를 망쳐, 평생 두고두고 후회하게 만드니, 이런 게 공업共業이란다.

큰 믿음은 약속하지 않는다(大信不約)

믿음이 무조건 맹목적이어서는 안 된다는 전제조건은, 지금까지 살핀 '신의'에서 잘 드러났다. 내용상의 정의로움이 형식상의 믿음 고수보다 중요함을 일깨운다. 그런데 때로는 의로운 믿음조차도 더러 양보하는 융통성이 필요한 경우가 있다. 예컨대 가족 간에 만찬 약속을 했는데, 갑자기 직장에서 급한 일이 생겨 야근하며 늦게 퇴근해야 할 경우를 가정해보면 쉽게 짐작할 수 있겠다.

공사公私 간의 약속에서는, 선공후사에 따라야 할 경우가 적지 않을 터이다. 또 크고 작은 믿음에서는, 대신大信이 소신小信보다 앞설 때도 많을 것이다. 물론 언제나 그래서는 안 될 테고, 늘 그럴 수도 없겠다, 하지만 일의 중요성과 시급성에 따라, 때로는 공사公私와 대소大小를 고려할 필요가 있을 것이다.

2012년에 지구촌 세상을 떠들썩하게 했던 가수 싸이(psy)의 '강남 스타일' 선풍을 떠올려보자. 천민자본주의를 상징하는 강남 졸부들의 행태를 그린 뮤직비디오가 유튜브에 올라, 짧은 시간에 천문학적 조회수를 기록하며 기네스북에 올랐단다. 나는 아직까지 보진 않았지만, 세계인들을 열광케 한 소식을 듣고, 유엔 반기문 사무총장과 함께 말춤 추는 모습이 신문 1면에 크게 실린 걸 보고 실감했다.

그 노래가 세계 각지의 온갖 인기순위에서 단숨에 1위에 오르고,

가장 권위 있다는 미국 음반 순위(빌보드 차트)에서도 2위까지 올라 정상등극의 가능성이 한창 고조되었을 무렵이었다. 연예평론 전문가들은 싸이에게 얼른 미국에 건너가서 방송도 출연하고 공연도 참석하여, 방송 빈도수를 높여야 한다고 한결같이 주문하고 '강추'했다고 한다. 미국에서 1위에 오르는 것은, 특히 동양인으로서는 매우 어렵고 드문 천재일우의 기회기 때문이란다.

헌데 싸이는 당시 국내 여러 대학축제에 출연하기로 예약한 상태라서, 믿음을 지켜야 한다는 이유로 도미渡美를 늦추었고, 끝내는 절호의 정상등극 기회를 놓치고 말았다. 히말라야 등정보다, 세계 8천 미터 이상 14좌 등극보다도 더욱 어려운 드문 기회를! 그 뒤 '젠틀맨'이라는 새 음반을 내었으나, 전작에는 미치지 못한 모양이다.

쇠뿔도 단김에 빼야 한다는데, 한번 피크 타임을 놓치면 다시 찾아오기 어려운 게 제행무상의 세상사다. 진짜 도인과 달인은 번갯불에 콩 구워먹는 임기응변의 민첩함과 유연한 순발력을 함께 갖추기 마련이다. 언제 어디서 어떻게 들이닥칠지 모르는 인연의 실마리를 곧바로 알아보고 제때 올라타는 능력도, 정말 커다란 지혜와 복덕을 타고나지 않고서는 어림없다는 깨달음을 얻었다.

노자의 통찰지혜에 따르면, 부드러움은 삶의 특징이고, 딱딱하게 굳음은 죽음의 징표라고 한다. 진리(道)란 물과 비슷하고, 아니 공기나 에너지와 비슷해, 일정한 이름도 모습도 없고, 때와 곳과 사물에 따라서 그에 맞게 발현하는 자유자재의 본성을 지닌다. 마하트마 간디도 "진리란 부드러울 때는 꽃보다 더 부드럽고, 굳세기로는 금강석보다 더 굳세다"고 말했단다. 믿음이 진리의 중요한 본성의 하나일진대, 믿음

자체도 항상 고정불변으로 집착하거나 고수할 수만은 없다.

『예기』에서는 "큰 덕행은 관직을 맡지 않고, 큰 도는 그릇을 이루지 않으며, 큰 믿음은 약속하지 않고, 큰 때는 가지런(일정)하지 않다"고 말한다. 공자가 말한 군자불기君子不器의 경지다. 마치 "큰 네모는 모서리가 없다"는 노자의 말과 비슷하게 역설적 진리를 나타내는 명제다. 큰 예禮는 자질구레한 예절에 얽매이지 않는다는 뜻이기도 하다.

큰 믿음은 약속하지 않는다(大信不約)는 말은, 상통하지만 관점에 따라 조금 다른 두세 가지 뜻을 함께 지닌다.

첫째, '약속하다'를 요즘 흔히 쓰는 보통 용례로 써보자. 도를 닦고 통달한 대인군자는 행동이 대방大方하고 활달하여, 아예 사전 약속은 하지 않지만, 자유스럽고 자연스러운 가운데 필요한 인연 따라 시의 적절히 믿음을 잘 지킨다는 뜻으로 이해할 수 있다.

둘째, '약約'을 고문古文의 본래 의미에서 '묶다', '구속하다'는 뜻으로 풀이해보자. '약約'은 실絲로 묶는 것이고, '속束'은 나무를 줄로 한 바퀴 둘러 감아 묶은 모습이다. 즉 '약속'이란 두 사람이 어떤 일에 관해서 말로 합의해, 서로 어떠한 관계의 줄로 묶어 운명 공동체가 되는 인연을 나타낸다. 따라서 '대신불약'이란, 사람 사이의 큰 믿음은, 상대방을 자질구레하게 묶거나 구속하지 않으면서도, 서로 믿음을 잘 지킨다는 뜻이다.

예컨대 부부가 서로 완전히 믿고 존경한다면, 두 사람은 서로 상대방을 시시콜콜 간섭하거나 얽매려 하지 않을 것이다. 부모가 자녀를 전폭 신뢰한다면, 어디 가서 뭐하는지, 어떤 친구를 사귀고 몇 시에 귀가하는지, 전혀 간섭하거나 걱정하지 않을 것이다. 온전한 믿음은 서로 완전한 자유를 누리게 해준다!

셋째, 현실적인 규범실천의 차원에서, '대신불약'은 때로는 작은 약속에 얽매여 큰일을 그르치는 법이 없다는, 임기응변의 융통성의 뜻도 미묘하게 함축한다. 약속은 원칙상 잘 지켜야 하되, 천재지변이라든지 기타 긴급한 돌발사정이 생겨 부득이한 경우에는, 상대방의 구속력을 잠시 풀어주거나 늦춰줄 수 있는 예외를 뜻한다.

한번은 자공이 선비의 세 단계를 묻자, 공자는 이렇게 답했다. 첫째는, 자기 행실에 부끄러운 줄 알고, 사방에 외교사절로 나가 군주의 명령을 욕되게 하지 않는 사람. 둘째는, 친족들이 효성스럽다고 칭송하고, 향촌에서 공손하다고 칭찬하는 사람. 마지막 셋째가, 말은 반드시 믿음을 지키고 행동은 반드시 과감하여, 차돌처럼 견고한 소인이라고 한다.(『논어』, '子路'편)

정치에서는 백성의 믿음을 의식주 민생이나 국방안보보다도 더욱 중시한 공자지만, 조그만 믿음에 구애되어 대국을 살피지 못하고, 자기 말에 붙들려 정의를 그르치는 소인의 믿음은, 그리 고상한 도덕으로 보지 않았던 것이다.

주지하듯이, 근대 민법은 '계약 자유' 내지 '사적 자치'의 대원리 아래, "계약은 지켜야 한다"는 로마법의 정신을 계승하여, '신의성실'을 모든 법률행위의 기본 원칙으로 천명하였다. 하지만 천재지변이나 위급한 사고처럼 중대한 '사정변경'이 생긴 경우, 그 기본 원칙의 변통을 허용하는 예외를 인정하지 않을 수 없다.

그 예외를 '사정변경의 원칙'이라고 부른다. 원칙만큼 중요한 예외라는 뜻이다. 민법의 '사무관리'나 '불법행위'뿐만 아니라, 형법의 '범죄의 성립과 형벌의 감면'에서조차도, '긴급피난'이나 '정당방위'를 면책사유로 인정한다. 바로 그러한 이유에서다. 현대에 들어와서는 '계약 자유' 내지 '사적 자치'의 대원리까지 수정하지 않았는가? 자연이나 인간사나, 완벽도 불가능하거니와, 고정불변은 더더욱 없기 때문이다.

안경환 전前 서울대 교수가 국가인권위원장 시절을 적은 회고담의 일화다. 이명박 정권이 들어서서 인권위 축소 무력화를 집요하게 시도하자, 안 위원장이 끝내 임기를 마치지 못하고 자진 사퇴하면서, 이미 맡아놓은 당상인 세계인권위원회 의장국 자리도 내주고 말았다.

그런데 사퇴 직전 인권위 조직축소를 방어하기 위해 안간힘을 쓰는 과정에서, 이미 예약한 미국 하버드대学과 예일대학 특강에 제때 출국하기 어려워 국제적 신의 문제로 고민했다고 한다. 국가대사가 막중하고, 더구나 인권위 문제가 시급한지라, 부득이 출국일자를 최소한으로 늦추다보니, 하버드대 것은 취소하고 예일대 강연은 가까스로 했단다.

헌데 하버드대에 납득할 만한 취소사유를 고민하다가, 국가위신도 있고 해서 서양인들이 쉽게 양해하는 가족의 건강문제로 임기응변하였단다. 취소한 강연은 나중에 사직 후에 가서 톡톡히 보강했다고 한다. (『좌우지간 인권이다』, 살림터) 회고담에서 이 사연을 읽고, 나는 이 정도의 융통성은 일의 경중과 선후완급을 잘 헤아려 믿음의 대소를 그르치지 않은 현명한 판단이라고 느꼈다.

믿음을 고수하든지 약속을 변통하든지, 어떠한 경우에도 결코 자신의 입장을 합리화하기 위한 구구한 변명이나 핑계거리로 삼아서는 안 된다. 오로지 상대방의 입장을 자신처럼 균형 있게 배려하면서, 때로는 조직이나 국가의 대의에 합당한지, 또는 진리와 도덕의 본바탕에서 융통할 만한 시급성과 중요성이 충분한지를 심사숙고하여, 공평한 판단과 선택을 내려야 한다.

양약良藥과 선善도 잘못 쓰면 독과 악이 되고, 독약과 악도 잘 쓰면 훌륭한 약과 선이 된다. 믿음도 마찬가지다. 틀에 박힌 대로 살아가도 틀림없다면, 그게 기계지 어디 살아 있는 생명이겠는가? 사람의 삶이 생기발랄하고 활기찬 소이는, 틀이 전혀 없고 자취도 없는 길(도)을 걸어감에 존재하는지도 모른다.

|여덟| 새로 듣는 군신유의

'충성忠誠'의 역사적 왜곡과 정치적 변질

통치자와 국민, 옛날 말로 하면 임금과 신하 사이에는 서로 의로움이 있어야 한다. 이러한 수평적 쌍방윤리가 전통 군신유의君臣有義의 본래 모습이었다. 그것이 법가의 군주론과 한나라 때의 삼강三綱을 거치고, 다시 신라의 화랑오계에 이르는 동안, '임금을 충성으로 섬겨라'는 일방적 명령복종 관계로 왜곡되었다. 특히 임금에 대한 무조건 절대충성의 통치윤리를 확립하기 위해서, 한나라 때 유교를 국교로 정하면서, 부모에 대한 효도와 하나로 결합시키는 이념화 작업을 추진했다. 여기다 왕실불교·귀족불교·호국불교를 내세운 신라 통치자의 입맛에 맞춰, 원광법사가 유가의 오륜과 불교의 오계를 적당히 얼버무려 세속오계로 탈바꿈한 것이다. 군신 간에 수평적 의로움이 수직적 의무로 변질한 역사적 왜곡은 이렇게 이루어졌다.

사실 춘추시대까지만 해도 임금에 대한 '충성'이란 용어는 등장하지도 않았고, 또 '충忠'이란 글자의 뜻도 임금에 대한 맹종 같은 충성이 아니었다. 유가에서 성誠의 철학사상이 본격 성립하는 것은, 자사子思가 지었다는 『예기』의 '중용'편과 『맹자』에 이르러서다. 그 전까지는 '성誠'자가 별로 나오지 않고, '충忠'자는 성의·정성·성실의 뜻으로 쓰였다. (『논어』에 '성誠'이 딱 한 번, 그것도 시구 인용에 나오는데, 뜻도 '진실로'라는 부사다.)

예컨대 증자가 하루에 세 번(또는 세 가지로) 자신을 반성했다는 첫째 내용이, '남을 위해 일함에 충실하지는 않았는지?(爲人謀而不忠乎)'였다. 임금도 포함해서, 나 아닌 다른 사람 모두를 대상으로 한 기본 사회규범인 셈이다. 요즘 법치주의 용어로 표현하면, 민법상 기본 원리로 요구하는 '신의성실의 원칙'이라고 할 수 있다. 이것이 본래 '충忠'의 뜻이다.

그래서 공자도 군자는 '충실과 신의를 위주로 한다(主忠信)'고 거듭 강조한다. 요순임금의 도덕이라는 '효도와 우애(孝弟)'에, 공자가 강조한 '충실과 신의'를 합쳐서 유교의 네 기본 덕목이 된다. 바로 '효제충신孝弟忠信'이다. 여기다 『관자管子』에 나오는 '예절·정의·청렴·수치(禮義廉恥)'의 사유四維를 다시 보태면, 전통사회의 기본 8덕목이 된다.

공자는 제자들을 경전(文)·덕행(行)·충실(忠)·신의(信)의 네 가지로 가르쳤다. 물론 자신의 충실과 신의에 대해서도 상당한 자부심을 가졌다. 열 집이 사는 마을 정도면 반드시 자기만큼 충실하고 신의 있는 사람이 있겠지만, 그러나 자기만큼 배우기 좋아하는 사람은 드물다고 말할 정도였다.

따라서 충실과 신의는 사람이 사는 곳이면 아무리 작은 사회라도 반드시 있어야 할 기본 규범이다. '법은 도덕의 최소한'이라고 인식하는 근대 서구의 법치주의에서조차, '신의성실의 원칙'이 모든 법률행위에 보편타당한 법률상의 의무로 자리 잡지 않았는가?

그러니 공자의 충실과 신의는 얼마나 현대적인 규범의식인가? 진실로 고금의 시간과 동서의 장소를 초월하는 절대 보편의 윤리도덕이다!

그런데 나중에 '충忠' 대신 등장한 '성誠'이 '충忠'과 결합해 '충성忠誠'이란 단어가 나오면서, 절대군주에 대한 무조건 맹종으로 삐딱하게 변질한 것이다. 거기다가 현대에 들어와, 일제의 군사교육에 찌든 군부독재가 일제의 가미가제(神風) 정신을 교묘히 재포장하여, 지식인의 비판과 저항을 무마하고 국민들의 순종을 유도하기 위하여, 전통 '충효忠孝' 윤리를 정치적으로 교묘히 악용한 것이다.

그래서 충성과 효도가 시대착오의 봉건윤리로 오해받아 강한 반발심만 자극하게 되었고, 충성과 효도의 본산인 '유교'와 공자까지 함께 도매금으로 매도당하는 것이다. 어찌 안타깝고 슬프지 아니하랴?

무릇 좋은 일에는 악마(시련)가 많이 끼어들기 마련이다. 호사다마好事多魔라! 과일도 잘 익어 달고 향기로운 열매에 벌레가 많이 들끓지 않던가? 벌레 먹은 과일은 틀림없이 달다는, 항간의 유행어만 보아도 짐작이 간다. 어릴 적 기억으로, 복숭아는 벌레가 잘 먹기 때문에 밤에 먹어야 한다는 말을 들었다. 일일이 벌레 찾느라 신경 쓸 필요 없이 벌레까지 먹어야 좋다는 뜻이었던 것 같다.

마찬가지다. 성현의 좋은 말씀은 남녀노소를 막론하고, 보고들은 풍월로 다 한두 마디씩 지껄이고 싶어 한다. 대인군자들은 몸소 닦아 실행하려 들지만, 엉큼하고 삿된 야심을 품은 분들은, 권력과 명예·이익을 챙기는 데 더 잘 써먹는다. 순진한 백성이 처음 들을 때는 그럴듯해 자못 감동하지만, 이내 마각이 드러나고 만다.

꽃이 지기로소니, 바람을 탓하랴? 과일이 벌레 먹힌다고, 당분과 향기를 탓하랴? 성현의 가르침이 착하지 못한 무리에게 악용당한다고, 진리(도덕)를 탓하랴? 그런 줄 알고, 지금 우리 시대 상황에 맞추어 새롭고 올바르게 해석하여 선용하면 되지 않겠는가? 빈대 몇 마리 튄다고, 초가삼간 태울 수 없지 않은가? 벌레 좀 먹었다고, 그 귀한 복숭아를 통째로 내버릴 수 없지 않은가?

정치 이념으로 악용된 역사가 있었다고, 진리의 말씀과 성현의 가르침을 온통 쳐부수고 통째로 내팽개칠 수는 없지 않은가? 중공은 건국 초기와 4인방이 발호한 문화혁명 때 대대적으로 홍위병을 동원해, 공자 유교를 비롯한 도교·불교의 역사문물을 모조리 까부셨다. 그러더니, 50년이 지나지 않아 그 엄청난 역사죄악을 깨닫고, 이제 새로 복구하느라 정신없는 현실을 보라!

충성의 본디 참뜻 - 정의로운 충성

사실 '충忠'은 글자 그대로 '중심中心'을 가리킨다. 속마음으로서 진심·충정衷情·성의를 뜻한다. 흔들림 없이 중심을 세운다는 뜻에서, 줏대 있고 초점을 맞추어 집중하는 걸 가리킨다. 한 마음 흔들림 없는 일심불란一心不亂의 경지를 뜻하기도 한다. 예컨대 눈의 수정체나 안경 렌즈의 초점이 하나로 모아지지 않으면 난시나 사팔뜨기가 된다. 우리 마음이

한 곳에 집중(忠)하지 않고 흩어져 두 마음(中中心)을 품게 되면, 그게 근심 환患의 장본인이다.

이런 한 마음이 임금에게 오롯이 바쳐지면, 흔히 말하는 '충성'이 되는 것이다. 절대군주 권력은 바로 이게 필요했던 것이다. 이제 이러한 충忠의 본래 의미를 바탕으로, 민주 법치 시대에 맞는 새로운 윤리도덕을 정립할 필요가 있다. 옛날처럼 임금 개인이나 통치 권력에 대한 맹목적 순종을 충성으로 착각하면 안 된다.

"이 기상과 이 맘으로 충성을 다하여, 괴로우나 즐거우나 나라 사랑하세." 우리 애국가의 제4절 가사다. 이제 나라 사랑·겨레 사랑을 옛날 임금에 대한 순종에 대신할 새로운 충성윤리로 삼을 만하다.

어디 유교전통을 청산하지 못한 우리만 그러한가? 자유민주주의의 선봉 미국에서, 그것도 전 세계인의 존경을 받는 민주당 출신 고故 케네디 대통령도 그 유명한 연설을 남기지 않았던가? "국가가 여러분에게 무얼 해주길 바라기 전에, 먼저 여러분이 국가를 위해 무얼 할 것인가 생각하시오!" 이 정도면 동서양을 막론한 현대판 자유민주주의식 충성으로 충분하지 않겠는가?

사실 옛날의 충성도 임금 개인에 대한 맹목 순종을 뜻하지는 않았다. 그건 적어도 임금이 국가 사직社稷을 지키고 백성들을 사랑하며 보호하는 의로운 공인公人임을 전제로 했다. 그리고 신하도 임금에게 무조건 옳고 좋다고 아첨하는 게 아니라, 정직하고 의롭게 보필해야 한다. (사직社稷이란 본디 한 왕조가 창업하여 수도를 정하면, 그 토지에 가장 합당한 토지신인 '사'와 곡식신인 '직'을 함께 받들어 모신 까닭에, 사직은 국가를 가리키는 대명사가 되었다.)

공자는 일찍이 '도로써 임금을 섬기되, 그게 안 되면 그만두는' 게 대신大臣이라고 정의했다. 말하자면 임금을 섬기는 '충성' 자체가 '도'덕과 정의여야 함을 뜻한다. 신하의 충성이 여기의 '도道'의義에 합당하면 괜찮은데, 정치적으로 왜곡 변질한 게 문제였다.

이처럼 도의로 섬기지 못하고, 그저 자리나 지키면서 임금에게 적당히 순종이나 하는 신하를 '구신具臣'이라고 했다. 명목만 갖추었지, 실질은 별로 없다는 뜻이다. 요즘 개발독재 국가에서 명목상 헌법이나 가면무도회용 헌법을 갖추고 있듯이, 임금이 조정에 명목상 신하만 두고, 자기 맘대로 절대 권력을 휘두르는 상황이다.

공자의 제자인 자로가 임금 섬기는 방법을 묻자, 공자는 '속이지 말고 임금의 뜻에 거슬리는 정직한 말을 하라'고 일러 주었다. 또 공자는 자식을 사랑한다고 옹야옹야 감싸기만 하면서, 힘든 일은 전혀 안 시킬 수 있느냐고 반문한다. 마찬가지로 임금이나 윗사람에게 충성한답시고, 무조건 '예, 예' 순종하면서, 올바른 이치로 일깨우지 않을 수 있겠느냐고 질책했다. 모두가 '도의로써 임금을 섬기되, 안 되면 그만두어라'는 대신의 충성을 강조한 말이다.

임금다운 임금 - 임금 노릇하기 어렵다!

일찍이 정공定公이 공자에게, 한마디로 나라를 흥성케 할 말이 있느냐고 물었다. 그러자 공자는, 말이란 그렇게 단정적으로 하는 게 아니라고 일깨우면서, 거기에 가까운 말로 당시 유행하던 속담을 인용했다. '임금 노릇하기가 어렵고, 신하 노릇하기도 쉽지 않다'는 말이 있는데,

임금 노릇하기가 어려운 줄 안다면, 나라가 흥성할 수 있다는 것이었다.

이에 정공이 거꾸로, 한마디로 나라를 망칠 말이 있느냐고 물었다. 그러자 공자는 다시, 말을 그렇게 단정적으로 하는 게 아니라고 일깨운 뒤, '나는 임금 노릇하는 게 즐겁지 않다. 오직 어떤 말을 하든, 나를 거스르지만 말라'는 당시 속어로 대답했다. 그리고 이 말을 풀어 설명한다. 만약 착한 것을 거스르지 않는다면 정말 훌륭하겠지만, 만약 임금이 착하지 않는데도 신하에게 거스르지 말라고 강요한다면, 곧 나라를 망치기 쉽다는 것이다.

여기서 신하 노릇하기 쉽지 않다는 것은, 앞에서 말한 '도의로써 섬기되, 안 되면 그만두어라'는 뜻이 분명하다. 그리고 나라의 흥망은 주로 임금 노릇에 달려 있음을 강조한 것이다. 그래서 제경공齊景公이 정치를 묻자, 공자가 "임금이 임금답고 신하가 신하다우며, 부모가 부모답고 자식이 자식다운 것이다"고 답한 것이다. 바로 임금 노릇과 신하 노릇이 정치의 기본 출발점이자, 가장 중요한 관건임을 뜻한다. 제경공은 이 말을 훌륭하다고 찬탄하면서, 정말로 임금이 임금답지 못하고 신하가 신하답지 못하며, 부모가 부모답지 못하고 자식이 자식답지 못하면, 비록 쌀이 제아무리 많더라도 어떻게 먹고 살 수 있겠느냐고 화답했다. 그러니 제경공도 자질이 제법 괜찮은 셈이다.

동서고금의 역사에서, 처음에는 정치를 잘하다가, 나중에 국정을 돌보기가 골치 아프고 즐겁지 않아, 아첨하는 간신에게 정치를 맡기고 주색잡기에 빠져 나라를 망친 임금이 얼마나 많은가? 포군暴君으로 유명한 임금 가운데 상당수가 이런 부류에 속하지 않은가? (당 현종과 백제 의자왕도 그랬다고 전해진다.)

충신이 도의로써 정직하게 간언하면, 그게 듣기 싫어 임금 노릇이 재미없어지고, 무조건 절대 복종이라는 그릇된 충성을 요구하는 것이다. 그러면 자연히 간신들의 아첨만 들끓게 되고, 충신들을 멀리하게 된다. 그러니 나라가 망하지 않고 배길 수 있겠는가?

제갈량諸葛亮도 그 유명한 「출사표出師表」에서 이렇게 지적했다.

"어진 신하를 가까이하고 소인배를 멀리한 것이 바로 전한前漢이 흥성한 이유이며, 소인배를 가까이하고 어진 신하를 멀리한 것이 바로 후한後漢이 쇠퇴한 까닭입니다."

특히 송나라 철종(1085~1100년 재위) 때 소철蘇轍의 상소문은 아주 명쾌하게 핵심을 찌르는 논설로 돋보인다. 신종 때 개혁을 꾀했던 왕안석의 구당파가 경향각지에 널리 퍼져 유언비어로 어린 황제를 흔들려고 했다. 그러자 여대방呂大方(呂氏鄕約의 창시자)과 유지劉摯가 근심하여, '조정調停'이란 명분으로 구당파 인사를 다소 끌어들여 맺힌 원한을 가라앉히려 계획하였다. 이에 소철이 '조정'의 잘못을 비판하고 다시 상소문으로 공박했다.

"……군자를 가까이하고 소인을 멀리하면, 군주가 존엄하고 국가가 안정되며, 군자를 멀리하고 소인한테 맡기면, 군주는 근심하고 국가는 위태로워집니다. 이는 필연의 이치입니다. 소인이 밖에 있으면서 못마땅해 한다는 이유로, 그들을 안으로 끌어들여 스스로 후환을 초래한다는 얘기는 들어보지 못했습니다.

그래서 신의 생각에는, 소인을 비록 심복의 지위에 앉힐 수는 없지만, 사방 변두리에 목민관으로 내보내 온갖 일에 분주하도록 맡기면서, 완전히 구석으로 내팽개치지 않으면 될 줄로 압니다. 만약 소인을 안으로 끌어들인다면, 이는 마치 도적이 재물을 훔쳐갈까 염려하면서 도적을 침실로 끌어들이고, 호랑이와 승냥이가 고기 먹는 줄 알면서 목장 문을 열어 들여보내는 것과 같습니다. 세상에 누구도 이럴 리는 없습니다.

또한 군자와 소인은 그 형세가 마치 얼음과 숯불 사이 같아서, 함께 있으면 반드시 싸우게 됩니다. 일단 싸우게 되면, 소인이 반드시 이기고 군자가 반드시 지기 마련입니다. 왜냐하면 소인은 이익을 탐해 부끄러움도 참아서(부끄러운 짓도 차마 하여서), 설사 그를 공격해도 좀체 물러갈 줄 모르지만, 군자는 자신을 정갈히 지키고 의리를 중히 여겨, 그를 조금만 가로막아도 선선히 되돌아 물러나기 때문입니다. 옛말에 '향초香草와 악초惡草가 한 자리에 10년 있으면 오히려 악취가 난다'고 하였으니, 바로 이를 일컬음입니다. ……

이 소인배들이 돌아온다면, 어찌 다만 조정에 돌아온 걸로 만족하려 하겠습니까? 반드시 정인正人 군자를 해치고, 점차 옛 일을 복원하여 사사로운 원한감정을 앙갚음할 것입니다. 신하들이 화를 당함은 물론 이지만, 신이 애석하게 여기는 바는 조종祖宗의 조정朝廷입니다. 오직 폐하께서 성심聖心으로 판단하시어 유언비어에 현혹하지 마시고, 소인이 한번 들어온 뒤 '배꼽을 씹는 후회'(『춘추좌전』에 나오는 '서제噬臍' 로서, 후환을 미리 없애지 않으면 나중에 후회해도 때는 늦다는 뜻)가 없도록 하시면, 천하가 아주 다행이겠습니다."

윗물이 맑아야 아랫물도 맑다

맹자는 신하가 임금을 공경하는 '귀귀貴貴'와 마찬가지로, 임금은 평소에 인민을 사랑하고 신하를 공경하는 '존현尊賢'의 도의를 다해야 한다고 강조한다. 임금이 되려면 요임금이 백성을 다스린 도리를 다하고, 신하된 자는 순舜이 요임금을 섬긴 것과 같은 도리를 다해야 한다. 그러나 당시 패권쟁탈에 혈안이 된 제후들의 야심을 감안하여, 맹자는 임금의 신하에 대한 예우를 특히 강조한다. 예컨대, 탕湯이 이윤伊尹을 스승으로 모셔 걸桀을 정벌하고 천하를 얻은 사실이나, 제환공齊桓公이 관중管仲을 스승으로 삼아 패권을 차지한 고사를 인용한 것이다.

『맹자』 첫머리에 나오는 맹자와 양혜왕梁惠王의 대화는, 임금의 솔선수범을 명쾌한 논리로 적확하게 부각시킨다. 임금이 어떻게 하면 내 나라가 이로울까만 생각하면, 그 밑에 있는 대부들은 어떻게 하면 제 집안 이롭게 할까만 궁리한다. 또 대부 밑에 있는 선비와 서민들도 각각 대부를 본떠서, 어떻게 하면 자신이 이로울지 잔꾀만 부리게 된다. 그러면 온 나라가 위아래서 서로 자기 이익만 챙기려고 혈안이 되어, 국가가 위태로워질 수밖에 없다는 논리다.

정말 우리 사회현실이 그래왔다. 대통령과 정치인들은 정치자금 명목으로 기업가들에게 천문학적인 돈을 공공연히 모집하거나 은밀히 강요하였다. 재벌기업들은 정치권력의 비호와 특혜를 따내기 위해, 역시 천문학적인 비자금을 부당하게 조성하여, 이른바 성금으로 '떡값'으로 바쳤다.

예전에 군대 다녀온 사람들은 상명하복의 권위적 계급질서 속에서

흔히 벌어지는 무용담을 곧잘 지껄였다. 그중 빠지지 않는 약방의
감초가, 예컨대 소고기 특식이 나오면, 위에서부터 차례로 고기 덩이의
절반씩을 떼어가며 밑으로 내려오면, 사병들은 소가 텀벙텀벙 지나간
맑은 국물만 마신다는 거였다. 물론 지금은 그렇지 않겠지만, 그 정도는
차라리 귀여운 애교나 전설의 고향처럼 들린다.

걸핏하면 단군 이래 최대의 토건사업이라고 일컬어지는 국책사업들
의 내막은, 신의 베일만큼이나 은밀하고, 블랙홀만큼이나 캄캄한 소용
돌이 같다. 철도·전기·수도·가스·통신·공항 같은 사회 공공성이 높은
간접자본이나 민생필수품을 민영화하였거나 하려는 억지의 흑막 뒤에
는 어떤 속셈이 숨어있을까? 흥청망청 선심성 정책으로 허공처럼
불어난 나랏빚이나 적자예산을 줄이려는 숫자놀음과 함께, 검은 돈의
뒷거래가 잠복하기 십상일 것이다. 대학생들의 등록금을 반값으로
낮춰준다고 해서, 전국의 대학생총회가 감사와 보은의 뜻으로 성금을
모아 정치자금 바치길 기대하긴 어렵겠다.

뇌물과 특혜를 맞바꾸는 정경유착은, 각급 공무원과 그 지도감독을
받는 크고 작은 기업체나, 심지어 소상인들 사이에도 똑같이 전염하여
만연하였다. 보고 먹는 물이 썩었고, 듣고 마시는 공기가 매연 투성인데,
그 창자와 허파인들 성할 수 있겠는가? 윗물이 맑아야 아랫물도 맑은
법이다. 윗대들보가 뒤틀리면 아래 기둥도 휘고, 심하면 무너지기 마련
이다. 위에서 돈을 밝히면서, 다단계 피라미드 구조에 속하는 모든
사회 구성원이 한통속으로 썩어 부정비리를 왕창 저질렀다.

공인받은 먹이사슬에 끼지 못한 사람들은, 떡값은커녕 떡고물조차
한 톨 얻어먹을 수 없다. 그들 가운데 상당수가 분노와 원한과 적개심을

가득 품고 막가파가 되는 길을 택하게 된다. 그래서 조세형이 나왔고, 신창원이 감방에서 탈주했으며, 하찮은 조무래기들까지 나서서 대도大盜나 의적義賊 행세를 한 것이다. 그 밖에 조폭組暴이나 보통의 절도·강도·사기·횡령 등의 온갖 죄악은 말할 것도 없다. 이 얼마나 엄청난 파급효과인가?

게다가 집권자나 정치인들조차 자신도 뒤가 구리니, 전두환이나 노태우의 부정축재 환수나 재벌의 불법비리 척결에 적극 나설 수 없었던 것이다. 고작 한다는 짓이 꽹과리로 변죽을 울리며 시늉만 하고 면죄부나 주는 것이다. 하긴 국가의 법과 권력 자체가 합법화한 폭력이니, 정치권력이나 사법 권력이 조폭과 본질상으로 크게 다르지 않다고 해서, 전혀 이상할 것도 없을지 모른다. 사실 '조폭'의 '조직폭력'이란 조직화한 깡패집단을 가리키지만, 어쩌면 사회의 모든 '조직'이 본질속성상 '폭력'성을 띠는가 보다.

국제간의 권력질서 속에서도 오로지 이권쟁탈에 혈안이다. 주지하듯이, 근대화의 과정에서 유럽의 여러 제국주의 나라들이 아시아와 아메리카·아프리카를 식민지배하며 온갖 자원과 이권을 침탈하고, 노동력을 착취하는 등 엄청난 횡포를 부려왔다. 근래에는 일본과 미국에 이어, 중국까지 제국주의 대열에 뛰어들어 침탈을 가속화하고 있다.

그런 와중에 우리나라도 그 권력질서에 편입하려고 안간힘을 쓰는지, 미국이 허울 좋은 명분 아래 이라크나 아프가니스탄을 침략하면서, 불의의 전쟁에 동맹국의 파병을 요구하자 할 수 없이 파병하였다. 순전히 경제적 이익과 국제정치적 고려에서 월남전에 참전하여, 많은 인명피해를 내면서 월남 인민들의 사무친 원한을 샀던 역사 경험을 벌써 잊었는가? 그 잘못을 되풀이한 건 아닌지?

또 우리 전직 대통령들은 불행히도 자신의 업적과 명예에 집착하느라, 성과주의 정치외교를 펼치느라 급급했다. 노태우는 소련과 성급한 국교 수립으로 막대한 차관을 제공한 뒤, 곧 소련이 붕괴하여 엄청난 국익의 손실을 가져왔고, 나중에 거의 고물이 다된 재래식 무기로 받아왔다. 중국과 수교도 성급하게 추진하느라, 중화민국과 오랜 전통의 우의도 잃고, 대등하지 못한 저자세로 많은 걸 희생했다. 또 명동의 중화민국대사관을 무상으로 중공에 넘겨주어 원성을 샀기도 했다. (필자가 대만 유학에서 귀국한 직후인데, 당시 대만의 반한감정이 하도 험악해서 비자발급도 지극히 제한해 정상적 방문조차 매우 어려웠다.)

그런가 하면, 중공은 남북한 동시수교 상태인데도, 우리는 한쪽을 끊어야 하는 굴욕적 불평등 수교를 자청하여 감수했다.(나중에 대만과 관계를 회복했지만, 대사관나 영사관이 아니라 '타이베이 대표부'라는 괴상한 명의로 새로운 관계를 열었다.) 그러면서 중공은 티베트 문제에 대해서도 우리의 외교주권을 완전히 무시하는 횡포를 부리고 있다. 지금까지도 우리 정부는, 노벨평화상을 받고 세계평화의 상징으로 떠오른 달라이라마 존자의 방한조차 입국을 불허하는 모욕적 굴종을 계속한다.

또 김영삼은 아직 때가 이른데도, 억지로 OECD에 가입하고 국민소득 1만 불 달성하느라 무지 막대한 국익을 내주고, 결국은 국가부도 직전에 IMF 구제금융이라는 제2의 국치國恥를 스스로 불러들였다. 모두 성급한 욕심과 작은 이익(자신의 명예)에 눈먼 결과였다.

미꾸라지 한 마리가 온 방죽을 휘저어 흐리게 한다는 속담이 정말이다. 대통령 한 사람이 돈이나 권력이나 여자를 밝히면, 그 파장이 일파만파로 온 국민을 더럽히고 사악하게 만든다. 반대로 맨 윗사람 하나만 정말로 청렴하고 정직하고 인자하면, 온 나라가 평화로워지고 온 겨레가 착해진다. 그 솔선수범에 물들어 감명하는 것이다. 그래서 『서경書經』에 "한 사람에게 경사가 있으면, 억조창생이 그 복덕을 누린다"고 하였다.

백성이 나라의 근본 - 민본주의 왕도정치

계강자季康子가 자기 하는 짓은 생각 않고, 나라에 도적 많은 것을 걱정하며, 공자에게 그 해결대책을 물었다. 그러자 공자는 "그대가 정말로 탐욕스럽지 않다면, 백성들은 비록 현상금을 주어도 훔치지 않는다"고 딱 잘라 말했다. 얼마나 멋지고 통쾌한 발본색원의 처방인가?

"정치란 바르게 하는 것이니, 그대가 올바름으로 통솔하면, 누가 감히 올바르지 않겠는가?"라는 반문도, 계강자가 정치 자문을 요청하자 공자가 대꾸한 답변이었다. 또 "군자의 덕성은 바람 같고 소인(백성)의 덕성은 풀과 같아서, 풀 위에 바람이 불면 풀은 반드시 눕는다"는 군풍민초君風民草의 비유도 공자가 계강자에게 들려준 것이다. 그래서 중국에서는 '윗대들보가 올바르지 못하면, 아래 대들보도 삐뚤어진다'는 속담이 널리 인구에 회자한다.

맹자도 비슷한 비유를 들었다. 임금이 신하를 자신의 손발처럼 여기면, 신하는 임금을 자신의 심장이나 배(心腹)처럼 받든다. 그런데 임금이 신하를 마소처럼 대하면, 신하도 임금을 길가는 나그네처럼 대한다. 그리고 임금이 신하를 길가의 흙이나 풀처럼 밟으면, 신하도 임금을 원수나 도적처럼 여기고, 이를 부득부득 갈게 된다는 것이다.

맹자는 특히 민본民本주의에 바탕을 둔 왕도정치를 주장한다. 맹자는 인민이 가장 존귀하고, 그 다음이 사직(왕실)이며, 임금(권력자)은 가장 가벼운 후순위로 보았다. 천하 인민의 마음을 얻으면 천자가 되고, 천자가 마음에 든 자를 제후(임금)에 봉하며, 제후의 마음에 든 자가 대부가 된다. 따라서 일개 자연인에 불과한 제후(임금)가 포학무도하여 사직을 위태롭게 하면 가차 없이 갈아치운다.

사직의 보전을 위해 임금을 바꾸는 것이다. 조선시대 연산군과 광해군을 몰아낸 중종반정과 인조반정은 그러한 맹자의 왕도정치 사상에 근거한 의거義擧였다. 그리고 사직에 때맞춰 제사를 지내는데도, 가뭄이나 홍수 같은 천재지변의 자연재해가 끊이지 않으면, 그 사직마저 갈아치운다. 왕조를 바꾸는 것이다. 사직 왕조도 풀뿌리 인민보다는 하찮은 조직이기 때문이다.

그래서 결국 포악한 군주는 쳐서 내쫓을 수 있다는, 이른바 포군방벌론暴君放伐論의 혁명이론까지 발전하게 된다. 어질지 못하고 도의를 해치는 임금은 더 이상 임금이 아니라, 한낱 죄인에 불과하다. 따라서 그런 자를 쳐서 내쫓는 것은 시해나 반역이 아니라, 하늘의 뜻(天命)을 받들고 백성의 마음(民心)을 따르는 역성혁명易姓革命이라는 것이다. 중원 대통일을 향해 극도로 혼미를 거듭하던 전국시대의 상황을 반영하는 사상이다. 이 엄청난 정론직필正論直筆의 서슬이 두려웠는지, 역성혁명으로 명나라를 세운 주원장도 문묘文廟에서 맹자의 위패를 빼버렸단다. 얼마나 간사하고 교활한 권력속성인가?

그러나 아직 주나라 체통이 명맥을 유지하던 춘추 말엽의 공자는,

맹자처럼 급진적인 혁명사상을 적극 주장하지는 않았다. 그러나 완곡한 방법으로 간접 표현한 적이 있다. 예법의 변화를 중심으로 하나라·은나라·주나라의 계승 역사를 거론하면서, 주나라 뒤를 이을 왕조도 백대 이후까지 알 수 있다고 예견한 것이다. 하나라와 은나라가 걸桀과 주紂의 포군暴君에 이르러 멸망했듯이, 주나라도 머지않아 어떤 못나고 복 없는 천자 때 운명이 다할 것이라는 예언이다.

또 공자가 지었다고 전해지는 『주역』 '문언전文言傳'에는 좀 더 강한 직접 표현이 나온다. 곤坤괘 첫째 음효(初六)의 효사爻辭는 "서리를 밟으니, 머지않아 단단한 얼음이 다가오리라"는 내용이다. 그런데 이 구절을 두고 이렇게 풀이한다.

"착한 행실을 쌓는 집에는 반드시 경사가 넘치고, 착하지 못한 행실을 쌓는 집에는 틀림없이 재앙이 남아돌 것이다. 신하가 임금을 시해하고, 자식이 부모를 시해하는 것은, 하루아침이나 하룻저녁 사이에 일어나는 변고가 아니다. 그 변란이 생기는 유래는 점차 진행한다. 알아차려야 할 조짐을 미리 알아보지 못했기 때문이다."

요컨대, 임금이 임금답지 못하고, 또 임금 노릇 잘하지 않기를 오래 지속하다 보면, 결국 신하에게 죽임을 당할 수 있다는 것이다. 1979년 전 세계를 떠들썩하게 했던 10·26이 그 좋은 실례다. 부모조차 마찬가지다. 박한상의 부모 시해 사건이 그렇다. 이런 패륜 반역 사건은, 주된 책임이 제1차로 임금과 부모 자신에게 있다는 게 공평하고 정확한 진단이다. 지위가 높고 권한이 강할수록, 책임도 무겁고 비난 가능성도 커지기 때문이다.

중국 속담처럼, 사람들은 "말로 가르치면 대들고 따지며, 몸소 가르치면 순순히 따른다." 예전 같으면 속으로만 부글부글 끓으면서 욕하고 말겠지만, 요즘은 대놓고 '너나 잘하세요!'라고 맞장 뜨는 세상이다. 높은 자리에 많이 가진 자들이여, 부디 이 진리를 명심하고 각성하라. 국민이나 아랫사람에게 맹목 충성을 요구하기 전에, 먼저 스스로 국민과 아랫사람에게, 나아가 국가와 인류에 솔선수범하여 충성하시라! 입술에 침도 안 바르고 말로만 국민을 하늘처럼 받드는 '공복公僕'이라고 립서비스하지 말고!

군주민수君舟民水: 임금은 배, 백성은 물[*] - 21세기 새로운 지도자상과 정치관의 정립을 위하여

1979년에 필자는 대학에 입학한 지 한 달 만에 아버지를 여의었다. 그런데 그해 가을엔, 필자가 태어난 직후부터 무려 18년간이나 무력으로 1인 장기집권을 누린 군사독재자가, 주지육림酒池肉林의 연회석상에서 가장 믿었던 한 심복 부하에게 권총을 맞고 '시해弑害'당했다. 그때 그 자리에 있었다고 전해지는 한 여가수는 '남자는 배, 여자는 항구'라는 대중 유행가요로도 친숙하게 알려져 있다.

내가 한국 현대사의 한 엄청난 '시해' 또는 '혁명'사건을 한 여가수의 히트곡 주제(가사)와 함께 연상하는 것은 생뚱맞은 망상일까? 과연

---

* IMF 구제금융 지원 직후에 월간 선택 1998년 9월호에 발표한 시론을 바탕으로 다듬고 손질한 것이다.

우연일까 필연일까? 참으로 미묘한 인연이로다! 중문학을 부전공하면서 전통법문화와 역사철학에 관심을 갖고 고전古典을 읽다가, 『순자荀子』에서 '임금은 배, 백성은 물'로 비유하는 '군주민수君舟民水'론의 '혁명'사상을 발견한 것이다.

어쩌면 그 엄청난 역사적 사건의 심오한 상징적 함의含義를, '남자는 배, 여자는 항구'라는 대중가요가 아주 쉽게 은밀한 비유로 전달하는지 모른다. 단순한 우연이겠지만, '동시성의 원리'가 미묘하게 작용했을까? 아무튼 가수 자신도 모르는 하늘의 뜻이자, 필연에 가까운 인연일지도 모른다는 생각이 절로 든다.

종신독재자의 갑작스런 죽음과 함께 민주화의 봄이 찾아오나 했더니, 신군부의 쿠데타로 다시 시베리아 벌판의 혹한이 10년 넘게 기세를 떨쳤다. 그렇게 꽁꽁 언 땅에서도, 은근과 끈기의 민족답게 온 국민이 꾸준히 참고 기다리면서 점진적인 변화와 개혁을 이루었다. 마침내 민간정부가 들어서면서 희망과 기대는 한층 부풀었다.

허나 기대했던 문민정부도 출범 과정부터 삼당야합의 추태로 정권의 정통성과 도덕성에 중대한 결함을 지닌 탓인지, 집권 말기에 이르러 온갖 부정부패와 부조리가 봇물 터지듯 쏟아져 나왔다. 전대미문前代未聞의 막대한 정경유착과 차세대 권력 비리로, 국가의 정치·경제·사회를 온통 혼란 속으로 이끌었다. 권력의 도덕성은 본질적 정통성이나 청렴성 수준이 아니라, 문제 상황에 대한 인식과 판단의 무능함, 그리고 그 해결을 지향하는 과정에서 나타난 절차적인 진실성과 정직성 차원에서 중대한 시련을 자초하였다. 마침내 국제통화기금(IMF)의 구제금융에 나라를 파는 신세가 되었던 것이다.

그 뒤를 이은 국민의 정부와 참여정부는 나름대로 민주화와 경제회복을 위해 온갖 선의의 노력을 기울여 괄목할 만한 성과를 이루었다. 특히 국제적으로 국위國威와 국격을 크게 높이고, 일반 국민의 정치적 자유와 권리도 크게 신장하였다. 물론 IMF 구제금융의 지원을 받으면서 지나치게 경제주권을 내주어 국부를 크게 유출하고, 한미 FTA 협상을 시작하면서 불평등한 경제적 종속의 우려를 키웠다. 또한 자유 평등의 민주화를 대폭 확대하면서 적지 않은 부작용도 나타난 게 사실이다. 하지만 대한민국 역사에서 이 10년만큼 민초들이 희망과 활기에 넘친 때가 얼마나 있었을까 싶을 정도로 훌륭한 시대였다고 여겨진다. 감히 비유하자면, 한나라 초기의 문경지치文景之治나 조선시대 세종지치에 빗댈 수 있을까?

헌데도 국민 중에는 수십 년 전의 혹독한 독재탄압도 깡그리 잊은 듯, '잃어버린 10년'을 운위하며 진작부터 18년간의 군사독재에 대한 동정과 향수를 적지 않게 느껴왔다는 풍문도 들렸다. '경제 살리기'라는 그럴듯한 구호에 휩쓸려 귀여운 애칭 '2MB'라는 분을 뽑더니, 10년만 후퇴한 게 아니라 수십 년의 역사를 송두리째 까먹은 신세가 되었다. 그러고도 정신을 못 차렸는지, 18대 대선의 개표 결과는 몹시 실망스러웠다. 물론 국가정보원을 비롯한 국가기관이 조직적으로 선거에 개입해 대대적인 부정선거를 저질렀음이 드러나고 있어서, 정직하고 순박한 민의民意 자체까지 섣불리 절망할 필요는 없지만!

어쨌든, 지금까지 불운했던 60여 년 현대사를 반성하고 앞으로 새로운 정치사회상을 전망하기 위해서, 필자는 2~3천 년 전의 전통 철학사상을 통하여 바람직한 통치자와 국민 사이의 정치 관계를 소개하고,

우리 모두 함께 생각해보자고 제안한다. 온고지신溫故知新의 스승으로 삼자는 것이다. 이리 꼬이고 저리 뒤틀린 정치현실을 쾌도난마처럼 숙청肅淸하고 정리할 수 있다면 얼마나 좋으련만!

우리는 흔히 백성을 끈질긴 잡초에 비유하고, '풀뿌리 민주정치'라는 말도 곧잘 쓴다. 19세기 말 제임스 브라이스(James Bryce) 이래 '풀뿌리 민주정치'는 민주정치 발전에 크게 기여한 지방자치제도에 대한 별칭으로 인식하고 있으며, 새로운 근대 정치학의 개념인 것이 사실이다. 그러나 역사철학의 자취를 더욱 거슬러 올라가면, 아마도 공자에게서 그 뿌리를 찾을 수 있을 것이다.

"군자의 덕성은 바람과 같고 소인의 덕성은 풀과 같아서, 풀 위로 바람이 불면 풀은 반드시 바람 따라 눕는다." 이 말씀은, 당시 집정자인 계강자季康子가 정치 방법을 물으면서, "무도無道한 자를 죽여 도덕 있는 경지로 나아가면 어떻겠느냐?"고 불쑥 내뱉자, 공자가 대꾸한 답변이었다. 말하자면 5.18 신군부 쿠데타로 집권한 전두환이 민심을 무마하기 위해 불량배를 소탕한다는 미명 아래 악명 높은 '삼청교육대'를 실시한 거나 비슷한 심보였다. 공자는 도덕정치를 지향하면서 어떻게 살인을 감행할 수 있느냐고 반문하면서, 통치자가 진정으로 선량하고자 한다면 백성들은 저절로 착해지는 법이라고 일깨우기 위하여, 바로 이 비유를 든 것이었다.

따라서 이 비유는 '군풍민초君風民草'설로 일컬을 수 있다. 함축하는 의미는 군주의 일방적인 지배(專制)가 아니라, 통치자의 솔선수범을 강조한 것이다. 바람은 계절에 따라 다르게 분다. 봄에는 온화한 기운을 실어와 만물을 소생시키고, 여름에는 고온다습한 기운을 불어와 만물

을 쑥쑥 키운다. 가을에는 메마른 기운을 몰고 와 열매를 단단히 맺게
하고, 겨울에는 차가운 기운으로 만물을 꽁꽁 감싸 다음 삶을 위한
휴식을 적절히 베풀어준다. 물론 거칠고 사나운 폭풍은 대지를 할퀴고
뭇 생명을 손상시킨다. 그런데 아무리 거센 폭풍우가 몰아쳐, 나무들이
가지가 찢기고 뿌리째 뽑혀도, 잡초는 잠시 바람결대로 휩쓸릴 뿐,
바람이 지나면 다시 곧바로 일어선다. 키가 작고 약하며 부드럽기
때문에, 결코 바람과 함께 사라지는 법이 없다!

　공자의 '바람과 풀' 비유는 매우 단순한 것처럼 보이지만, 시대와
지역, 그리고 보는 자의 주체적 안목에 따라서, 은밀하고 심오한 철학적
상징의미를 함축하는 것이다. 이는 결코 공자를 미화하기 위해 억지로
끌어다 붙이는 견강부회牽强附會가 아니다. 성현이 당시 정치상황으로
말미암아 부득이 지혜로운 은유로 암시할 수밖에 없었던 시대의 제약을
풀어버려, 본래 진면목을 새로 살피자는 것이다.

　계강자가 정치가 무엇이냐고 묻자, 공자는 "정치란 바르게 하는
것이니, 그대가 바름으로써 통솔하면 누가 감히 바르지 않겠는가?"라
고 반문하였다. 통치자의 '정직성'을 강조한 것이다. 또 계강자가 도둑
이 많음을 걱정하여 대책을 묻자, 공자는 "그대가 욕심을 부리지 않으면
백성은, 비록 상을 준다고 할지라도 훔치지 않을 것이다"고 호통 쳤다.
통치자의 '청렴성'을 요구한 것이다. "통치자 자신이 올바르면, 비록
명령을 내리지 않아도, 백성이 저절로 심복心服한다. 반대로 통치자가
바르지 못하면, 설령 아무리 엄격한 명령을 내려도, 백성은 복종하지
않는다." 통치자의 정직하고 청렴한 솔선수범을 정치의 본질로 주장하
는 공자의 지론들이다.

공맹孔孟의 학통을 계승한 순자에 이르면, 군주와 백성의 정치 관계가 더욱 생동감 넘치고 혁신적인 비유로 바뀐다. 바로 "임금은 배, 백성은 물"이라는 '군주민수君舟民水'론이다. 배는 물이 없으면 뜰 수도 없고, 만들어질 필요도 없는 무용지물이다. 물이 배의 존재 근거이듯이, 백성 또한 통치 권력의 존립 기반이라는 뜻이다. 평소에는 물이 배를 띄우고 있지만, 바람이 불어 물결이 거세지면 물은 배를 가라앉히거나 뒤집을 수도 있다. 마찬가지로 임금이 어진 정치를 하지 않고 포악무도하게 백성을 괴롭히면, 백성은 악법에 저항하거나 포군을 갈아치울 수도 있다. 엄중한 경고가 담긴 비유다.

더 중요한 사실이 있다. 설령 폭풍우가 일지 않을지라도, 배 자체가 지나치게 욕심을 부려 승객·화물을 너무 무겁게 실은 경우에는, 가벼운 풍랑에도 스스로 기울거나 가라앉을 수 있다. 또 관리수선을 소홀히 해 선체에 구멍이 나면 물이 스며들어 가라앉고, 항해 미숙으로 항로를 벗어나면 암초에 좌초하거나 다른 배와 부딪칠 수도 있다.

그래서 선장은 적재중량을 넘지 않게 지켜야 하며, 때로 풍랑이 심해지면 화물의 일부 또는 전부를 바다 속으로 내던져 선박 자체의 안전을 꾀해야 한다. 물론 평소에 배를 잘 유지·관리할 뿐 아니라, 유능한 선원의 선발과 지도·감독에도 철저히 주의해야 한다. 한민족 운명 공동체를 책임지고 있는 국가의 최고 지도자도 배의 선장과 별로 다를 바가 없다.

군주민수君舟民水론 이외에도, 백성이 군주 통치권의 근본 바탕이라는 관점에서 백성을 물에 비유하는 언론은, 훨씬 이전부터 널리 퍼져 있었다. 예컨대 춘추시대 정鄭나라에는 백성들이 모여 국가정치의 잘잘못을 왈가왈부 평론하는 향교鄕校가 있었는데, 이를 허물어 없애자는 주장이 조정의 일각에서 일었다. 이에 당시의 집정자인 자산子産은 대신들의 폐지론에 반대하였다. 백성이 옳다고 따르는 것은 행하며, 그르다고 비판하는 바는 개선할 수 있기 때문에, 향교가 자신의 정치적 스승이라는 이유였다.

그런데 요즘 말끝마다 자유민주주의를 수호한다는 집권자들은, 어쩜 그렇게 한결같이 권력의 자의만 부리면서, 국민의 이목을 가리기 위해 방송을 장악하고 언론자유를 통제하려 드는지?

백성의 여론은 강물과 같아서, 만약 권력으로 이를 무조건 막기만 한다면, 그 물이 크게 모여 마침내 제방 자체를 무너뜨리게 될 것이다. 이 비유는 언론 탄압의 위험성을 경고한 것이다. 그렇게 되면, 걷잡을 수 없는 물살에 막대한 인명과 재산 피해를 초래할 것은 자명한 일이다.

그래서 평상시에 조그만 물길을 터서 홍수 범람을 예방하는 일이 최선의 통치 방도라는 것이다. 벌써 2~3천 년 전부터 백성이 국가의 근본이며, 여론의 정치사회 비중이 얼마나 큰지 명확히 통찰하고, 그 방향과 강도에 적절히 순응하는 정치를 펼친 것이다. 지도자의 고명한 통찰력과 식견, 그리고 현명한 결단의지에 탄복할 뿐이다.

지금도 조금만 폭우가 쏟아지면, 수많은 댐의 수문을 열어 저수지의 수위를 미리 조절해 홍수 통제에 각별히 신경 쓴다. 헌데 과연 우리의 통치권도 민심의 소재와 여론의 향방에 어느 정도 시의적절한 통찰과 순응을 보이는지 알 수 없다. '설마, 설마' 하고 고식姑息적인 무사안일에 빠져, 혹시라도 '사람 잡는' 사회혼란과 국가 민족의 불행을 초래하는 것은 아닌지, 실로 살얼음판을 걷는 듯 노심초사하지 않을 수 없다.

여론을 무마하고 언론을 탄압하는 독재정치는 결국 스스로 파멸할 위험이 몹시 크다.

지금까지 살펴본 군풍민초君風民草론과 군주민수君舟民水설의 철학 사상은 『주역』에도 직접 나타난다. 역전易傳에서는 손(巽:☴)괘의 기본 괘상卦象인 바람(風)을 군주의 교화명령으로 비유하는 해석이 자주 나온다. 또 물을 상징하는 감(坎:☵)괘와 연못을 상징하는 태(兌:☱)괘로 백성을 비유하는 경우가 적지 않다. 이들 괘는 각각 짝짓는 괘상과 그 위치에 따라 다양한 형상과 비유로 풀이한다.

그런데 특히 눈여겨볼 것은, 임금과 백성의 긴장·갈등 관계를 나타내는 괘상이다. 바람과 함께 나무도 상징하는 손巽괘 위에, 연못을 상징하는 태兌괘가 포개어져 이루어진 대과(大過: ䷛)괘는, 나무(木)로 된 배(木船)가 연못 아래 가라앉은 모습이다. 이는 백성의 분노와 저항이 극도에 이르러, 마침내 임금의 통치권을 뒤집어엎어 가라앉힌 혁명 상황을 상징한다. 군자는 이러한 대변란(大過)을 당하면, 세상을 피해 숨어 홀로 뜻과 절개를 지킨다는 것이 역전易傳의 풀이다.

이상의 여러 비유에 담긴 철학사상을 음미하면, '백성이 물'이지만, 백성을 정말 '물로 보면 안 된다'고 강력히 경고하는 하늘의 소리를 들을 수 있다. 속담에서도 아주 적확히 비유하듯이, "불 난 뒤에는 재라도 남지만, 물 지난 뒤에는 재도 안 남는다." 동서고금의 역사에서, 백성을 물로 보아 큰코다치고 돌이킬 수 없는 비극을 자초한, 어리석고 난폭한 임금이 얼마나 많았는지 모른다.

한편, 순자는 배와 물의 비유보다 더욱 생동감 넘치는 마차의 비유를 들기도 한다. 백성이 말이고 국가가 수레라면, 임금은 그 말을 몰아 수레를 운행하는 마부라는 것이다. 말이 없는 마차란 도대체 말이 안 된다. 수레를 몰아 천 리 먼 길을 갈 수 있는 건, 말이 온순하게 힘을 다할 때다. 말이 거칠게 굴어 수레가 거세게 흔들리면, 마차에 탄 사람도 편안할 수 없다. 마찬가지로 서민이 불복종하여 정치를 시끄럽게 하면, 군주 통치권도 평안하기 어렵다.

말이 소동을 피우면, 그 원인을 파악하여 진정시켜 주어야 한다. 마찬가지로, 백성이 정치에 불만을 품으면, 민원과 여론의 소재를 통찰하여 인정仁政과 덕치德治로써 민심을 안정시켜야 한다. 같은 말과 수레인데도, 더러 천 리를 가고, 더러는 백 리밖에 이르지 못한다. 그 까닭은 마부의 말 다루는 솜씨가 각기 다르기 때문이다.

봉건군주제도 아래서도 이처럼 백성을 군주 통치권의 기반으로 인식한 민본民本 사상이 보편이었다. 이런 사실은 어쩌면 정말 경이롭게 들릴지도 모른다. 그러나 어느 시대와 어느 지역이든, 인간사회는 쌍방 '관계'로 이루어진다. 그 '인간관계'는 수평과 수직 사이의 각도 차이는 있겠지만, 기본상 '상대'적인 '작용과 반작용의 법칙'에 따른다. 사실 고대에는 임금이 백성의 주인이자 부모이며 스승이라는 군사부君師父 삼위일체 사상이 일반이었다. 그러나 진한秦漢 이후 중앙집권적 절대군주제의 확립과 더불어, 일방적이고 전제적인 윤리 관계가 통치 이데올로기로 등장하였다.

예컨대 군주의 '주主'는 문자학상 어원을 살펴보면, 본디 등잔 가운데 박힌 불꽃 심지를 가리킨다. 그 모습이 매우 가늘고 미약하지만, 밑에서 기름을 빨아올려 자신을 태워 사방을 훤히 밝혀주는 희생을 상징한다. 백성의 주인이라는 '군주'의 개념도, 지혜광명으로 백성을 두루 밝혀주고 이끄는 참뜻이 핵심이다. 백성의 '부모'로서 군주가 백성을 친자식처럼 자애로써 보호하고 교화해야 함은 말할 나위가 없다.

백성의 목동이라는 '목민牧民'의 개념도 이와 비슷하다. 일찍이 예수도 설파했듯이, 목동은 양들이 길을 잃지 않도록 보살피는 사명을 다해야 한다. 따라서 품안에 있는 99마리 양보다 길 잃은 1마리 양을 찾아야 한다. 임금도 백성의 양치기다. 조선시대 지방 수령을 '목민관'이라고 부른 것은, 바로 백성의 주인인 임금의 대리인을 가리키는 호칭이다. 다산 정약용이 쓴 『목민심서』도 이러한 도리를 밝힌 것이다.

'스승'으로서 통치자는 백성을 강제명령이나 폭력으로 무조건 복종시킬 것이 아니다. 훌륭한 도덕과 학문의 바탕 위에서, 합리적인 언어와 솔선수범의 행동으로 지도하고, 자비로운 마음으로 백성을 감동시켜 교화해야 한다. 헌데 거리 정화라는 명분 아래 거지와 노숙자를 청소하고, 개발이라는 미명 아래 가난한 시민을 불에 타 죽게 하고 고공에서 떨어져 죽게 한 권력자가, 과연 국민의 지도자일까?

임금과 백성 사이의 관계를 좀 더 긴밀하고 통일적인 유기체 생명으로 비유하는 언론도 있다. 백성이 몸이라면, 임금은 마음과 같다는 것이다. 마음은 몸의 주인으로서, 누구의 지시도 받지 않으며, 팔다리(四肢)와 모든 감각기관을 지배한다. 허나 그것이 곧 마음의 자의적인 방종이나 전횡을 뜻하는 것은 결코 아니다. 마음이 중용의 도道를 지켜야만, 몸의 모든 기관이 잘 움직여 평안하고 조화로운 삶을 누릴 수 있다.

마찬가지로 임금이 정상적인 중용의 도덕을 지녀야만, 나라가 평안하고 백성이 건강·부유할 수 있다. 군주가 정치적 도덕성을 상실하면, 관리는 행정에 제대로 종사할 수 없고, 백성도 그 명령에 순종하지

않아 나라가 어지러워질 것이다. 공자의 말을 인용한 『예기』의 기록은
군심민체君心民體의 비유를 잘 간추리고 있다.

"백성은 임금을 마음으로 삼고, 임금은 백성을 몸으로 삼는다. 마음이
장대하면 몸이 편안하고, 마음이 엄숙하면 몸이 공경스럽다. 마음이
좋아하는 것은 몸이 반드시 편안히 여기고, 임금이 좋아하는 것은
백성도 반드시 하고자 한다. 마음은 몸이 있어 온전하지만, 또한 몸
때문에 상할 수도 있다. 임금도 백성이 있어 존립하지만, 또한 백성으로
인하여 망할 수도 있다."

옛 성현들은 군왕君王의 개념조차도, 백성을 바탕으로 하고 백성을
위해서 정의하였다. 왕王이란 백성들이 도덕 높은 자에게 가서(往)
귀향歸向함으로써, 자발적 통치권을 위임받은 결과로 추대 받은 자리
다. 또 군君이란 그렇게 모여든 무리(群)를 잃지 않고 잘 보호·지도하는
이를 가리킨다. 모든 백성이 자발로 귀향하여 마침내 천하 군중의
마음을 얻는 자에게, 감히 필적할 상대가 있겠는가? 그러한 군왕이라면
설령 백성을 주인처럼 모시지는 못할지라도, 적어도 절대 권력에 무조
건 복종하도록 단순한 통치의 대상으로 여기지는 않을 것이다.

그러면 백성이 나라의 주인이라는 현대 '민주民主' 사회에서, 지금까
지 우리 대통령들은 과연 어떠하였으며, 백성을 어떻게 생각해왔는가?
또 작금의 정치사회적 혼란과 경제위기는 그 원인이 과연 어디에 있는
가? 독재와 부정부패를 되풀이하면서, 한 정권에 대해 실망과 좌절·분
노를 경험할 때마다, 새로운 권력구조와 정치체제로 바꾸자고 제도변

화를 주장하는 목소리는 높지만, 진정으로 지도자(정치인)와 백성(국민) 사이의 본질 관계를 성찰하는 안목은 모자라는 것만 같다. '백성이 주인'이라는 '민주'의 미명 아래, 실제로는 전통 '군주君主' 못지않게 절대 권력자로 행세해온 것이 우리 '대권大權'의 모습은 아니었는지? 지금까지 거의 모든 당명黨名이 '민주'를 약방의 감초처럼 애용해왔지만, 과연 참으로 '민주적'인 당이 존재해 보기라도 하였는지?

차라리 '백성이 주인'이라는 허울 좋은 빈껍데기 말잔치에 지나지 않는 '민주'는 놓아버리고, 또 선거철만 되면 국민을 주인이나 상전 모시듯이 아부하는 발작적인 '민주'병은 그만 내버리자! 그 대신, 일상 정치현실에서 언제나 국민을 정권존립의 기반이자 정치활동의 근본으로 인식하라! 모든 사회·경제·법률 정책의 결정과 실행에서, 국민의 관심과 이해를 앞세우고 나라와 겨레의 장래를 내다보며, 서민의 원망願望은 무엇이고 원망怨望은 무엇인지 살펴보길 바란다. 그렇게 여론을 주시하고 백성을 두려워(畏民)할 줄 아는, 진정한 '민본民本' 정치나 실답게 온전히 펼쳐지는 새 세상이 되었으면 좋겠다.

10·26의 가르침과 광주반정光州反正[*]

세월은 쏜살같아 10·26이 일어난 지 벌써 34년이 지났다. 내가 대학생이 된 해 4월초 아버지께서 돌아가시고, 10월말 대통령이 심복의 총에 맞았다. 화불단행禍不單行이라던가? 나는 한해에 가상家喪과 국상國喪

---

[*] 10.26 제29주기를 맞이하여 2008년 10월 24일자 경향신문에 기고한 글의 원본을 바탕으로 보충하고 손질한 글이다.

을 함께 당했다. 뭐랄까? 대학생 성년식을 톡톡히 치렀다고 할까? 그래서 잊힐 수 없는 연보年譜를 뇌리에 아로새겼다. 하여 10·26만 돌아오면 누구 못지않게 감회가 착잡하다.

그해 10·26을 맞이한 내 추억은 아직도 너무나 생생하다. 대학 축제 마지막 날에 쌍쌍파티가 있었다. 촌놈 신입생인 나는 친상親喪 중인데다, 짝도 없고 멋쩍어 홀로 설악산 여행길에 나섰다. 마침 큰형님이 강릉 공사판에서 일하던 때라, 거길 찾아가 인부들 숙소에서 끼어 새우잠을 잤다. 아침 일찍 일어나 정류장 가서 속초행 버스를 막 탔는데, 안내양이 숨차게 뛰어와 운전사에게 외마디 비명을 지르는 것이었다.

"아저씨, 박정희가 죽었대요, 박정희가!"

아버지 죽음 때도 그랬지만, 대통령 죽음 소식도 처음 듣는 순간, 나는 조금도 놀라지 않고 너무도 평온한 마음으로 관조하였다. 내가 특별히 해야 할 일이 있는 것도 아니라서, 당초 일정대로 그냥 버스에 몸을 싣고 설악산을 향했다.

가을 짧은 해에 혼자 설악산 골과 산등성이를 헤매다가, 해진 뒤 늦게사 내려와 잠자리를 찾았다. 돈이 없어 민박할 요량으로 허기진 배를 참으며 인가를 기웃거렸다. 벌써 밤이 깊어가고 등불만 어둠을 밝히는데, 몇 군데 가는 집마다 이미 손님이 꽉 찼다며 손을 내젓는다. 마음이 점점 조급해지는데, 마침내 구원의 얼굴이 나타났다. 술이 거나하게 취한 아저씬데, 자기 집에 방이 비었다며 가자고 자청한다. 따라갔다. 밥도 굶었다고 하니, 상을 차려왔다.

혼자 멋쩍게 먹는데, 술 취한 주인아저씨가 자꾸 말을 걸며 주절주절 지껄였다. 어려서부터 아버지한테 줄곧 겪어온 터라, 나는 그냥 술주정

이러니 여기고, 별 생각 없이 다 들어주며 가끔씩 대답하였다. 그런데 지금도 생각나는 내용이 있었다. "요즘은 북한에서 나이 어린 간첩도 보낸다." "대화 내용을 다 녹음해라." 아버지의 잦은 술심부름과 온갖 술주정을 받아준 나에게, 이런 따위의 말은 그저 취객의 평범한 지껄임에 지나지 않았다.

밥상을 물리고도 한참이나 계속해서 내 눈앞에서 술주정을 떠는 아저씨 말을 아주 끈기 있게 들어주었다. 허나 하루 내내 산을 탄 피로에다 식곤증까지 밀려와 눈꺼풀이 무거워지기 시작했다. 인내가 한계에 다다를 즈음, 또 다른 구원의 입이 나타났다. 바로 주인아저씨의 노모였다. 내가 아들 술주정에 피곤하게 시달리는 모습이 안쓰러웠던지, 마침내 말문을 가로막고 나서며 말렸다. "손님 피곤하니까 쉬게 고만해라." 얼마나 지쳤는지, 하도 고맙고 반가워서 어쩔 줄 몰랐다. 주는 요와 이불을 펴고 잠자리에 들었다.

얼마나 고단했는지, 잠자다가 코밑에 무슨 액체가 흐르는 것 같은데도, 어렴풋이 느끼기만 하고 잠결에 손으로 훔치고 그냥 잤다. 아침에 깨어보니 코피가 제법 흘러 요와 이불을 적셨다. 아니, 이런 낭패가? 그런데 더 황당한 일이 벌어졌다. 세수를 하고 아침밥을 먹는데, 새벽같이 경찰이 찾아와 나한테 얼굴을 내밀며, 검문하겠다며 신분증을 내라고 요구하는 것이었다. 학생증을 보여주니, 어젯밤 주인아저씨가 지껄인 "녹음기 좀 내놓으라"는 것이었다.

그제서야 나는 비로소 휴전선 바로 아래 속초 마을의 역사 지리적 특수성을 알아챘다. 갑자기 국상을 당하자, 바로 전군에 비상이 걸렸고, 아저씨는 당시 귀가 닳도록 들었을 반공안보 세뇌교육의 무조건반사에

따라 행동한 게 분명했다. 북한이 나라의 위기를 틈타 혼란을 시도할
수 있다는 의식에서, 나를 짐짓 떠보면서 비상연락망을 통해 경찰에
신고까지 해놓은 것이었다. 내가 정말 간첩이라면, 평생 민박을 쳐서
벌 돈보다 훨씬 많은 신고 포상금을 타서, 한평생 넉넉히 먹고살 밑천을
잡을 게 아닌가?

지난밤 방이 다 찼다고 거절한 그 많은 집들은, 사실은 비상이 걸려
귀찮고 성가신 사고를 당하기 싫어 문을 걸어 잠근 것이었다. 술 취한
아저씨만 혹시나 하는 요행심에서, 나이 어린 '거동수상자'를 친절하게
제집으로 자청하여 이끌고, 밥까지 먹이고 잠재워 준 것이었다. 특별한
혐의가 없어 보이자, 경찰은 내 인적사항을 적고 나한테 언제 귀경할
거냐고 물으면서, 나갈 때 설악동 입구 파출소에 좀 들려달라고 말하고
떠나갔다.

좀 황당하고 불쾌하기도 했지만, 나는 그래도 정처 없고 피곤한
나그네를 친절하게 하룻밤 묵게 해준 호의에 감사하는 뜻으로 얼마
안 되는 민박비를 내었다. 헌데 주인은 겸연쩍고 미안했는지, 한사코
받지 않겠다고 사양했다. 자기가 돈 받으려고 했으면 아예 안 재워줬을
거라고 호들갑을 떨었다. 어쩌면 더 큰 포상금에 내기를 건 도박이었기
에, 쌈짓돈은 미끼로 날려도 당연하다는 심산이었는지 모르겠다.

끝내 내가 져서 답례를 못하고 그냥 나오고 말았다. 게다가 코피에
젖은 이불도 차마 말하지 못하고 떠나왔다. 애꿎게도 그 부인만 술
취한 남편의 엉뚱한 착상에 아닌 밤중에 홍두깨를 대신 얻어맞은 셈이
다. 나중에 이불 홑청 빨래하느라 얼마나 고생했을까? 그게 더 마음에
걸렸다. 이중으로 빚을 진 것이다. 이름도 주소도 묻지 않아서, 지금껏

인사나 보답을 전혀 못해, 가끔 생각날 때마다 미안한 마음뿐이다. (늦게나마 지면을 통해 그 부부께 고마움과 미안함을 전한다.)

그날로 속초에 나와 파출소를 찾았더니, 파출소장이 나와 같은 이름이라고 하면서, 편안하고 친근하게 말을 나누고 곧 나왔다. 속초 부두와 해변 백사장을 조금 거닐고 서울로 돌아왔다. 학교는 이미 휴교령이 내려 문을 닫았고, 기숙사에는 간단한 짐을 챙겨갈 시간 동안만 특별히 출입을 허가해 주었다. 대학에 들어간 첫해, 나는 그렇게 엄청난 인생 공부를 하였다.

한 해에 가상과 국상을 함께 당한 인연은 두고두고 내 인생 공부의 화두가 되었다. 그 뒤 중문학을 부전공하고 전통법의 역사철학을 전공하면서, 고전을 통해 느끼는 10·26의 가르침은 자못 컸다.

『주역』 곤괘 문언을 읽으며 10·26의 인과가 저절로 뚜렷해졌다.

"선을 쌓는 집엔 반드시 경사가 넘치고, 악을 쌓는 집엔 반드시 재앙이 넘친다. 신하가 임금을 시해하고, 자식이 아비를 시해하는 패륜은 하루아침에 생기지 않는다. 점차 다가와 이뤄지지만, 일찍 알아차리지 못할 뿐이다. 역易에 '서리 밟더니 곧 두꺼운 얼음 어네.'라고 말하니, 삼가라는 뜻이다."

흔히 절대 권력은 절대 부패한다고 하지만, 나는 "절대 권력은 절대 도취한다"고 느꼈다. 밖에서 깨우지 않으면 깨어날지 모르는 환몽幻夢에 푹 빠진다. 주색잡기는 오히려 약과다. "스스로 혁신하지 않으면 결국 남한테 혁명을 당한다.(自不革新, 被他革命.)" 이 구절은 내가 대만 유학시절에 사선死線을 넘나들며 중국의 고전을 폭넓게 섭렵하고, 강유위康有爲와 양계초梁啓超 등을 연구하면서 얻은 영감이다. 사실 대부분의 인생은 크건 작건 똑같은 어리석음을 되풀이한다.

또 성악설로 알려진 『순자』를 읽으면서는 '임금은 배, 백성은 물(君舟民水)'이라는 상징비유를 보고, 10·26이 더욱 실감났다. 물이 평소엔 배를 띄우지만, 때론 거세게 물결쳐 배를 뒤엎거나 가라앉힌다. 얼마나 적확한 비유인가? 서양도 일찍이 국가는 "한 배를 탄 운명 공동체(in eadem es navi)"로 비유했다는데, 동양도 멋진 '배'의 비유가 있다니! 사람 사는 건 동서고금이 다르지 않구나! 게다가 10·26 현장에 '남자는 배, 여자는 항구'의 노래 주인공이 있었다고 하니, 우연인지 필연인지 역사의 인연이 미묘하기만 하다.

한편, 10·26 이후 급속히 번지던 민주화의 열기는, 12·12 쿠데타로 권력을 잡은 신군부가 '서울의 봄'을 짓밟으면서 크게 요동쳤다. 5·18 광주민주화운동은 당시에는 잔인무도한 살륙의 피바다로 좌절한 듯했다. 허나 은근과 끈기로 기다리며 저항하여, 6·29를 계기로 획기적 발판을 마련하며 문민화의 연착륙을 이루게 되었다. 비록 엄청난 희생을 치렀지만, 광주의 피는 선거를 통한 정권교체로 김대중의 국민의 정부를 낳으면서, 민주주의 꽃을 활짝 피우고 탐스런 열매도 맺었다.

20년에 걸친 이러한 일련의 현대정치사 역정歷程에 함께 동행하면서, 나는 또 한 번 '반정反正'의 역사철학을 깨닫고 감읍感泣하였다. 그래서 10·26과 12·12로 촉발된 5·18민주화운동을 나는 '광주반정光州反正'이라고 명명하였다. 사필귀정事必歸正의 진리를 새삼 확인하며, 파사현정破邪顯正의 춘추필법春秋筆法의 정신을 선양하기 위함이다.

반정反正은 발란반정撥亂反正의 준말로, 어지러움을 쳐서 다스리고 올바름(정통)으로 되돌아온다는 『춘추공양전春秋公羊傳』의 역사정신이다. 요즘말로 4·19나 5·18 같은 민주혁명이다. 조선의 조정신하들이 힘을 합해 연산군과 광해군을 몰아내고(廢位) 새 임금을 옹립한, 바로 중종반정과 인조반정이다. 요금 우리 사회는 이런 춘추필법을 공식으로 계승하지 못하고, 역사정신도 많이 쇠퇴한 느낌이다.

또, 노자를 보고는 강경한 철권독재가 죽음을 부른 근본원리를 깨달았다. "굳고 딱딱한 건 죽음의 무리고, 부드럽고 무른 게 삶의 무리다." 사람이나 초목이나 막 생겨날 땐 부드럽지만, 죽을 땐 딱딱하게 굳는다. "부드럽고 무른 게 굳세고 강한 걸 이긴다."

20세기 말에 21세기를 3F의 시대라고 부르며, 'female(여성)·feeling(느낌)·fashion(유행)'의 시대로 전망한 것 같다. '여성'이란 부드러움과 소프트웨어가 세상을 우세하게 풍미하는 노자의 '도덕' 가르침을 상징한다. 우리 국민 가운데는 18대 대선에서 그런 '여성'을 기대하고 '여자' 후보를 찍은 사람이 제법 많은가 보다. 헌데 오랜 군부독재의 기풍이 몸에 밴 탓인지, 부드러움보다는 딱딱하게 굳은 경직성만 두드러지니, 나라와 겨레의 앞날에 걱정이 태산이다.

해마다 10·26의 가르침이 더욱 새삼스러운 건 왜일까? 속담에 "한 아낙이 원한을 품으면 오뉴월에 서리 날린다"고 한다. 하물며 『서경』에 적힌 것처럼, 온 백성이 "이놈의 해 언제 지려나?"고 이를 부득부득 간다면 어찌 될까? 민심은 천심이라는데! 다신 그런 비극이 되풀이되지 않기를 간절히 바란다.

사초史草의 판도라 상자와 춘추필법

역사의 교훈을 언급한 김에, 최근 우리 사회에서 크게 논란이 되고 있는 역사 관련 문제를 한두 가지 더 짚고 넘어가자. 국내에선 대통령기록물인 남북정상회담 녹취록 파동과 역사교과서 집필 및 선정 문제가 있고, 국외로는 한중일 동북아 3국의 역사 왜곡을 둘러싼 신경전과 날선 공방이 있다.

동아시아 문화권의 가장 큰 특징의 하나는, 선비정신의 핵심으로 꼽을 수 있는 '역사정신'이다. 역사의 제1차 생명은 사료史料의 사실성事實性, 즉 진실성에 있다. 그래서 역사 기록은 실록實錄이라고 일컫는다. 근거 없이 찬미하지도 않을 뿐만 아니라, 간악奸惡을 거리끼거나 숨기지 않기 때문이다. 사관史官은 천자나 태자의 허물도 기록할 직책과 의무를 지니며, 어긴 경우에는 죄가 사형에 해당한다. 훌륭한 사관이란 귀천을 가리지 않고 선악을 숨기지 않으며, 사실의 기록을 위해 목숨을 바치는 한이 있어도 붓을 굽히거나 꺾지 않는다.

반면, 사관의 신분과 직책은 지금의 사법부보다 훨씬 확실하고 완벽한 절대 독립을 보장받았다. 옛날에 왕한테 절하지 않고 도리어 왕이 절을 하는 절대 지존은, 왕의 스승과 종묘 제사 때 조상신을 대신하는 시동尸童뿐이었다. 사관은 그 정도까진 아니지만, 그에 버금갈 만큼 절대 독립의 신분지위를 누렸다.

주周나라 때부터 좌사左史와 우사右史로 나뉘어, 각각 왕의 말과 행동을 좌우에서 매일 기록했다. 사관史官들이 대신 적는 왕의 일기인 셈이다. 사관은 왕의 그림자나 분신처럼 늘 곁에 따라 다니며, 일거수일

투족과 일언반구까지 빠짐없이 사실대로 기록한다. 밤에 어느 후궁 방에 들어가는지도 숨김없이 적었다. 오죽하면 왕이 미복잠행微服潛行을 좋아했을까? 그렇게 적은 기록을 사초史草라고 한다. 나중에 공식 편수編修할 역사기록의 초고草稿라는 뜻이다.

옛날에는 왕이 재임 중에는 자신의 역사를 편찬할 수 없었다. 게다가 왕이나 천자라도 사관이 기록한 사초를 절대 열람할 수 없게끔 엄격히 비밀보안을 유지했다. 역사의 객관성과 공정성을 확보하기 위해서다. 절대 왕권도 자신의 국정일기인 사초는 절대 건드릴 수 없는 신성불가침으로 받들었다. 당대의 황제나 왕이 타계한 뒤, 그 다음 대에 비로소 사관들이 사초를 기초로 선왕先王의 실록을 편수한다. (마치 미국에서 국무성의 국가기밀문서를 수십 년이 지난 뒤 기밀을 해제해 일반에 공개하는 이치와 비슷하다.)

동서고금의 인류역사에서 최고 권력에 대해 그보다 더 엄격한 견제와 감독이 행해진 적이 있을까? 사실 '절대 왕권'의 '절대'는 짝할 '상대'가 없는 유일한 자리라는 뜻일 뿐이다. '왕권' 자체는 법관法官과 언관言官 같은 합리적이고 합정合情적인 여러 기관과 장치에 의해 엄격한 통제를 받았다. 특히 사관史官은 존재 자체가 왕권을 말없이 지켜보는 감시의 거울과 경종이었다. 근대 영미의 삼권분립에 의한 '견제와 균형'을 훨씬 능가하는 최고의 자율규제다.

공자는 15년의 떠돌이를 마친 다음, 그러한 역사정신을 받들어 계승하기 위하여, 노魯나라 역사인 『춘추春秋』를 편찬하였다. 정통성과 정당성이 없이 창칼의 무력으로 권력을 농단하고 정치를 어지럽힌 난신적자亂臣賊子들을, 부드러운 붓으로 단죄하여 역사적으로 처형

매장하는, 미언대의微言大義의 춘추필법春秋筆法을 높이 선양했다.

춘추필법과 관련해 아주 유명한 전설적 사실史實이 전해진다.

춘추시대 진晉 영공靈公은 임금답지 않고 아주 포악무도했다. 높은 누대에 올라 행인에게 탄환을 쏘며 피하는 모습을 보고 깔깔거리곤 했다. 한번은 궁실 주방장이 곰 발바닥 요리를 해다 바쳤는데, 잘 익지 않았다고 그를 죽여 삼태기에 담아, 부녀자에게 머리에 이고 조정 앞을 지나가게 했다. 당시 정경正卿인 조순趙盾과 사회士會가 함께 밖으로 삐져나온 시신의 손을 보고 까닭을 물었다. 사연을 듣고 조순이 대경실색하여 간언하려 하자, 사회가 잠시 소매를 붙잡았다.

"당신이 재상인데 바로 간언하여 받아들이지 않으면, 더 이상 간언할 사람이 없습니다. 먼저 내가 간언해 듣지 않으면 당신이 이어서 합시다." 그래서 사회가 먼저 궁정에 세 차례나 들어가 머무르자, 영공이 마침내 알아보고 "내 잘못을 아니, 앞으로 고치리다!"고 말했다. 이에 사회가 머리를 조아리고 정중히 답변했다.

"사람이 누가 허물이 없겠습니까? 허물을 알고 고치면 그보다 더 큰 선행이 없습니다. 시에 '처음이 없는 건 없으나, 끝마무리 잘하기가 드물다'고 하니, 허물을 고치는 이가 적습니다. 임금께서 허물을 고쳐 유종의 미를 거두신다면, 진나라 사직은 견고히 안정될 것입니다."

그래도 고치지 않자, 조순이 여러 차례 간언했다. 영공은 몹시 귀찮고 싫어져, 서예鉏麑에게 조순을 해치우라고 명했다. 서예가 꼭두새벽에 조순 집에 가보니, 조복朝服을 단정히 입고 앉은 채로 선잠 자고 있었다. 서예는 탄복해 물러나왔다. "공경을 잊지 않으니 참된 인민의 주인이다. 인민의 주인을 해치면 불충不忠이고, 임금의 명령을 저버리면 불신不信

이다. 선택의 여지는 하나니, 죽는 길뿐이다." 마침내 스스로 홰나무에 머리를 찧어 죽었다.

늦가을 영공은 술자리에 복병을 두고 조순을 청해 술을 권했다. 조순의 마부 제미명提彌明이 눈치 채고 얼른 올라가, "신하가 임금을 모시고 술을 마심에 세 잔을 넘으면 예가 아닙니다"고 말한 뒤, 그를 일으켜 내려왔다. 영공이 깜짝 놀라 사나운 사냥개를 시켜 공격하자, 제미명이 개를 때려죽였다. 조순은 "사람은 내버리고 개를 쓰다니, 제아무리 사나울지라도 무슨 소용이람?" 하고 격투 끝에 간신히 빠져나 왔으나, 제미명은 그 와중에 장렬하게 순직했다.

마침내 조천趙穿이 영공을 살해(殺)하자, 조순은 망명하려다가 국경 을 넘지 않고 되돌아왔다. 이에 태사太史인 동호董狐가 '조순이 군주를 시해(弑)하였다'고 기록해 조정에 공시했다. 조순이 아니라고 억울함 을 하소연하자, 동호가 대답했다. "그대가 정경正卿으로 도망하다가 국경도 넘지 않고, 돌아와서 역적을 토벌하지도 않았으니, 그대가 아니면 누구란 말인가?"

그토록 포악무도한 임금한테 여러 차례 죽임을 당할 뻔한 장본인인데 도, 신하로서 최고 제일의 재상 자리에 있었다는 이유 하나로, 군주 시해(弑)의 역사적 책임을 온통 뒤집어씌운 것이다. (참고로, '시弑'해는 당시 진晉 태사 동호의 史觀이고, 춘추좌전의 史家는 '살殺'해로 적고 있다.) 이것이 공자가 '옛날의 훌륭한 사관(古之良史)'이라고 칭찬한 동호지필 董狐之筆로서, 춘추필법의 대명사가 되었다.(『春秋左傳』, 宣公 2년)

집권당 후보로서 국정원을 비롯한 국방부와 보훈처 등, 여러 국가기 관의 조직적 불법개입으로 당선된 대통령은, 자신이 직접 관여한 게 아니라며 발뺌한다. 여당은 국정원 등 불법 선거개입의 공정한 수사 및 처벌을 위해 특검을 실시하자는 야당과 국민여론의 요청을 묵살하며, '대선불복' 재갈과 '종북'낙인으로 협박하고 있다. 만일 동호董狐가 다시 우리 현실에 나타난다면, 이런 부정선거와 권력횡포를 보고 과연 어떻게 적을까? 자못 궁금해진다!

또 하나, 동호지필보다 더 극적인 사례史例도 하나 전해진다. 붓을 굽히거나 꺾지 않는 춘추필법은, 사관의 목숨과도 맞바꾸지 않는 절대 정신이다. 제濟나라 최저崔杼가 장공莊公을 시해하자, 태사가 그 사실을 기록했다. 최저가 태사를 죽이자, 태사의 아우가 다시 기록했다. 최저가 아우도 죽였는데, 또 그 아우가 와서 적자, 더 이상 죽이지 못했다. 한편, 남사씨南史氏는 태사가 죽임을 당했다는 소식을 듣고, 시역弑逆사실을 적은 간책簡冊을 받들어 조정에 갔다가, 이미 사실이 기록된 걸 확인하고 되돌아갔다.(『春秋左傳』, 襄公 25년. 참고로, '杼'는 흔히 '서'로도 읽으나, 唐 공영달 '正義'본(宣公 10년)에는 '저(直呂反)'로 읽는다.)

이러한 춘추필법의 정신과 원칙은 조선시대까지 우리도 확고히 지켜져 온 역사전통이다. 이러한 역사정신이 있었기에, 세계에서 가장 방대한 분량의 역사기록으로 세계기록유산이 된 『조선왕조실록』이 편수되었던 것이다. 인조 때부터 기록한 방대한 『승정원일기承政院日記』와 정조의 친필 일기에서 시작한 『일성록日省錄』도 세계기록유산으로 지정되었다. 그러한 사관史官정신이 유교의 선비정신을 이루어, 전통문화가 쉽사리 시들지 않고 오래 전승할 수 있는 원동력이 된 것이다.

그런데 연산군은 오랜 전통의 불문율인 역사의 금기를 깨고 사초를

봄으로써, 판도라의 상자를 연 것보다 훨씬 엄청나고 혹독한 대가를
치러야 했다. 피비린내 나는 살륙殺戮의 사화士禍가 잇따랐고, 그렇게
총명하고 인정 많던 연산군은 역사상 최악의 포군暴君으로 전락했다.
그 엄청난 비극은 결국 중종반정中宗反正으로 끝났다. 결국 연산군은
왕위에서 쫓겨나 병사하고, 종宗이나 조祖의 묘호廟號를 받지 못한
채, 광해군과 함께 '군君'이란 악명을 얻은 것이다.

사실상의 재위만 인정하고, 통치 권력의 정통성(도덕성)은 전면 부인
한다는 의미다. 말하자면 역사(기록) 속에 효수梟首형 같은 잔혹한
사형인 셈이다. 이러한 역사정신을 살려 대한민국 역대 대통령을 평가
한다면, 종宗이나 조祖보다 군君으로 불릴 자가 훨씬 많을 것이다.(특히
내란음모 성공으로 대통령이 되었다가 퇴임 후 죄형을 확정 선고 받은 전두환
과 노태우는, 사실상 재위만 인정해 '군君'으로 불려야 할 것이다.)

역사는 다시 되풀이하는가? 국가기록원 대통령기록관에 보관 중이
던 2007년 남북정상대화기록의 실종 사건이 터졌다. 객관 진실은 하늘
과 당사자만 알 것이지만, 여야 서로 책임공방이 치열하다. 여당은
조선시대 사초 무단열람은 참수斬首형 감이라며, 당시 기록 이관 과정에
서 노무현 측의 원시 누락 가능성을 떠들어 검찰수사를 요구했다.

반면 야당은, 은퇴와 함께 회고록 작성을 위해 기록을 반출했던
노대통령을 핍박하여 자료를 반납시키고 죽음까지 몰아넣은 이명박
정권의 소행으로 의심한다. 집권 직후 기록원장까지 바꾼 사실, 최근
확인된 이지원 시스템의 봉인 뜯김과 무단 접속 흔적 등을 근거로,
이명박 정권이 삭제 폐기했을 가능성에 강한 의혹을 품는다.

검찰은 수사결과 노대통령의 지시로 기록 자체를 기록관에 아예

이전하지 않은 걸로 발표했지만, 의혹이 완전히 풀린 것 같지는 않다. 고양이 앞의 쥐처럼 풀 죽은 야당한테, 기세등등하게 치열한 공격과 비난을 퍼붓던 여당도, 북한이 만약 계속 떠들면 대화록 원본을 공개하겠다고 위협(?)한 뒤로는, 어인 까닭인지 쥐죽은 듯 잠잠해졌다.

과연 노무현을 죽음에 몰아넣은 이명박 정권이 고인을 부관참시하기 위해서, 국가정보원에 보관 중인 남북정상대화기록을 열람하고 짜깁기해, 지난 대선에서 악용하고 확실한 함정을 판 것인지? 역사적 진실이 그대로 묻힐지, 아니면 나중에라도 드러날지 앞으로 지켜볼 일이다.

물론 노무현이 고의로 대화내용을 손질했거나 이관 자체를 누락시켰다면, 그 역사적 책임은 작지 않을 것이다. 허나 만에 하나라도, 이명박 정권이 남북정상대화록 '사초史草'를 열람하고 짜깁기해 공표한 다음 원본마저 삭제했다면, 사초를 열람하고 폐기한 장본인들은 여당 자신의 주장대로 '참수'에 처해야 할 모반대역 죄인이 될까?

그렇다면 이명박은 연산군보다 훨씬 형편없는 최악의 패역무도한 포군暴君이 되리라! 그에 직간접으로 관여한 무리들도 법률적 죄책과 함께 역사적 죄책이 엄청나게 막중할 것이다. 그리고 우리는 다시 한 번 파사현정破邪顯正의 춘추필법 정신으로 엄정한 발란반정撥亂反正의 기치를 높이 치켜들고 사필귀정事必歸正을 이루어야 하리라!

역사란 스승이다(史者, 師也): 역사정신과 역사교육의 왜곡

우리가 개별구체의 역사현상으로서 사건事件·사실史實을 기록·전승하고 공부하는 이유는, 일반보편의 역사정신을 밝혀 거울삼고 스승

삼기 위함이다. 현재와 미래의 향상발전에 밑천을 보태기 위해서다. 현재와 미래의 교훈으로서 가치와 자격이 전혀 없는 과거라면, 보존·전승할 필요도 없고 기억·회상할 의미도 없으리라.

"역사란 스승이다.(史者, 師也.)" 박사논문 쓰면서 떠오른 명제다. 일찍이 공자는 "옛것을 익히고 새것을 알면 스승이 될 수 있다"고 말하며, "세 사람이 가면 반드시 내 스승이 있으니, 선을 가려 따르고 악은 고친다"고 했다. 노자는 "선인은 악인의 스승이며, 악인은 선인의 거울(밑천)이다"라고 했다. 선인은 실물교수고, 악인은 반면교사다. 헌데 스승이 어찌 시공간을 같이하는 착한 사람뿐이랴? 역사 속의 무수한 선인과 악인의 행적 또한 훌륭한 스승이요, 거울(龜鑑)이다. 역사를 스승 삼을 줄 모르는 민족은 지난 전철을 되밟기 마련이다.

역사만큼 진귀하고 무진장한 스승의 보물창고도 없다. 그리고 인간의 수천 년 역사보다 더 장수하는 거북이(龜)와 더 밝은 거울(鑑)이 또 어디 있겠는가? 그 역사를 스승 삼을 수 없다면, 제아무리 신령스러운 거북이와 명경지수明鏡止水인들 무슨 귀감이 될 수 있으랴? 우리가 역사 전통을 중시하는 까닭과, 필자가 전통 역사를 연구하는 목적도 바로 이러한 연유에서다.

훌륭하지 않은 스승은 없으나, 훌륭한 학생이 드물 뿐이라고 한다. 바로 역사를 두고 일컫는 말이 아닐까? 선이건 악이건, 역사 자체는 항상 훌륭한 스승으로서 귀감과 교훈을 드리운다. 선을 본받아 따르고 악을 징계하여 고쳐 나가는, 주체성 있는 인간의 실천의지와 학습행동만이 선악의 역사 모두를 훌륭한 스승으로 모실 수 있다.

한반도의 특수한 지리조건에도 불구하고, 우리나라 역대 왕조가 세계사에 유례가 드물게 5백년씩 장수한 요인이 과연 무얼까? 꼭 역사학자가 아니라도 누구나 한번쯤 의문을 가질 것이다. 다각도에서 여러 요인이 복합적으로 어우러진 미묘한 인과관계기 때문에, 한 마디 (一義)로 단정할 수는 없지만, 필자는 바로 칼보다 곧고 굳센 붓의 정신, 즉 선비정신과 특히 '역사정신'을 단연코 으뜸으로 꼽고 싶다.

헌데 불행히도 근대문명을 받아들여 개화한 이래로, 우리는 그 역사 정신과 역사기록을 거의 상실하고 말았다. 일제 때는 일제식민사관의 입장에서 사실을 기록했기 때문에, 기본 정신과 관점 자체가 왜곡되어 문제가 많다. (단, 先親의 일제 강제징용 기록을 열람해보니, 자상한 기록의 온전한 보존 상태는 옛 역사정신을 방불케 할 만큼 철저해 감탄했다.)

특히 해방과 건국 후 혼란한 정치사회 속에서 독재와 부패, 군부독재 가 장기화하면서, 자신들의 치욕과 죄악이 세상과 후세에 알려지는 것을 두려워한 절대 권력은, 무지몽매하고 비겁한 심리감정에서 사실을 은폐하고 증거를 인멸하기 위해서, 사초를 아예 기록하지도 않았거나 모두 폐기처분해 버린 것이다.

군부독재를 이어 문민정부로 자처하며 청와대에 입성한 김영삼이 본 것은 텅 빈 금고뿐이었다고 한다. 허나 더 기막힌 사연이 기다린다. 선거를 통한 정권교체로 청와대에 들어간 국민의 정부 김대중이 본 것은, 한국은행의 텅 빈 외화금고(IMF)와 정부기록문서가 하나도 남김 없이 폐기된 '역사의 공백'뿐이었다고 한다. 텅 빈 금고는 국민들의 눈물어린 '금 모으기' 같은 헌신과 인고忍苦로 다시 채울 수 있었지만, 한 번 비어버린 '역사 공백'은 어떻게 채울 것인가?!

외교관계 사료는 그나마 상대국의 정부문서가 기밀 해제되면 간접 확인할 수도 있겠지만, 국내정치와 사회경제에 관한 공식기록은 어디서 찾을까? 경제파탄이야 회생할 수 있기에, 비록 원망스럽지만 오히려 덜 참혹하다. 가장 엄청나고 비참한 천추千秋의 통한痛恨과 만고萬古의 역적逆賊은 바로 '역사 공백'이기에, 참담한 심정을 가눌 수 없다.

그래서 김대중 정부가 1999년 '공공기관의 기록물관리에 관한 법률'을 처음 제정하여 2000년부터 시행에 들어갔고, 노무현 정부가 2007년 '대통령기록물 관리에 관한 법률'을 제정해 곧 시행한 것이다. 그러니 사실 두 대통령은 우리나라 현대사의 역사기록 폐허에 새로운 터전을 일구고 역사 회복의 씨앗을 뿌린 셈이며, 그 위대한 공헌은 청사靑史에 실려 천추에 기리 빛나며 칭송받아야 마땅하다!

헌데 심각한 문제는, 개인의 현실과 직접 이해관계가 별로 없다는 이유 때문인지, 아니면 민족의 공업共業운명으로 체념하고 이미 달관해서인지, 국민 대부분이 이 문제를 그리 심각하게 여기지 않는 것이다.

또 이보다 더욱 심각한 문제가 있다. 바로 대학입시 예비고사 필수과목이던 한국사를 김영삼 정부 땐가 수능 선택으로 바꿔, 역사공부와 역사인식의 김을 왕창 빼버린 것이다. 풍문에 따르면, 집권세력은 운동권 학생의 지나친 현실비판의식과 치열한 투쟁정신이 바로 '국사필수'의 역사공부에서 비롯한다고 진단한 듯하다. 하여 젊은 대학생들의 의식화와 민주정신을 느슨히 풀어놓기 위한 밑그림으로, 국사를 비롯한 역사교육의 대폭 완화라는 정책을 선택한 모양이다.

게다가 이명박 때부터는 갑자기 이승만을 건국의 아버지로, 박정희를 근대화의 영웅으로 높이 치켜세우며, 역사교과서 개악을 통한 당파적 (빨치산적) 역사왜곡을 집요하게 획책하고 있다. 이제는 일제 식민지배와 군사독재를 찬미하는 역사교과서 문제까지, 교육부가 적극 개입하여 통제권을 강화하고 국정교과서로 복귀까지 꾀하는 모양이다.

정권이 5년간 국정을 조금 편하고 쉽게 운영하려고, 국가 민족 전체의 역사교육과 인식을 스스로 붕괴시키는 최악수를 둔 셈이다. '정권은 짧고 민족과 역사는 영원하다.' 이 진리조차 정권의 눈앞에 닥친 이익 앞에선 아무런 경종이나 각성제가 되지 못한 것이다. 그 부메랑이 지금 얼마나 심각하게 되돌아오는지 새삼 말할 필요도 없다.

지금 눈앞에서 거세게 불어 닥치는 중국의 동북공정 역사침탈 폭풍과 일본의 끈질긴 역사왜곡의 해일을 보라! 태풍의 눈과 해일의 진앙이 어디에 있는가? 해답은 자명하다. 원인과 책임은 항상 안에 있다. 안에서 싹트면서 밖에서 동시에 호응해오기 때문이다. 최근 중국과 일본의 험악한 역사 침탈 및 왜곡도 우리 안에 빌미가 생기니 더욱 기승을 부리는 것이다. 역대 정권은 근본원인을 제공한 역사적 죄책이 막중하며, 반드시 역사의 심판과 단죄를 받아야 마땅하다.

역사란 말과 글보다도 훨씬 중요한 민족혼의 핵심이고, 겨레얼의 고갱이다. 역사는 민족의 정신 중의 가장 중요한 핵심 정신이다. 그래서 역사상 한 국가민족이 다른 민족을 침략하여 합병하거나 식민지배할 때, 말과 글을 못 쓰게 말살하는 것보다 먼저, 그리고 더욱 철저히 파멸시키는 것이 바로 역사다.

로마가 이집트를 정복할 때 알렉산드리아 도서관을 몇 날 며칠간 완전히 불태웠다고 전하지 않은가? 당나라가 고구려를 멸망시킬 때도 고구려의 역사문헌을 깡그리 불태웠고, 신라도 백제의 고귀한 문헌과 훌륭한 문화유물을 샅샅이 소멸시켰다. 지금까지 전해지는 고구려와 백제의 역사와 유물은, 중국과 신라 후예가 왜곡해 쓴 단편적인 기록 몇 줄과, 약간의 금석문 및 공예품뿐이다. 그나마 지상에 존재한 것은 광개토대왕비와 마애불과 부서진 미륵사지탑 등 몇 점뿐이고, 대부분은 왕릉이나 땅속에 파묻혀 숨어 파괴를 피한 것이다.

지금 중국은 동북공정으로 이미 발해를 중국사로 편입한 다음, 이제 고구려 역사까지 자기네 걸로 빼앗아가려고 치밀하고 간교한 휼계를 획책하고 있다. 중국의 확장 역사를 살펴보면, 한때 강성하여 중원을 침입해 2~3백년 지배한 돌궐이나 몽고나 만주 같은 변방 민족들이 차례로 중국의 영토와 역사로 흡수되어간 게 눈에 띄는 특징이다. 일단 중국이란 늪에 들어가면, 헤어나지 못하고 그 속에 함몰해 녹아버리는 것이다. 마치 끈끈이주걱에 단물 빨러 내려앉은 곤충들이 처음엔 한 모금 빨지 모르지만, 끝내 다리와 부리를 떼지 못하고 녹아 흡수당하는 꼴과 비슷한 처지가 된 것이다.

지금도 중국은 55개 소수민족이 함께 어우러진 다민족 통일국가라고 내세우며, 온갖 회유와 협박을 견지한다. 가장 두드러지고 주목할 만한 특징은, 단연코 말과 글과 역사에 대해 확고부동하게 펼치는, 일관적이면서도 이율배반적인 정책이다. 즉 소수민족의 고유 말과 글은 배우고 가르치고 쓸 수 있도록 허용하고 적극 장려하는 척 선심을 보인다. 법정에서도 소수민족은 각자의 말과 글로 통역과 번역의 도움을 받을 '권리'를 보장받는다. 심지어 1포태 산아제한에서도 소수민족은 엄격한 규제를 느슨히 풀어주고, 민족 자치도 일부 허용한다.

허나, 딱 한 가지 절대 안 되는 것이 있다. 바로 소수 민족 고유의 역사를 배우거나 가르치거나 알 자유와 권리는 전혀 없다. 아니 절대 금지다! 역사만큼은 완전히 중국사의 일부로만 배우고 가르치고 알아야 한다. 왜냐하면 한 민족의 혼과 얼과 정신은, 말과 글과 문학·풍습 같은 문화현상보다는, 바로 그 역사에 고스란히 담겨 있기 때문이다. 그렇다고 말과 글에는 혼과 얼이 없다는 뜻은 아니다. 그 핵심 고갱이, 마지막 혼의 불씨가 역사에 서려 전해진다는 것이다.

한 민족이 말과 글을 잃고 나라와 민족의 독립을 유지하는 경우는 적지 않지만, 역사를 잃고서는 독립 생존을 유지할 수 없다고 본다. 우리나라가 멸망하지 않고 끝내 일제 식민지배에서 해방될 수 있었던 가장 큰 요인과 원동력은, 임시정부를 비롯한 국내외 무장 독립투쟁 및 독립운동이나 연합군의 승리라기보다는, 오히려 단재 신채호 선생 같은 분들의 불굴의 역사정신과, 민족언론이 북돋운 민족정신에 있었기 때문이라고 믿는다. 사실 독립하려는 운동과 투쟁도 우리 역사에 대한 믿음과 정신에서 불굴의 의지를 싹틔워 지속할 수 있었기 때문이다. 또 우리가 독립하려는 강력한 정신의지를 보여서, 남북한을 분할해 신탁 통치하려던 연합국도, 비록 남북한 분단 상태긴 하지만, 끝내 우리의 건국을 막을 수 없었던 것이다.

중국은 말할 것도 없고, 서양 선진 각국도 대개 중고등학교 교육에 자기 나라 역사는 필수과목으로 지정해 가르친다고 한다. 특히 일본은 세계사를 필수로 지정해, 그 전제로 일본사는 당연히 배우도록 교과과정을 짜서 운영한다고 한다. 헌데, 우리나라 역사교육을 보라. 한심하기 짝이 없는 촌극을 벌이고 있다. 세상에 이런 코미디가 없다!

더구나 중국과 일본을 비롯한 다른 나라들은, 예컨대 삼황오제나 건국신화 같은 기록도, 예로부터 전해오는 기록을 그대로 공인하고 원용하여 공식 역사로 가르치고 선전한다. 말할 나위도 없이 민족의 긍지와 정기를 북돋우기 위해서다. 헌데, 우리는 언제부터 실증주의 역사학의 맹신도가 되었는지, 유물유적과 증명 가능한 문헌기록이 없으면 전부 믿을 수 없는, 아니 믿어서는 안 되는 원시시대 신화와 민간전설로 치부해, 자기 역사와 뿌리조차 부정하고 잘라낸다. 세상에 이 얼마나 해괴한 학문인가?

그런 한국사학자들은 도대체 어느 민족이고, 어느 나라 사람들인지? 그들에겐 중국과 신라와 일본에 의해서 파괴되고 말살된 역사 문헌기록과 유물유적은 이미 존재하지 않으니, 그 역사는 이미 사라진 것이다! 그리고 그 뒤에 기록된 단군신화나 『환단고기』 같은 역사서는 실증적 근거가 없으니, 날조 내지 위조한 것이란다. 눈에 보이지 않는 역사 '정신'이나 '혼'은, 근대화한 역사학자들한테는 귀신이나 도깨비같이 허망하고 요사한 미신일 따름인가? 그런 사람들은 도대체 '정신'과 '혼'이 있기나 한 걸까? 그들은 '몸'이 바로 생명 자체인가?

생명은 몸과 함께, 보이지 않는 마음 또는 정신이 신비하게 어우러져 조화를 이룬 일시적인 인연일 따름이다. 마음을 청정하게 닦고 정신을 수련하여 고차원의 생명 세계와 통하는 영적 존재들이 적지 않다. 그들 가운데는 더러 숙명과 미래를 아는 눈이 뜨인 분도 있고, 깊은 선정 삼매에 들어 우리를 둘러싼 오랜 역사를 꿰뚫어보기도 한다. 자기 육안肉眼에 보이지 않는다고, 그런 세계와 존재와 통찰능력을 깡그리 무시하고 부정하는 것은, 그리 현명한 지혜가 아닐 것이다. 우리는 적외선이나 자외선도 보지 못한다. 개인으로나 민족으로나, 좀 더 겸허한 마음으로 역사를 바르게 보아야 하지 않을까?

부러진 화살과 정의의 최후 보루인 사법부의 신뢰[*]

옛날에 군신유의는 최고 절대 권력자인 임금과 신민臣民 사이의 의로움
을 가리켰다. 허나 현대의 자유민주주의 법치국가에서는 '법 앞의 평등'
을 대전제로, 권력의 견제와 균형을 위하여 삼권분립 원칙을 강조한다.
적어도 헌법상 형식명분으로 보면, 대통령은 절대 권력의 1/3만 나누어
행사한다. 따라서 최고 통치 권력과 피치자의 관계윤리인 군신유의도,
현대에는 행정부의 수반인 대통령뿐만 아니라, 국회의원인 정치권력과
법원과 검찰 같은 사법권력까지 확대해 살펴봄직하다. 검찰은 형식상
엄격히 말하면 행정부의 법무부 산하에 있지만, 실질상 법을 집행하는
최고 권력이라는 점에서는 사법의 범주에 든다.

　이밖에도 무소불위의 권력을 누리면서 민간인 불법 도청과 감시로
나라 안팎에서 곧잘 도마에 오르는 정보기관도, '군신유의'라는 '도의'와
'정의'의 관점에서 깊이 염려하고 심사숙고할 필요가 있다. 2013년에는
나라 안으로 제18대 대선에 국정원이 불법 개입한 사건이 터져 천지를
진동했다. 나라 밖에서는 미국 정보요원이던 에드워드 스노든이 미국
정보기관의 민간인 사찰 및 감시 정보를 폭로하여, 생명의 위협을
받으며 한 달여 만에 가까스로 어렵사리 러시아 임시망명 허가를 받아,
우주를 진동시켰다.

---

[*] 이 글은 본디 석궁 사건을 다룬 영화 '부러진 화살'이 상영되면서, 국민의 뜨거운
　공감이 폭발하는 걸 보고 감회를 적은 글이다. 마땅히 발표할 지면을 찾지 못하다가,
　필자가 번역한 『절옥귀감折獄龜鑑』을 초판 발행 11년 만에 손질해 재판을 펴내면서,
　재판서문으로 붙였다. 그 글을 조금 손질하고 인연을 적어 덧붙인다.

(소식통에 따르면, 올리버 스톤 감독은 에드워드 스노든을 '영웅'이라고 찬양하였단다. 세계 어느 나라도 미국 대통령의 공개적인 직간접의 경고와 협박 때문에 망명을 허가하지 못하여, 한 달 넘게 공항 환승구역에 갇혀 사는 신세가 되었단다. 이번 사건을 통해 미국은 제국주의 본색을 만천하에 공공연히 드러냈으며, 아울러 권력의 속성도 여지없이 드러났다. 미국의 자유민주주의와 인권 존중은 허울 좋은 탈바가지에 지나지 않으며, 위선적 이중성을 노골화하여, 앞으로는 인권을 빌미로 간섭할 명분도 사라지고 말았다. 이제 적나라한 약육강식의 정글법칙만 횡행할 것이다.)

물론 정보기관은 대통령의 직접 통제 아래 있지만, 모든 권력이 그렇듯이 독자성(자율성, autonomy)을 획득하면서 자칫 통제 불능의 괴물로 둔갑할 수 있다. 국민 여론과 언론이 감시와 비판 견제의 고삐를 늦출 수 없는 이유다. 허나 위에서 대통령을 비롯한 정치권력의 의로움을 폭넓게 다루었으므로, 여기서는 유난히 독립성을 강조하는 사법부의 재판 권력에 초점을 맞춰 다루고자 한다. 오로지 헌법과 법률과 양심에 의해 재판하도록 정해진 사법 권력의 독립성은, 자칫 견제와 균형, 감시와 비판의 테두리를 벗어나 오만과 독선으로 치달을 우려가 있다.

그렇게 되면, 정의를 지키고 세워야 할 최후의 보루가 ,오히려 법적 정의뿐만 아니라 공복公僕으로서 대국민적 봉사의 도의道義마저 저버리고, 리바이던(leviathan; 본래는 성서에 나오는 거대한 괴물을 가리키는데, 보통 토마스 홉스Th. Hobbes가 저술한『리바이던Leviathan』에서 유래한 전체주의 국가를 뜻함)과 같은 괴물로 둔갑할 위험도 없지 않다. 이러한 맥락에서, 정의의 최후 보루인 사법부의 독립성에 특별히 상응하여 독립의 글을 한 편 덧붙인다.

근래 영화 '도가니'에 이어 '부러진 화살' 열풍이 매우 거셌다고 한다. '최종 병기 활'에 이어 '부러진 화살'이 반영하는 사회심리는 자못 섬뜩하기까지 하다. 그것도 사회정의의 최후 보루라는 사법부를 직접 겨냥한 화살이, 부러진 뒤까지 사법부의 심장을 꿰뚫으려는 듯, 안간힘을 쓰는 처절한 몸부림과 절규가 생생하니 말이다. 거기에 많은 국민이 열광하고 환호한 판국이니, 법원이 국민과 소통하겠다고 직접 나선 몸짓까지도 오히려 냉소에 부칠 만하다. 대부분 사람들의 눈과 마음이 온통 돈과 권력에 멀다 못해 미쳤으니, 사회의 온갖 부조리와 병폐가 봇물처럼 터져 온통 만신창이가 된 게 어찌 이상하랴! 어린 동심까지 공황에 빠지고 학교조차 황폐해진들 누굴 탓하랴?

2011년 여름 서울대에서 열린 법학교육과 법조에 관한 학술회의에 우연히 들렀다. 토론자로 나온 어느 부장판사한테 '사법부의 신뢰가 실추한 원인이 무어라고 생각하십니까?'라고 질문하면서, '예컨대 신영철 사건이나 석궁 사건이 어떤 영향이 있을까요?'라고 물었다. 판사는 대뜸 불쾌하다는 말투로, '무슨 의도로 질문하십니까?'라고 반문했다. 학계와 법조계가 함께 절차탁마하자는 학술회의에서, 허심탄회한 질문을 제기하는데 즉각 반발하다니? 그 모습을 보고, 판사 출신 교수가 부드럽게 사회를 진행하며 어색함은 넘겼지만, 진심이 통하지 않는 권위주의의 벽을 느꼈다. 그리고 반년이 채 안되어 '부러진 화살'이 상영되자 그토록 대홍역을 앓았던 것이다.

더욱 놀라운 일은, 제법 유명한 판사 출신 서울법대 교수와 검사 출신 선배 교수한테 이 문제를 꺼내 물었더니, 법률상 전혀 문제없는 재판이라고 대답하는 거였다. 피고인이 화살을 준비해 쏜 사실은 분명하고, 그것만으로도 이미 유죄기 때문에, 혈흔 감정은 부수적이라 증거 채택 여부는 중요하지 않은 법관의 재량사항이라는 논리였다. 법조실무에 어두운 내가 벙어리가 될 수밖에!

만약 일반 법조인의 의식이 이러하다면 매우 우려할 만하다. 우리 법률문화와 사법체계는 정말 뭔가 단단히 뒤틀린 절름발이 기형에 가깝지 않은가? 법의 기본바탕인 윤리도덕은 물론, 일반상식과 국민의 법 감정에서 멀리 벗어난 허구의 관념세계에서 말장난하는 건가? 법조 특권계급의 자기 편들기 이기주의라고 의심받을 만하다.

의사가 의료과실 여부를 감정하는 것은, 법관이 다시 한 번 판단할 기회라도 있고, 검찰의 잘못에는 특별검사제라도 있다. 하지만 판사의 이해관계나 권위가 걸린 중대한 사안에서, 동료 판사가 이처럼 명백히 편파로 두둔한다면, 과연 누가 바로잡을 수 있을까? 재심수속을 믿기도 밟기도 어렵다면, 특별판사제라도 도입하고, 시민법정(배심원제)을 확대 강화해야 할까? 우선 석궁 사건부터 다시 점검하기 위해 특별 심리절차를 열어보면 어떨까?

사실 인화학교 사건처럼, 석궁 사건도 일반인한테는 거의 알려지지 않은 평범한 사례처럼 보였다. 2011년 2학기 동양법철학 수업 때 법학과 학생들에게, 석궁 사건도 포함해 굵직한 전공 관련 발표주제들을 제시했다. 헌데 대부분 석궁 사건이 뭐냐고 물을 정도로 깜깜했고, 결국 아무도 선택하지 않아 발표도 못했던 씁쓸한 기억이 있다. 왜 나는 이 사건을 동양법철학 수업의 발표 및 토론 주제로 뽑았을까? 법학전문 대학원 법조윤리를 2년 강의하면서 사법부의 공정성과 윤리성이 매우 중대하다고 더욱 절감한 때문이기도 했으리라.

사실 나는 석궁 사건의 자세한 전말이나 판결문은 잘 몰랐다. 다만 몇 년 전 우연히 재판 과정에서 피고인 측이 피해 판사의 옷에 묻었다는 혈흔의 DNA 검사를 요청했는데, 당시 재판부가 필요 없다고 묵살했다는 소식을 들었던 것 같다. 최근 관련 기사를 보니, 검사는 한 모양인데 결과를 공표하지 않았다는 말도 있는 듯하다. 어떤 경우든 재판의 공정성과 윤리성을 해칠 수 있는 심각한 잘못이다. 왜냐하면, 의심스러운 경우에는 피의자에게 유리하게 판단하는 것이, 근대형법의 죄형법정주의 기본 원칙에 속할 뿐만 아니라, 3~4천 년 전부터 우리 전통법의 확고부동한 사법원칙이었기 때문이다.

피고인이 자기의 유죄 및 죄형의 결정에 중요한 증거를 강력히 의심하는데, 만약 재판부가 직권으로 독단하여 피고인에게 불리하게 증거채택을 거부했다면, 이는 명백히 인도주의와 죄형법정주의 정신에 어긋난다. 다른 한편, 검사결과를 공표하지 않았다면, 이는 혈흔이 피해 법관의 것이 아니리라는 추측과 소문을 지피고, 뭔가 떳떳치 못한 수상한 낌새가 있다는 의구심마저 일으킨다. 설령 실질 죄형이 별로 차이나지 않아, 실체적 정의에 조금도 어긋남이 없다고 할지라도, 이미 적법 증거절차를 어긴 조치는 절차적 정의에 크게 어긋나며, 실체적 정의에도 영향을 미치기 마련이다.

만에 하나라도 옷에 묻은 혈흔이 판사의 것이 아니라면, 혹시라도 누군가 나중에 다른 피를 묻힌 것이라면, 이는 정말 중대한 범죄다. 우선 허위로 증거를 조작한 죄가 되겠다. 또 거짓 증거에 의해 피의자를 흉악한 파렴치범으로 몰아 중형의 본때를 보이려고 한 짓이다. 이는 전통법과 실체적 정의의 관점에서 보면, 피고인의 형량을 부당하게 가중시키는 만큼 무고죄誣告罪에 해당한다.

전통법에 따르면, 결백한 무죄를 유죄로 허위 고발하는 짓도 무고誣告지만, 경형의 죄를 중형의 죄로 덮어씌우는 짓도 형량의 차액만큼 무고가 된다. 전통법에서는 이 두 유형의 무고죄를 모두 엄단하고, 남에게 뒤집어씌우려고 한 죄형만큼 고스란히 무고자한테 되갚아주었다. 이른바 반좌反坐를 철저히 시행했다.

따라서 혈흔이 거짓이라면, 이는 허위증거조작 및 무고죄로 처벌해야 한다. 또 법관이 스스로 저질렀거나 주위 누군가 저지른 사실을 알았다면, 해당 법관 및 혈흔검사 결과를 은폐 또는 묵인한 재판 관련 당사자들은 헌법상 탄핵소추의 대상도 될 것이다.

문제는 다른 민사사례와 대조하면 더욱 뚜렷해진다. 때마침 그 즈음 나는 누나의 호적상 친생모를 정정하려고, 선친의 전처와 누나의 친생관계 부존재 확인의 소를 대신 제기해 법원의 재판에 출석했다. 전처가 사망하자 선친은 생모生母와 결혼해 우리 네 남매를 낳았다. 당시 6·25 직후 어수선한 사회상황에서, 사망신고도 미처 안한 채 태어난 누나 둘은, 어차피 출가외인이 될 거라고 그냥 전처 호적에 올리셨다.

호적부에 잘못 기재했다가 정정한 흔적이 뚜렷해 충분히 사실관계를 확인할 수 있는 상황이다. 또 누나와 생모를 나란히 세워놓고 몇 마디만 물어보아도 알 수 있다. 이 사실관계를 분명히 아는 이복형들과 친가·외가 친척들도 많아서, 한두 명만 증인으로 불러 물어보아도 금방 확인할 수 있는 형편이다. 헌데도 판사는 귀찮은지 그냥 쉽게 80만 원짜리 DNA 검사를 해오라고 명령했다. 물론 신중하게 하려는 판사의 입장을 헤아려, 법학자로서 군소리 없이 해다 바쳤더니, 웃으며 쉽게 판결은

내렸다.

집안에 유산문제나 다른 이해관계 대립이 전혀 없고, 단지 국가 공부公簿에서 진실한 친모관계를 찾아 바로잡아야겠다는 마음에서 제소한 것이다. 그런데도 이렇게까지 재판해야 할까 아쉬움이 많았다. 처음에는 나도 잘 모르고 있다가, 우연히 매형(姊夫)이 장모가 죽은 걸로 되어 있어, 환갑·칠순 등 회사에서 당연히 나오는 휴가조차 한 번도 못 받아먹었다고 볼멘소리를 하는 걸 듣고서야 알게 되었다. 이제 현실이익은 전혀 없지만, 법의 역사철학을 전공하는 사람으로서 개인의 역사 진실을 찾아 나선 것이다.

이러한 민사재판과는 달리, 정말 죄형에 관한 중대한 형사재판에서는 법관이 직권으로라도 DNA 검사를 명해야 마땅할 것이다. 그런데 당사자가 강력히 의심하고 요청하는데도 굳이 DNA 검사를 거부한 재판부의 결정은, 법조 밖에서는 누가 보아도 납득하기 어려운 처사임에 틀림없다. 현장과 증거를 도외시하고 문서로만 재판하려는 탁상공론 卓上空論의 사법이 아닌가?!

옛날 속담에 "한 아낙이 원한을 품으면, 오뉴월에 서리가 날린다"는 말이 전해온다. 몇 년 전 태풍으로 법원·검찰청의 정원수가 많이 쓰러졌다는 소식을 듣고, 그동안 엄청 쌓여온 심각한 사법 부정의로 말미암아, 하늘에 사무친 수많은 원한이 초래한 천재天災가 아닐까 느낀 적이 있었다.

이번 사건은 언론도 힘에 부쳐 목이 쉬어버린 한계상황에서, 결국은 당사자의 끈질기고 집요한 항의시위와 그에 감동한 작가 및 영화감독의 '부러진 화살'이 핵폭탄의 기폭제가 된 것일 따름이다. 사회주의 중국에서는 삼권분립 못지않게, 사법부에 대한 인민과 여론의 감시감독을 강조한다. 바로 그런 이유와 상통하는 자연스런 기제機制리라. 모든 권력은 국민으로부터 나오므로, 그 권력에 대한 감시감독과 통제도 마침내는 국민의 이목과 관심·열정으로 귀결할 뿐이다.

2001년 전남대학에 부임한 직후 있었던 일이다. 미국의 한인교포 판사가 와서 특강하면서, 미국 사법의 공정성은 재판 받는 당사자가 억울함을 느끼지 않는 것이라고 개념 정의하는 걸 듣고서, 마음속 깊이 탄복한 기억이 새록새록 떠오른다. 진실을 밝혀 각자에게 마땅한 몫을 나눠주어 형평정의가 이루어진다면, 누가 억울하다고 법관과 재판을 원망하겠는가? 물론 그래도 남의 떡이 커 보인다고, 사람의 이기심이 괜히 자기가 손해보고 억울하다고 떠벌릴 수는 있다. 그래도 제가 잘못한 만큼만 명백한 사실증거로 책임과 죄형을 떠맡긴다면, 제아무리 파렴치한 악인도 양심은 있어 승복하지 않을 수 없으리라.

전통법에서도 법관의 첫째 임무가 당사자의 억울함을 풀어주는 일(釋冤)이다. 이미 1,400년 전쯤 『당률』에도, 재판할 때는 적용한 율문律文을 구체로 적고, 판결을 죄수와 가족한테 설명해주어 '승복承服'을 받아야 한다고 규정했다. 고대 중국의 『절옥귀감』도 '석원釋冤'을 첫 편으로 내세우고, 다산茶山의 『흠흠신서欽欽新書』도 재판관의 정성과 공경·신중함을 제목으로 내걸었다. 정성을 다해 진실을 찾고 공평히 책임을 판가름하면, 억울함은 아예 맺히지 않을 테니, 따로 풀어줄 필요도 없으리라.

현재 사법부에 대한 국민의 불신에는, 일부 법관의 고질적인 권위주의 행태 등 여러 원인이 작용했을 것이다. 하지만 불공정과 억울함의 불만에는, 지나치게 근대 서양의 합리성에 치우친 편협한 법학체계도 큰 몫을 차지한다. 전문기술로서 합리적 법학 사유방식은 우리 법체계의 근대화에 크게 기여한 게 사실이다. 하지만 지나치게 형식논리로 기울면서, 이성理性과 쌍벽을 이루는 정성情性을 소홀히 하여, 균형을 잃고 절름발이 신세가 된 감이 없지 않다. 합리성 못지않게 중요한 사법정의의 쌍벽이, 바로 인정人情·사정事情·물정物情을 망라하는 합정성合情性이다.

또 하나 중요한 원인이 있다. 물론 법관의 과중한 업무 부담과 고충은 충분히 이해하지만, 사람과 현장을 도외시하고 서류로만 재판하려는 고질적인 관행도, 사법정의 실현이나 법원의 신뢰 형성에 커다란 걸림돌이라고 본다. 사회주의 중국에서는 인민들의 억울한 하소연을 경청하기 위해서, 문서가 아니라 손쉬운 구두제소도 접수한다. 그뿐만 아니라, 거동 불편한 인민은 법원이 집까지 직접 찾아가 원정(怨情, 願情)을 듣고 수리하기도 한다. 만약 바쁘고 귀찮다는 핑계로 시간 및 비용 절감을 내세워, 중대한 증거의 현장조사나 증인심문조차 잘 하지 않는다면, 당사자가 그런 재판 과정과 결과에 얼마나 납득하고 승복할 수 있을까?

헌법이 보장하는 법관의 독립과 양심적 재판에 간섭해 사법부의 독립 자체를 스스로 흔든 혐의로, 안팎에서 사퇴 요구가 거셌던 신영철 판사 사건을 보라! 엄청 소란한 언론과 빗발치는 여론에도 불구하고 기어이 대법관에 임명한 정권, 그리고 야비한 정권의 징과 꽹과리가 되어 장단을 맞춘 대법원! 그런 대법원이 석궁 사건의 은폐 의혹과 일부 법관들의 한미 FTA 비준 반대 선언은 애써 무마하면서도, 법관

길들이기라는 비판을 무시한 채 편파적인 인사 조치를 단행했다.

대통령을 비아냥거린 서기호 판사를 재임용 심사에서 기어코 탈락시키고, 정직한 양심으로 석궁 사건의 재판심의 과정을 진실하게 공개한 당시의 주심인 이정렬 판사를 법원조직법 위반 혐의로 6개월 정직이라는 중징계에 처한 일련의 행태를 보라! 적법하고 공정하며 추호도 억울함이 없다고 외치는 사법부의 변명을, 과연 건전한 상식을 지닌 일반 국민의 법 감정이 얼마나 공감하고 수긍할 수 있을까?

결코 잊지 말아야 할 만고불변의 진리가 있다. 우리 인생은 백년도 채 안 되며, 정치권력이든 사법 권력이든 10년을 지키기도 어렵다!

전임 대통령은 죽음을 맞았고, 당시 국회의장도 사표를 냈고, 중진정치인들도 대거 사퇴하였다. 국민은 사법부에게도 묻고 싶고 듣고 싶다. 신영철을 비롯해 떳떳하지 못하게 임명받은 대법관들과 이번 사태에 최고 책임이 있는 양승태 대법원장도, 더 이상 권력의 하수인이라는 파렴치한 오명을 역사에 남기지 않도록 현명한 결단으로 용퇴하고, 진정 정의로운 민주사법을 세울 의지는 과연 얼마나 있는지?!

일부 정치 판사들의 그릇된 행태가 바로잡히길 바라는 마음에서 쓴 글이니, 대부분 성실하고 정의로운 법관직 전체에 대한 비난으로 읽지 않길 바란다. 다만 착하고 순수하다고 침묵으로 수수방관하며 의롭지 못한 현상을 묵인하고 옹호한다면, 양심적·역사적 책임은 결코 작지 않으리라!

|아홉| 관계의 미학

세계가 새로 깨닫는 연기의 관계

지금까지 살핀 오륜은 사람이 살아가며 서로 부딪쳐 이루어지는 기본 인간관계의 규범으로서, 아름답고 원만한 인연을 위한 '관계의 미학'이라고 할 수 있다. 오륜 중에 부부유별은 남녀평등은 헌법 가치로서 법학이나 정치사회학에 속할 테고, 성에너지의 절제는 윤리학·생리학·종교수행과 관련된다. 부자유친은 교육학이나 윤리학에 들 것이고, 장유유서는 아동 및 노인의 복지학과 사회학에 직결된다. 붕우유신은 철학·윤리학·정치학·경제학·경영학·법학 등과 두루 이어지고, 군신유의는 정치학·법학 등과 연결된다. 간단하고 평범한 오륜이지만, 실로 모든 학문 분야를 포괄하여 두루 밀접히 관련됨을 알 수 있다. 도학道學이란 본디 완전한 종합 학문이기 때문이다.

사람은 혼자 살 수 없어서 사회적 동물이라고 부른다. 흔히 사람

'인人'자는 두 사람이 서로 기대고 의지해 서 있는 모습이라고 한다. 허나 문자학의 어원에 따르면, '人'자의 본디 모습은 'イ'으로, 한 사람이 팔을 드리우고 서 있는 옆모습이라고 한다. 우리가 흔히 아는 '人'자의 뜻은, 바로 '두 사람'을 나타내는 어질 인仁'자에 담겨 있다. 두 사람 사이의 관계는 어질고 착해야 한다는 뜻이다. 모든 사람 사이에 부모의 사랑이나 형제간의 우애처럼 우호적인 선린 관계가 이어지길 바라는 뜻이다. 공자가 말한 사해형제(동포)주의다.

어디 사람뿐이랴? 천하 만물, 아니 우주 만유가 모두 보이지 않는 끈으로 서로 이어져, 하나의 커다란 연결망을 이룬다고 하지 않은가? 이것이 있기에 저것이 있고, 저것이 있기에 이것도 있다. 내가 있기에 너도 있고, 네가 있기에 나도 있다. 따라서 이것이 사라지면 저것도 사라지고, 내가 사라지면 너도 사라진다. 하늘과 땅 사이에 우주의 모든 존재는 바로 불교에서 말하는 인드라망 속에서 연기緣起의 법칙에 따라 생로병사와 성주괴공成住壞空을 되풀이하는 것이다.

모든 존재는 서로 의지하고 도움을 주면서 살아가는 공생·공존의 관계에 있다. 그중 특히 같은 겨레붙이(族類)인 인간관계가 가장 가깝고 중요한 핵심에 놓이므로, 공자와 유교를 비롯한 역사상 성현들은 한결같이 인간관계의 요령을 깨우치고 가르쳤다. 인류공영에 이바지하기 위해서만이 아니라, 나 자신의 행복과 성장을 위해서도, 나와 관계를 맺는 남에게 우호적 관심과 배려를 보일 필요가 있다.

이성과 합리주의를 바탕으로 자유민주의 법치주의를 내세우며 눈부시게 발전해온 유럽과 아메리카 백인 물질문명이, 근대화의 정점에서 극도의 번영을 누린 뒤 이제는 급속히 피폐해지고 있다. 오르막이 끝나면 내리막이 기다리는 법! 개발과 정복으로 자연환경은 이미 막심하게 망가지고, 개인주의와 이기주의로 극도의 긴장과 갈등을 지속한 탓에 인문사회 환경도 몹시 각박하고 삭막해졌다. 순박한 인디언을 정복하여 멸망시킨 백인들이 그 원죄와 업보를 뒤집어쓰는지, 절망에 허우적거리며 동방의 '관계의 미학'에서 한 가닥 희망의 빛을 찾으려고 애쓰는가 보다.

한마디로 그들은 온통 합리성과 합법성合法性으로 철통 무장한 나머지, 히말라야 같은 무게가 짓누르는 중압감에 헉헉대며, 압사 직전에 인정人情의 샘물을 애타게 찾는지 모른다. 어쩌면 합리성에 치중한 합법성의 외다리에 의지해 우뚝 설 것처럼 버티다가, 다리에 쥐가 나서 다른 다리를 급히 물색하는 걸까? 바로 합정성合情性이라는 든든한 버팀목이 이제 그들의 눈에 어렴풋이 띈 모양이다.

처음 아메리카에 상륙해 죽어 나자빠지는 유럽 백인들을, 인디언들은 따뜻한 인류 동포애로 자상하게 감싸고 보살펴주었다고 한다. 그런데 배은망덕도 유분수지, 야금야금 땅따먹기에 혈안이 된 미국 백인들은 그런 순박한 인디언을 차근차근 멸족시켜 갔다. 굴러온 돌이 박힌 돌을 쳐낸다고 하더니만. 그 비운의 역사 과정을 기록한 책, 『나를 운디드니에 묻어주오』는 과연 감읍感泣의 눈물 없이는 읽을 수 없다! 자기 종족을 말살하는 그런 백인들에게 던진 어느 인디언 추장의 전설적인 질문은, 지금까지도 참으로 의미심장하게 다가온다.

"당신들은 사랑이 그리도 모자란 모양이죠? 노래마다 말끝마다 '사랑'을 부르짖으니? 허긴 우리는 물이 하도 모자라고 귀해서 노래마다 '물'을 외친다오!"

그렇다! 사람들이나 동물들이나 자기가 필요한데 모자란 것을 찾아 다니고 부르짖기 마련이다. 백인들은 미국에 상륙하기 전부터 사랑과 인정이 턱없이 모자랐고, 이제는 완전히 바닥나 인간으로서 생명력을 거의 완전히 잃었다. 그래서 '빛은 동방에!'를 외치며, 인도와 티벳·중국을 비롯한 동아시아의 전통 정신문화에서 희망의 빛과 생명의 샘물을 애타게 찾고 있는 것이다.

유교·도교·불교를 비롯한 정신문화와 『아유르베다』나 한의학 같은 전통의술, 그리고 심지어 음악·미술·서예 같은 기예까지 온통 넋 나간 사람처럼 매료당하고 있다. 스티브 잡스를 세계적 인물로 급부상시킨 것도, 바로 동아시아의 서예의 아름다움에 홀려 서양 디자인으로 되살려낸 아이디어일 뿐이란다.

나는 곧잘 동양과 서양이 태극의 음양처럼 서로 꼬리를 물고 운동장 트랙을 도는 격이라고 비유한다. 우리가 서양 뒤꽁무니만 쳐다보지 말고 조금 여유롭게 걸음을 늦춘다면, 오히려 우리가 앞서는 셈이다. 서양학자들이 동양의 도에서 보배를 찾아 살짝 풀거나 바꿔 도용해먹는 판에, 우리는 그게 무슨 대단한 창의와 혁신인 줄 알고 비싼 값을 치르고 앞 다퉈 사온다. 저작권과 특허라는 법치를 내세워 정신문화를 약탈하여 경제수탈까지 병행하는데, 서로 그 앞잡이 노릇을 선수 치려 혈안이다. 우리는 선조가 주창한 동도서기東道西器의 주권마저 빼앗겼다. 제 집의 칠보七寶를 두엄자리에 처박아 두고, 남의 집 머슴살이로 새경이나 얻어먹는 꼴이랄까?

일찍이 20세기 초에, 토인비는 20세기 서양문명사의 최대 획기적 사건은 불교의 전래라고 말했다고 한다. 또 노벨 문학상을 받은 인도의 시성 타골은 한반도 한겨레가 인류 문명의 등불이 될 거라고 예찬했다. 어느 석학은 한국의 가족윤리야말로 미래 인류의 희망이라고 예언했다고 한다. 그토록 남들이 선망과 희망으로 찬탄과 축복을 퍼부었건만, 우리는 50년이 채 안 되어 그 아름다운 가족윤리와 '관계의 미학'을 송두리째 내팽개치고, 이제는 목숨 넘어가던 서양인들보다 더 한심한 기진맥진(그로기) 상태에 빠진 게 아닌가? 정작 그들은 우리의 샘물을 목에 적시고 기사회생하고 있는데 말이다!

우리의 전통 가족윤리와 사회윤리를 통틀어 오륜이라는 관계의 미학을 새로 듣는 까닭이 바로 여기 있다. 2천 년간 잔뜩 끼어온 때와 녹을 벗기고, 본래진면목을 되찾아 희망의 빛을 환히 밝히자는 뜻이다. 2~3천 년 땅속에 묻혀 때가 끼고 녹이 슨 청동기나 황금판도, 발굴한 다음 때와 녹을 섬세히 벗겨내고 잘 보존처리하면, 원래에 가까운 모습을 되찾아 찬란했던 빛을 내게 되는 이치와 마찬가지로!

더러운 관계의 추태는 부리지 말자!

허나 필자가 주창하는 것은, 어디까지나 건강하고 아름다운 온전한 관계윤리에 국한하지, 결코 부패하고 추접한 병든 연줄관계까지 얼싸안자는 것은 아니다. 참된 관계의 원리에 부합하고 착한 목적과 의도로 이루어져, 당사자는 물론 제3자도 빙긋이 웃으며 찬탄할 수 있는, 친환경적인 아름다운 관계! 그래서 진선미를 함께 아우르는 관계의 미학으로 승화하자! 당사자도 마음 꺼림칙하고 제3자도 눈살 찌푸리며 손가락질하는, 환경 파괴적인 관계의 추태는 이제 말끔히 청산하자!

부부간에 사랑이 아무리 넘쳐도, 베갯머리송사로 공평정의를 해쳐서는 안 된다. 자식이 아무리 귀엽고 친하다고, 몇 천억씩 비자금을 받아 몰래 넘겨주거나, 상속세나 증여세를 포탈하며 편법 증여해서는 곤란하다. 윗자리에 앉았다고, 아랫사람을 종같이 부리거나 머슴처럼 대해서는 안 된다. 특히 군대나 공직에서 부하나 직권을 사유화하여 남용해서는 안 된다. 벗 사이의 신의를 기화로 벗을 등쳐먹거나 곤경에 빠뜨려서는 안 된다. 무엇보다도 국가의 공권력을 잡았다고 해서, 국민을 초개로 여기거나 부정부패와 비리를 저질러서는 안 된다.

한마디로 나의 양심을 속이고 남과 관계를 더럽혀서는 안 된다. 우선 먹기는 곶감이 달다고, 우선 당장 눈 가리고 아웅 할지는 모르지만, 하늘의 인과응보와 자연법칙의 그물(天網)은 끝내 빠져나갈 수 없기 때문이다. 손바닥으로 하늘 가리기라, 머지않아 곧 자업자득의 후환이 뒤따를 것이다. 일부 사람을 잠시 속일 수는 있지만, 모든 사람을 영원히 속일 수는 없다고 하지 않은가? 니가 알고 내가 알며, 하늘이 알고 땅이 아는데, 자신의 양심과 천지신명까지 속일 셈인가?

사람은 사회적 동물인데, 사회 있는 곳에는 법이 있다. 사회가 관계의 그물망이라면, 그 관계의 그물이 얽히지 않고 조리 있게 펼쳐져 제 구실을 다하기 위해서는, 벼리라는 기강紀綱이 제대로 서고 숙련공이 노련하게 잘 다루어야 한다. 오륜과 삼강도 바로 이러한 사회의 벼리로서 기강인 셈이다. 요즘말로 서로 지키자고 약속한 최소한의 사회규범이다. 물론 오륜의 윤리는 광대廣大 호한浩瀚한 사회규범 중의 기본 골격에 지나지 않는다.

최고 기본 자연법으로서 황금률, 충서忠恕의 원리!

그러한 오륜을 비롯해 모든 인간관계의 사회규범에 공통되는 핵심 정신을 한마디로 간추리자면, 입장을 바꿔놓고 생각하라는 '역지사지易地思之'라고 할 수 있다. 이를 공자 유교의 가르침으로 나타내자면, 인仁의 실천방도인 '용서할 서恕' 한 글자로 압축된다. 글자를 풀면, 같을 여如에 마음 심心, 바로 내 마음 같이 남의 마음을 헤아려주는 배려! 이게 바로 공자의 황금률이다.

이를 조금 더 구체로 풀어 말한다면, "자기가 하고 싶지 않은 바는 남에게 베풀지 말라"는 소극적 황금률과, "자기가 서고 싶으면 남도 세워주고, 자기가 통달하고 싶으면 남도 통달시켜주라"는 적극적 황금률로 나뉜다. 이 중 후자는 예수가 말한 유명한 잠언, "너희는 너희가 대접받고자 하는 대로 먼저 남에게 대접하라(Do as you would be done by.)"는 가르침과 똑같다. 이는 도덕의 적극적 선행 원리가 된다. 반면 전자는 법률의 소극적 범죄예방과 처벌의 근거가 된다.

양자가 관점은 서로 다르지만, 모두 자기 마음을 미루어 남의 마음과 처지를 헤아려 준다는 배려의 정신은 같다. 예법과 윤리도덕을 포함한 동서고금의 모든 사회규범의 밑바탕에 깔린 공통분모이자, 황금처럼 시공을 초월해 만고불변하는 최대 공약수다. 그래서 '황금률(黃金律, Golden Rule)'이라고 부른다.

사실 황금률만 완벽히 실천해도 성인군자의 경지라고 공자는 단언한다. 특히 『예기』 '중용'편에서 공자는 오륜과 직접 관련해 역지사지의 서도恕道를 자세히 설명한다.

"군자의 도가 넷인데, 나(丘)는 하나도 능하지 못하다. 자식한테 요구하는 대로 부모를 섬기는 도에 능하지 못하고, 신하한테 요구하는 대로 임금을 섬기는 도에 능하지 못하다. 또 아우한테 요구하는 대로 형을 섬기는 도에 능하지 못하고, 벗한테 요구하는 대로 벗한테 먼저 베푸는 도에 능하지 못하다. 평범(庸)한 덕을 행함과 평범한 말을 실행함도 오히려 모자라니, 감히 힘쓰지 않을 수 없다. 설사 남음이 있더라도, 감히 다할 수 없다. 말함에 행실을 돌아보고, 행실에 말을 살핀다면, 군자로서 어찌 독실하지 않겠는가?"

그리고 천하의 통달한 도道인 오륜과 천하의 통달한 덕德인 지인용知仁勇을 실행하는 밑바탕 원동력은, 오직 '성誠' 하나라고 말한다. 요즘말로 '신의성실'의 원칙이다. 아랫자리에서 윗사람에게 인정받아야 인민을 다스릴 수 있는데, 윗사람에게 인정받으려면 먼저 벗에게 믿음을 지켜야 한다. 벗에게 믿음을 지키려면 부모에게 효순해야 하고, 부모에 효순하려면 먼저 자신의 반성에 정성精誠을 다해야 한다. 그리고 정성의 도는 선행을 분명히 알아 실천해야 한단다.(『예기』, '중용')

이처럼 최고의 기본 자연법으로서 황금률인 서恕를 인격 수양의 방법으로 활용하는 것 자체도 결코 쉽지 않음을 알 수 있다. 공자 같은 성현군자도 능하지 않다고 겸손하게 반성하는데, 하물며 일반 범부중생이야 말할 나위가 있겠는가? 나와 남을 대등하게 역지사지하는 것 자체가 어렵기 때문에, 예로부터 군자의 도를 닦는 선비들은 오히려 자신을 좀 더 채찍질하곤 하였다. "남한테는 너그럽고, 나한테는 엄격하라"는 기준을 세웠던 것이다.

그런데 요즘 세상이 갈수록 어지럽고 엉망진창이 되는 까닭은, '자기 피알PR 시대'라는 미명 아래, 자기 긍정과 자화자찬에 치우치기 때문일 것이다. 흔히 말하듯이, "자기가 하면 로맨스요, 남이 하면 불륜이다." 이런 기울어진 잣대가 사람들의 간사스런 탐욕심을 더욱 합리화하고 태연자약하게 만든다. 요즘 남녀평등과 성해방이라는 시대 조류에 편승해, 이 잣대는 부부 관계를 '유별'이 아니라 영구 '이별'의 길로 치닫게 부추긴다.

부모 자식 간에도 마찬가지다. 자기 자식을 위해서는 온갖 수단 방법을 가리지 않고 그릇된 애정과 지나친 기대를 쏟아 붓는다. 그래서 권력자는 이른바 명문고를 없애려고 중고등학교 평준화를 단행하고, 대학까지 평균화하려고 졸업정원제를 시행하는 척하고, 대학입시 과목과 제도도 수시로 바꿔왔다. 외고와 특목고로 상류층의 신분세습을 쉽게 유도하고, 최근엔 외국인학교에 돈 있고 배경 있는 사람들의 부정입학 비리까지 터져 나왔다. 자기 자식은 서울대 들어가길 바라면서도, 못 먹는 감 찔러나 보자는 심리로 걸핏하면 서울대를 물고 찢는 위선도 흔하다.

권력자나 공무원들의 뇌물비리도 마찬가지다. 자기가 받으면 의례적인 선물이라고 우기고, 남이 받으면 부당한 뇌물이라고 다그치기 일쑤다. 일반 국민 입장에서도 그러하다. 자기가 뭔가 필요해서 금품이나 향응을 제공하면 인정 어린 호의고, 남이 제공하면 부정한 대가성 청탁이 된다. 그래서 가난한 서민이 어쩌다가 차비가 떨어져 시내버스나 지하철을 무임승차하면, 부정승차로 정상운임의 30배를 벌금(과태료)으로 물어야 한다. 헌데 공무원이 100만 원 이상 받는 경우 엄격히 처벌하자는, 이른바 '김영란법'의 건의도 너무 과도하단다. 공무원들의 볼멘소리 탓에 관계부처에서 우물쭈물 호지부지한다는 소식이다.

하긴 나라 권력을 찬탈하여 몇 천억씩 불법정치자금을 긁어모은 분들이, 버젓이 판을 치고 떵떵거리며 행세하는 세상이다. 그러니 쥐꼬리만한 월급쟁이 공무원으로서 억울하고 분통이 터지지 않겠는가? 게다가 온갖 세금과 보험료나 연금 등 준조세는 유리알처럼 투명하게 고스란히 뜯기니 말이다. 그래도 요즘 취직하기가 하늘서 별 따기보다 어려운 시절이다. 보통 몇백 대 1의 경쟁률을 뚫고, 하늘의 선택 못지않게 존귀한 나라의 선발을 받았다. 그나마 감사히 여겨 본분을 지키고, 청빈하고 검소한 생활로 솔선수범해야 하지 않을까?

이러한 온갖 사회 부조리와 부정비리는, 죄다 나와 남의 입장을 뒤바꾸어 헤아리는 역지사지의 마음이 사라졌기 때문에 움튼다. 가깝게는 부부유별과 부자유친의 가정윤리부터 흐트러지니, 일상적 붕우유신이나 멀리 장유유서와 군신유의까지 제대로 서길 기대하긴 참 어렵다. 집안에서 새는 그릇 밖에서도 샌다는 속담처럼, 가족윤리나 가정교육이 무너지는 마당에 올바른 사회윤리나 학교교육이 설 리 없다.

그래서 남녀가 만나 사랑하고 결혼하는 혼례와 부부유별의 윤리가 가장 중요하고도 시급하다. 서로 사랑하면서도 공경하며, 각자 자기감정을 적절히 절제하며 분별력 있게 처신하는 '유별有別'의 마음가짐은, 사실 모든 인간관계에 공통된 역지사지의 황금률 '서恕'의 정신이기도 하다. 부모 자식 사이의 친함도, 사랑을 바탕으로 하면서 서로 인격적인 만남으로 존경해야 한다. 친한 벗 사이에 믿음도, 한 마음의 우정에 의리가 보태져 서로 존중할 때 평생토록 유지할 수 있다.

어느 조직이나 사회든, 나이나 직분에 따라 어느 정도 위아래의
계층적 위계질서가 존재하기 마련이다. 하지만 삼엄한 권위주의로
치달으면, 그 조직사회는 딱딱하게 경직되어 생명력을 잃게 된다. 마땅
히 지혜를 존중하면서 약자를 보살피는 상호 배려와 관심이 함께 어우러
져야 하리라.

궁극에는 국가 차원의 크고 작은 온갖 권력 관계에서도, 통치자(官)와
피치자(民) 사이에는, 반드시 자유민주의 인권존중 원칙과 공평무사한
정의를 바탕으로, 나라와 겨레의 공동체 선익善益을 위해 봉사하는,
부드럽고 온화한 상명하복의 기강이 서야 한다. 그러한 인간관계가
아래서부터 위까지 고루 넓게 퍼진다면, 활기차고 생명력 넘치는 화이
부동和而不同한 대동사회가 저절로 이루어질 것이다.

비록 관계의 특성에 따라 다섯 가지 인간윤리의 명칭은, '별別'부터
'친親' '신信' '서序'를 거쳐 '의義'까지, 서로 다른 글자를 다채롭게 나누어
썼지만, 그 실질 내용은 모두 한 개념으로 귀결한다. 바로 '경애敬愛'라는
'공경스런 사랑'의 관계로 말이다. 공자의 제자 자유가 "임금을 섬김에
너무 자주 가까이하면 모욕을 초래하고, 벗 사이의 사귐도 너무 자주
만나면 도리어 귀찮아지고 서먹해진다"고 경종을 울린 것도, 바로
이러한 이치 때문이다.(『논어』, '里仁') 사랑스럽고 가까울수록 서로
거리감을 갖는 예의가 필요한 것이다.

유교의 오륜과 불교의 오계

끝으로, 유교의 오륜이 하늘에서 떨어지거나 땅에서 솟은 특별한 교조

가 아니라, 사람 사이에서 저절로 이루어져 드러난 보편적인 인간人間 윤리임을 강조하고 싶다. 공자와 유교의 윤리와 예법은, 흔히 천리天理와 인정人情의 중용 조화를 꾀하는 사회규범(國法)이라고 말한다. 그래서 정리법情理法의 삼위일체를 말하곤 한다. 천리란 다름이 아니라, 성현이 이성과 지혜로 통찰한 우주자연의 법칙에 합당한 진리를 가리킨다. 자연법을 사회화하면서 인정人情을 참작하여 약간의 변화융통을 꾀해 중용 조화를 이룬 규범이 윤리고 예법인 것이다.

오륜의 일반 보편성을 확인하고 부각시키기 위하여, 불교의 기본 오계와 대비해보면 더욱 흥미로운 상관성을 알아차릴 수 있다.

먼저 유교 자체 내의 오륜과 오상五常을 서로 짝지어 보자.

기본상 오륜은 맹자가 말한 인의예지仁義禮智 사단四端에다 신信을 덧보탠, 유교의 오상과 정확히 1대 1로 상응한다. 이때 오륜의 순서는 전통적인 부자유친·군신유의·부부유별·장유유서·붕우유신의 차례에 따라 맞춰보아야 한다.

부자유'친'이 '인仁'에 해당함은, '인'이 친밀한 사랑을 뜻하기 때문이다. 물론 '인仁'의 문자적 본디 의미는 글자 그대로 '두(二) 사람(亻)' 사이의 우호적 관계를 뜻하므로, 사실 오륜을 포함한 모든 인륜 덕목을 다 가리키는 포괄적 개념이다. 허나 여기서 좁은 의미로 나누어 대비한다면, '인'은 '친'에 상응한다. 군신유의와 붕우유신은 글자 자체가 똑같이 겹치고 의미도 일치함을 쉽게 알아차릴 수 있어, 특별한 설명이 필요 없을 줄 안다.

부부유'별別'이 '예禮'에 호응함은 더러 쉽게 수긍하기 어려운 의외로 여길지 모르겠다. 비록 혼례가 모든 예법과 사회규범의 첫출발이라고 하지만, '예'는 가장 광범위한 포괄적 사회규범이기 때문이다. 종묘제례와 같이 천자에 고유한 예를 비롯하여, 제후 사이의 예·군례軍禮·상례喪禮·제례祭禮·관례冠禮·향사례鄉射禮·향음주례鄉飲酒禮 등, 실로 개인과 사회 전반의 윤리를 총망라한다.

허나 이들 모든 예에 공통된 기본 특성이 바로 '별別'이며, 이 '별'이 가장 시급하고 중차대한 관계가 바로 모든 인간관계의 시원적 출발점인 부부 관계임을 알아야 한다. 특히 춘추전국까지 선진先秦 시대에는, 전통사회의 기본 규범인 예는 바로 각종 신분상의 계층적 분별에 기초한 게 사실이다.

여기서 '별'은 당시 봉건종법 사회의 특성상 계급적 '차별'의 성격을 짙게 지닌 게 사실이다. 하지만 배분적 정의라는 심오한 철학적 의미도 함축한다. 본디 신분의 '구별'을 위하여, 나름대로 각 계층에 합당하다고 여긴 '각자의 몫을 각자에게' 나눠준 것이다. '별'의 자세한 뜻풀이는 부부유별의 장에서 상술한 바와 같다.

장유유'서序'가 '지智'에 상응함도, 언뜻 보아서는 쉽게 납득하기 어려운 대목이다. 허나 앞서 장유유서의 장에서 자세히 설명한 바와 같이, 조직이나 공동체에서 윗사람을 존중하고 먼저 배려하는 의미도 자못 심오한 면이 있다. 나이 많은 어른이 단순히 늙었다는 이유에서, 사회적 약자로 대접하기 때문만은 결코 아니다.

본래는 선배로서 온갖 풍상과 산전수전을 거치면서 쌓아온 풍부한 인생 경험과 사회 경륜을 밑천으로, 슬기로운 견문각지見聞覺知를 갖추고, 나이 어린 후배들을 잘 이끌고 지도하기 때문에 존경한다. 어른은 단지 머리가 희다고 당연히 대접받는 게 아니다. 서리 같이 피어난 지혜의 꽃·진리의 꽃, 바로 현명함과 너그러운 아량과 포용력을 겸비한 중후한 덕성에, 존경과 우대의 질서를 바치는 것이다.

이제 유교의 오륜을 불교의 기본오계와 대비해보자.

세속에서 살아가는 재가在家 불자를 위한 기본오계 자체가 사실은 글자 그대로 '세속'오계다. 그런데 이걸 또 바꾸고 뜯어 고쳐 새로 만든 이른바 '세속오계'는, 정말 붓다의 본의를 제멋대로 왜곡하고 변질시킨 망발이라고 할 수 있다. 그것도 왕실과 귀족의 정치권력에 영합하여, 호국불교라는 미명 아래, 군대의 전쟁과 살상을 합리화하고 정당화하는 구실을 제공한 셈이다.

석가모니 붓다는 자기 부모형제의 나라 석가족이 몰살당하는 것을 직접 지켜보면서도, 저항하거나 원망하지도 않고 순순히 받아들였다. 철저한 불살생의 계율 '아힘사'를 끝까지 관철한 것이다. 이러한 붓다의 가르침과 계율에 비추어본다면, 화랑오계의 '살생유택'은 지금 우리가 그토록 분노하는 일제의 '위안부' 만행에 비해 크게 나을 것도 없는 망발일지 모른다.

위안부를 강제 시행하였고, 지금까지 잘못을 인정하지 않으면서 도리어 변명을 일삼는 일본인의 주동세력은, 사실 예나 지금이나 군권과 정권을 함께 휘두른 일제와, 그 직계 후예인 정치 권력자들이다. 그런데 화랑오계는 청정하고 자비로운 불교수행에 전념할 출가 승려가 조작했던 것이다.

오륜은 기본 인간관계를 중심으로 각각의 핵심 덕목을 하나씩 대표로 내세운 것인데, 불교의 오계는 모든 개개인한테 공통으로 명하는 보편적 정언명령 형식의 소극적 행동강령이다. 따라서 바로 1대 1로 직접 대비하자면, 네모 구멍에 둥근 말뚝을 끼우듯이 딱 부합하지 않고, 좀 어색한 느낌이 드는 게 사실이다. 그래서 중간에 매개자로 바로 유교의 오상五常을 두고, 한 다리 건너면서 맞춰보면 대체로 하나씩 정확히 호응함을 알 수 있다.

첫째, 살생하지 않는 비폭력 아힘사의 정신은 어질 인仁의 핵심으로, 자식을 낳아 기르는 부모의 사랑과 친밀함에 쉽게 이어진다. 자식을 생산한 부모가 자기 자식을 살생하는 건 상상할 수도 없다. 생산의 주체가 그 생산을 부정하고 파괴하는 건 정상적인 이성지혜로는 불가능하다. 불교는 "자기가 원하지 않는 일은 남한테도 베풀지 말라"는 소극적 황금률을 모든 생명에게 확장 적용하는 것이다.

'인仁'에 기초해 인류에 국한한 유교의 특수 종족윤리가, 불교에서는 '자비慈悲'라는 이름으로 종을 초월해 모든 중생에 보편타당한 일반 생명윤리로 승화한다. 특히 육식을 안 하고 방생放生의 공덕을 높이 칭송하며 채식을 적극 권장한다. 가히 괄목상대할 만한 환골탈태換骨脫胎라고 부를 만하다. 하물며 아주 특정한 민족의 우월성을 내세워 선민의식에 기초한 사랑이라면, 얼마나 하찮고 비좁은 '우물 안 개구리'에 불과한가?

둘째, 도둑질하지 않음은 정당한 노력 없이 불로소득하려는 얌체 짓을 금하니, 과연 사회경제적 정의에 딱 들어맞고, 군신 관계로 대표되는 국가사회 법질서의 핵심임을 쉽게 알 수 있다. 삼세인과와 육도윤회를 믿는 불교에서는, 세상에 공짜가 전혀 없다는 기본 원리를 세운다.

따라서 금생에 도둑질하면 자신의 전생 및 현생의 복덕을 그만큼 까먹어, 내생에 가난한 과보를 받는다고 가르친다. 도둑질 대신 남에게 많이 베푸는 게 복덕의 종자를 널리 심는 거라고 한다. 유교에서 강조하는 청렴 윤리와도 통한다.

셋째, 사음하지 않음은 배우자 아닌 이성과 간통하지 않음이니, '예禮'에 비추어도 쉽게 수긍할 수 있지만, 그냥 바로 부부유별에 연결하면 더욱 자명해지는 덕목이다. 음식과 여색女色은 자기 보존과 종족 보존의 양대 본능에 속하므로, 음심과 성욕은 음식과 수면이나 마찬가지로 필수불가결한 생명현상이다. 따라서 약육강식의 자연 상태에 내맡기는 경우, 힘이 세거나 정치권력이 강하거나 경제능력이 부유한 자가 많은 여자를 독차지하고, 심지어 남의 아내까지 빼앗는 일이 허다해진다. 그러면 공동체 전체의 평화와 질서는 깨지고, 약탈과 침략으로 혼란해질 것이다.

동서양의 고금 역사에서 간음으로 패가망신하고 망국에까지 이른 경우는 허다하다. 그래서 '유별'에 기초한 정숙한 부부 관계는 개인과 가정뿐만 아니라, 사회와 국가의 평화로운 번영을 위해 필수불가결한 윤리도덕이다. 유교에서도 음욕은 모든 죄악의 으뜸 화근이라고 경계하지만, 불교에서는 남녀 간의 정숙이야말로 모든 청정함의 씨앗이라고 여겨 가장 중시한다. 특히 출가수행자가 불도를 이루기 위해 지켜야 할 으뜸 계율은 모든 음욕을 끊는 청정행이다.

넷째, 술 마시지 말라와 장유유서는 '한 다리 건너 천 리'나 되는 느낌이다. 다행히 중간에 '지혜'라는 오상五常이 끼어 아주 훌륭한 연결고리가 되어준다. 장유유'서'가 어른의 경험지혜에 대한 존경심에서 비롯함은 이미 설명한 바와 같다. 그런데 술에 취하면 총명지혜가 출중한 사람도 정신이 흐리멍덩해져 사리를 제대로 분간할 수 없어진다. 마음이 항상 또렷또렷 깨어있는 성성적적惺惺寂寂한 지혜의 경지를 유지하기 위해 술은 치명적 해독이 된다.

불교수행의 궁극 목표는 계율과 선정으로 반야지혜를 깨닫는 것이니, 새삼 말할 나위가 없다. 실로 지혜는 수행자의 도덕적 위계질서의 정점을 찍는다. 깨달아 밝힌 지혜광명의 정도에 따라, 육도 중생부터 성문聲聞·연각緣覺·보살을 비롯한 모든 수행자의 장유長幼질서가 정해진다. 완전히 깨달으면 붓다가 된다.

유교의 장유유서도 사실은 육체 나이에 따른 향촌공동체의 질서에만 머무는 게 아니다. 그건 일반 인민 대중을 위한 보통의 일반 질서일 따름이다. 진짜 높고 깊은 질서란, 정신적 깨달음의 수준에 기초한 도덕적 권위에 따라 숙연하게 서는 무형의 지혜광명 질서를 가리킨다. 이것이 유교의 오륜이 가르치는 장유유서의 심오한 의미다.

다섯째, 거짓말하지 않음은 믿음의 뿌리다. 유교의 믿음도 꼭 벗 사이에만 국한한 것은 아니다. 모든 인간관계에서 진실을 말함으로써 믿음을 지켜야 교유가 오래 지속할 수 있다. 물론 불교에서도 부득이한 특별 상황에서는 방편으로 가벼운 거짓말을 인정한다. 예컨대 사냥꾼이 쫓아와 짐승의 행방을 물을 때, 생명을 구하기 위해 모른다고 말하거나 다른 방향을 가리킬 수 있다고 한다. 이는 유교에서 말하는 '대신불약大信不約'과 상통하는 융통성 예외라고 볼 수 있다.

이제 오륜과 오계를 간명한 도표로 대비하면 아래와 같이 나타낼 수 있다.

유교의 오륜과 불교의 오계를 대비한 도표

오륜五倫	오상五常 -사단四端	오계五戒	오덕五德
부자유친父子有親	인仁 -측은惻隱지심	살생하지 말라 불살생不殺生	자비慈悲
군신유의君臣有義	의義 -수오羞惡지심	도둑질하지 말라 불투도不偸盗	복덕福德
부부유별夫婦有別	예禮 -사양辭讓지심	사음하지 말라 불사음不邪淫	청정淸淨
장유유서長幼有序	지智 -시비是非지심	술 마시지 말라 불음주不飮酒	지혜智慧
붕우유신朋友有信	신信	거짓말하지 말라 불망어不妄語	진실眞實
	다섯 실마리		보호할 씨앗

　유교의 오상에서 사단四端은 실마리를 뜻하며, 불교의 오덕에서는
'씨앗(종자)'으로 불린다. 원만한 도덕의 완성을 향한 출발점으로서
기본 윤리를 뜻한다. 그렇다! 천릿길도 한 걸음부터! 유교는 오상과
사단의 실마리를 한 올씩 잘 풀어, 오륜의 천을 한 뼘 한 뼘 짜서
대동사회를 이루어가고자 기약한다. 불교는 오덕의 씨앗을 잘 싹 틔워
오계로 닦고 키워감으로써 청정한 불국토를 이루고자 발원한다.

　나 자신이 우주의 중심에 우뚝 서서, 남이나 다른 생명과 인연을
소중히 여기고 특히 원만한 인간관계를 이루어간다면, 우리 모두 살기
좋은 지상낙원도 머지않을 것이다. 그것이 유교의 충서忠恕의 도이고,
불교의 복혜쌍수福慧雙修의 길이다. 또한 우리 단군 시조께서 하늘을
여신 '홍익인간弘益人間'의 이념이기도 하다.

사람이 꽃보다 아름답다?!

요즘 곧잘 들리는 노래 가사에, "사람이 꽃보다 아름다워!"라는 멋진 말이 있다. 사람이 정말 꽃보다 아름다울까? 월남(베트남) 출신 틱낫한 스님은 우리 사람 자체가 모두 아름다운 꽃이라고 본다. 우리 눈꺼풀(특히 눈을 감고 있을 때)은 장미꽃잎이고, 우리 귀는 새들의 노랫소리를 듣는 나팔꽃이며, 미소 짓는 입술도 아름다운 꽃이 된다고 한다. 또 두 손은 다섯 꽃잎이 달린 연꽃이란다. 과연 불교(밀교)의 12합장合掌에서도 어떤 수인手印은 연꽃봉오리로 부른다!

우리 몸의 각 부위만 꽃을 닮은 게 아니다. 우리 몸을 이루는 천문학적 수의 세포 구석구석도, 자세히 보면 모두 아름다운 꽃이란다! 우리 몸의 70퍼센트 이상인 물은 얼음이나 눈의 결정체일 때만 육각형의 꽃무늬를 나타내는 게 아니란다. 일본의 마사루 이모토 박사가 실험한 연구보고에 따르면, 물에 '사랑'과 '감사'의 마음을 주거나 글자만 써 붙여놔도, 물 분자가 눈꽃처럼 아름다운 육각형 결정체 모습이 된단다.

그렇다면 사랑하고 감사하고 잘 웃는 사람은 온 몸의 세포가 모두 아름다운 꽃으로 활짝 피는 거대한, 산 꽃밭이 되는 셈이다. 과연 사랑하고 사랑받는 사람이나, 감사하고 웃는 사람은 아름답고 예뻐진다. 얼굴을 비롯한 겉모습만 그런 게 아니라는 얘기다. 속이 아름다워야 겉도 아름다운 것이다. 그래서 가요에도 "마음이 고와야 여자지, 얼굴만 예쁘다고 여자냐?"는 노랫말이 유행했나 보다. 불교의 일체유심조一切唯心造를 다시 한 번 확인해준다.

그러면 흔히 아름다움의 최고 절정이요 대명사라고 여겨지는 꽃보다 사람이 더 아름다운 까닭은 무엇이고, 또 언제 그러할까? 해답은 이제 저절로 밝혀진 셈이다. 꽃이 아름다운 까닭은, 다음 세대 번식을 위한 씨앗(열매)을 맺기 위해, 혼신의 열정과 기력을 다해 피우기 때문이다. 꽃가루받이(受粉)를 도와줄 벌 나비를 유혹하기 위해, 꽃이 온갖 그윽한 향기와 달콤한 꿀을 머금도록, 생명의 에너지와 정수精粹를 총동원하여 집중 몰입하기 때문이다. 말하자면 꽃이 벌 나비의 사랑을 받도록 사랑스럽게 꾸미기에 아름다운 것이다.

사람도 자연의 동식물과 마찬가지로, 자연 상태에서는 종족 번식을 위해 청춘 남녀가 서로 사랑하고 사랑받을 때 가장 아름답다. 허나 명색이 만물의 영장인 사람이, 어찌 다른 동식물처럼 자신의 유전자를 퍼뜨리기 위한 암수 개체의 종족 보존 본능 차원에서 머물고 말겠는가? 사회적 정치적 동물로서 인류는 공존공영을 위해서, 다른 사람을 나처럼 사랑하고 배려하는, 어질 인仁과 옳은 의義와 점잖은 예禮와 슬기로운 지智와 미더운 신信을, 마음에 간직하고 실행할 능력과 자질을 갖추지 않았는가?

다시 말해, 사람이 꽃보다 더 아름다운 것은, 사람이 사람답기 때문이다. 사람의 '삶'은 '사랑'하기 때문에 '사람'이라 부르고, 또 '사랑'하기 위해서 이 땅에 태어난 게 아닐까? '사람'과 '사랑'은 '삶'과 마찬가지로, 똑같이 동사 '살다'의 명사형이다. '사랑'이 꼭 청춘 남녀의 종족 번식을 위한 애틋한 에로스 사랑만 뜻하는 건 아니다. 삶 자체가 사랑이고, 그래서 아름다운 꽃이 된다.

부부간의 사랑 이외에도, 부모 자식 사이의 사랑도 있다. 임금과 신하 사이의 사랑도 있으며, 스승과 제자를 비롯한 위아래 사이의 사랑도 있다. 또 비슷한 또래의 벗 사이에도 사랑이 존재한다. 부모가 자애롭고 자녀가 효순하며, 임금과 신하가 서로 의로우며 예를 갖추고, 스승이 자상하게 가르치고 제자가 공순하게 배우며 받들고, 벗들이 서로 믿음과 의리를 지킬 때, 사람의 삶은 사랑으로 넘치고 꽃보다도 훨씬 아름다울 수 있는 것이다.

지아비는 지아비답고 아내는 아내다우며, 어버이는 어버이답고 아들 딸은 아들딸다우며, 임금은 임금답고 신하는 신하다우며, 스승은 스승 답고 제자는 제자다우며, 벗은 벗다울 때, 한마디로 사람이 사람다울 때 가장 아름답다! 이것이 요순임금 때부터 전해오는 인간사회의 기본 윤리인 오륜五倫의 정신이고, 공자가 정치의 급선무로 강조한 정명론正 名論의 철학사상이다. 그리고 이 책에서 새롭게 듣고 풀이해 펼치는 '관계의 미학'이다!

사실 꽃이 아름다운 것도, 바로 꽃답기 때문이다. 청춘 남녀가 사랑스 럽고 아름다운 것은, 바로 암컷답고 수컷답고 청춘답기 때문이다. 허나 청춘 남녀나 부부간에도 사랑이 너무 지나쳐, 자연의 섭리인 종족 번식을 위한 사랑에서 벗어나면, 결코 아름답지 않다. 단순히 육체적 쾌락만을 탐닉하여 정욕에 이글거릴 때는, 오히려 추악하고 혐오스러울 따름이다. 자연스런 정도를 벗어나 사사로운 이기적 탐욕에 빠지는 탓이다. 다른 오륜의 인간관계도 언제든지 함정에 추락할 위험이 있다. 사사로운 욕망이나 이기적 저의를 품거나, 또는 사랑이 지나치게 넘쳐 정도를 벗어나면, 볼썽사나운 추태를 보이기 쉽다.

사람이 사람답게 사랑하는 삶이 아름다울 수 있는 것은, 언제나 자신의 욕망과 감정과 사랑 그 자체까지도 잘 절제하여, 늘 균형과 형평을 이룰 때다. 이것이 바로 공자와 유가에서 말하는 중용 조화의 미덕이며, 현대 법치주의 민주국가의 헌정질서에서는 국가권력 상호 간의 '견제와 균형(checks and balances)'의 원리인 것이다.

동서고금을 막론하고 인간사회의 최고 궁극의 이상은, 소우주인 개인 자신의 인격(몸과 마음)수양에서나 국가권력 상호 간의 작동에서나, 그 밖에 크고 작은 모든 인간관계에서도, 한결같이 대우주인 천지자연의 조화로운 견제와 균형, 중용 조화의 미덕을 본받아, 사람답고 사랑스러운 삶을 살아가는 것이리라!

인류의 모든 성현들이 공통으로 꿈꾸신 '홍익인간弘益人間'과 '요익중생饒益衆生'의 대동사회와 극락정토가 얼른 지구상에 실현되길 염원하며, 이 소식을 함께 들어준 인연 있는 모든 분들께 감사드린다.

김지수金池洙

전북 부안 곰소 출생. 서울대 법대(중국문학 부전공) 졸업. 國立臺灣大學 法律學研究所 3년간 遊學. 서울대 대학원 법학박사(전통중국법의 情理法). 2001년부터 국립 전남대 법대(법전원)에 재직 중.

수십 편의 전공 논문을 발표하였으며, 번역서로『화두 놓고 염불하세(印光大師嘉言錄)』,『운명을 뛰어넘는 길(了凡四訓)』,『절옥귀감折獄龜鑑』,『불가록不可錄』,『의심 끊고 염불하세』,『부처님의 마지막 가르침: 유교경遺教經』,『중국법조윤리규범집』등이 있고, 저서로『中國의 婚姻法과 繼承法』,『傳統 中國法의 精神』,『전통법과 광주반정』,『유불선 인생관 - 道 닦고 德 쌓자』,『채식명상 20년』등이 있음.

공자가 들려주는 관계의 미학

초판 1쇄 인쇄 2014년 1월 28일 | 초판 1쇄 발행 2014년 2월 7일
글쓴이 김지수 | 펴낸이 김시열
펴낸곳 도서출판 너울북

　　　(136-034) 서울시 성북구 동소문로 67-1 성심빌딩 3층

　　　전화 (02) 926-8361 | 팩스 0505-115-8361

ISBN 978-89-967380-8-4　03150　값 15,000원
http://cafe.daum.net/unjubooks〈다음카페: 도서출판 운주사〉